CE1-CE2

Fluence + Fluidité

Éric Battut

Enseignant spécialisé, conseiller pédagogique

Géraldine Chabrolle

Professeure des écoles maitre formatrice

- 180 fiches à photocopier
- 4 niveaux de compétences
- 20 types d'activités
- 40 œuvres variées

RETZ
editions-retz.com

Sommaire

Dépôt légal : juin 2024 – code éditeur : 737716
ISBN : 978-2-7256-4556-8

QU'EST-CE QUE LA LECTURE FLUENTE ?

La lecture fluente est définie officiellement comme « *la capacité à lire correctement un texte continu, au rythme de la conversation et avec la prosodie appropriée*[1] ». Explicitons cette définition. « La capacité à lire **correctement** » nécessite que le lecteur soit en mesure d'exploiter le contenu grapho-phonologique des mots qu'il lit, c'est-à-dire qu'il sache « identifier les mots[2] ».

La lecture fluente nécessite également de lire ces mots dans « un texte **continu** », c'est-à-dire en contexte. Pour y parvenir, l'élève doit avoir acquis la compétence de lire des syntagmes (au sein d'une phrase, groupement de mots qui se suivent produisant une unité de sens) et des phrases, au-delà des unités-mots.

Cette lecture doit être réalisée « au rythme de la conversation », ce qui nous permet de comprendre que **si la vitesse doit être correcte,** au-delà de **50 mots par minute en tout début de CE1 et 90 mots par minute en fin de CE2**, il est vain de viser des vitesses excessives. Comme le dit la définition, il s'agit de lire « au rythme de la conversation », donc sans précipitation. Si l'élève lit trop lentement, il ne parviendra pas à garder en mémoire de travail la succession des sens locaux qui produisent le sens général du texte ; s'il cherche à lire trop vite, il risque de ne plus être attentif aux indices du texte et donc de perdre en qualité de compréhension. Ainsi, la vitesse est loin d'être la compétence exclusive qu'il conviendra de travailler. Cette vitesse est cependant intéressante, car elle est un indicateur facile à collecter, tant par l'enseignant que par les élèves eux-mêmes et s'avère révélatrice de la précision de décodage.

Enfin, la définition aborde la question de la « prosodie appropriée », c'est-à-dire la capacité à identifier les phrasés adaptés aux différents passages du texte et d'en proposer une **interprétation expressive**, favorisant la fluidité de la lecture. C'est pour ces raisons que notre méthode a pour titre **« Fluence + Fluidité ».**

1. On parle de **FLUENCE** lorsqu'on s'intéresse à la maîtrise du code et aux habiletés de **décodage** (capacité à identifier les mots et à inscrire ces mots dans des groupes syntaxiques et sémantiques). Cette maîtrise s'opère en passant d'une lecture syllabique besogneuse à une **lecture automatisée** dite par adressage, permettant à l'élève de libérer ses ressources cognitives pour la compréhension. La fluence est qualitative quand l'élève lit à une certaine **vitesse**, avec **précision** et en parvenant à regrouper les mots en **unités de sens**.

2. Lorsque les compétences de fluence sont suffisantes, les élèves sont invités à travailler la **FLUIDITÉ**. Elle est relative à la manière dont l'élève s'approprie la **prosodie** du texte, c'est-à-dire son interprétation orale en lecture à voix haute. Elle s'entraîne en travaillant **le phrasé** (segmentation de la phrase en petites unités de sens, qu'on assimile parfois aux groupes de souffle, respectueux de la syntaxe) et **l'expressivité** (la manière de donner vie au contenu du texte, comme l'auteur l'a voulu, mais aussi comme le lecteur le comprend en variant les intonations, les rythmes, les intensités).

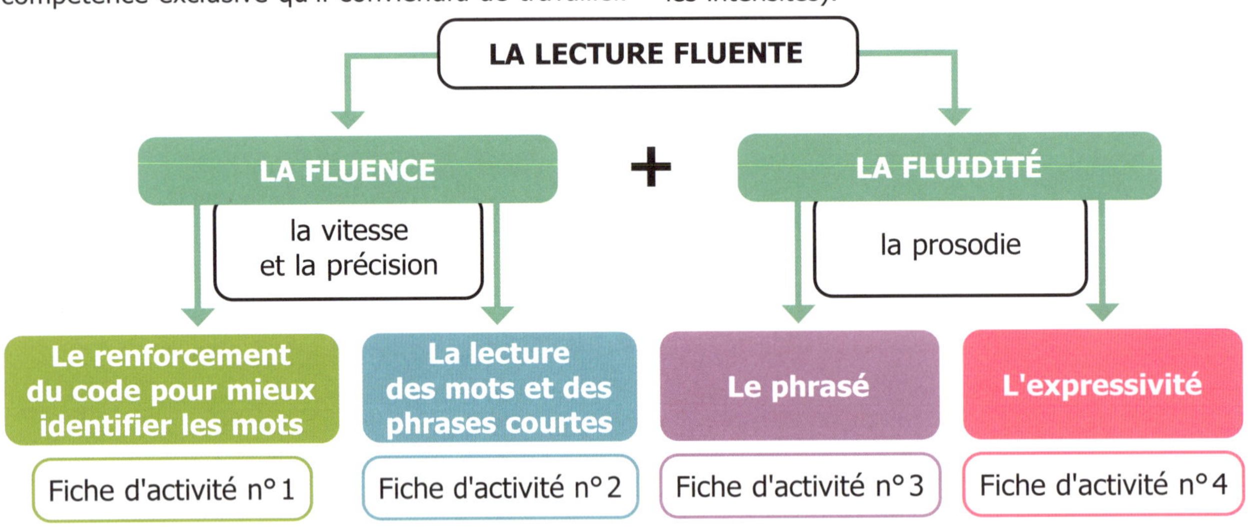

Doc. 1 : Les 4 axes de la lecture fluente

1. La DGESCO a repris dans son document d'accompagnement « Travailler la fluence », MEN-DGESCO, la définition proposée par Maryse Bianco : https://eduscol.education.fr/document/31165/download
2. Programmes de l'école primaire, MEN-DGESCO.

L'ENJEU

La demande qui nous est faite aujourd'hui de travailler la lecture fluente vise à affronter les écarts de compétences entre élèves. En effet, dans une même classe, certains d'entre eux ânonnent encore les mots, mobilisant toutes leurs ressources cognitives pour un décodage besogneux, leur rendant difficile la prise de hauteur qui permet d'accéder au sens du texte. Leur lecture est malaisante et les élèves concernés se détournent du livre et se trouveront en difficulté au cycle 3, puis au collège où les étayages se feront moins nombreux. Alors que d'autres, identifiant la prosodie du texte, parviennent à en proposer une lecture expressive, signe qu'ils comprennent ce qu'ils lisent.

Les activités de fluence et de fluidité ont toujours été travaillées dans les classes, mais il s'agit aujourd'hui de les enseigner de manière moins incidente et de ne pas tout attendre des temps de « lectures partagées » ou des exploitations de « lecture compréhension ». L'idée est d'**augmenter sensiblement le temps effectif de lecture fluente** et de **structurer l'apprentissage** en étapes successives adaptées aux besoins identifiés de chaque élève à partir d'outils diagnostiques fournis dans la méthode « Fluence + Fluidité ». Conçue autour de **quatre besoins**, dans une différenciation structurée et facile à mettre en œuvre, les enseignants trouveront pour chaque élève des activités de développement et de renforcement appropriées à son niveau.

CORRÉLATION DE LA MÉTHODE AUX INSTRUCTIONS OFFICIELLES

Conscientes de l'importance des enjeux de la fluence, les instructions officielles prescrivent le développement d'un certain nombre d'habiletés qui partent de l'automatisation du décodage à la compréhension des textes.

AUTOMATISER LE DÉCODAGE

Deux indicateurs sont à notre disposition. D'une part, **la précision du décodage**, révélatrice des connaissances et compétences graphophonologiques acquises par l'élève. D'autre part, **la vitesse** qui illustre que l'élève est passé d'une lecture syllabique à une lecture orthographique, dite par adressage, celle qu'on attend d'un lecteur autonome. Ce passage s'opère en automatisant le décodage (Doc. 2) afin de libérer les ressources cognitives qui sont ainsi rendues disponibles pour le traitement sémantique du texte.

Doc. 2 : Activité « carré des mots » invitant à lire des mots par adressage

Sans automatisation du décodage, l'élève ne peut pas proposer une lecture fluente ni accéder réellement au sens du texte. Il est indispensable que ces compétences graphophonologiques soient bien installées à l'échelon premier des mots isolés.

Pour cela, une progression a été envisagée sur les trois niveaux de texte : lecture rapide d'abord de 30 mots, puis de 40 mots, et enfin de 50 mots issus du texte de fluence.

MÉMORISER LES MOTS FRÉQUENTS ET IRRÉGULIERS

Au sein de tout texte, les petits mots grammaticaux représentent généralement à eux seuls 50 % de tous les textes donnés à lire à nos élèves ! Pourtant, comme on le constate en étant attentif à leur lecture, ces petits mots sont souvent mal lus. Parfois l'élève reconnaît le mot, mais lui en substitue un autre. Parfois, certains de ces mots sont enjambés, non lus, l'élève privilégiant les noms, adjectifs et verbes. Ces petits mots étant les articulateurs du texte, mal les traiter, c'est aboutir à une lecture imprécise où le sens se perd.

Cette lecture hachée par survol pourra peut-être suffire pour comprendre la globalité du texte, mais elle entraînera toujours l'élève vers une compréhension approximative et donc insuffisante dans nombre de situations.

Il est donc essentiel que l'élève sache lire sans accroc ces petits mots grammaticaux (Doc. 3).

4 Le carré des mots outils

Lis ces mots 3 fois puis chronomètre-toi.

SCORE de LECTURE

N° 1 ... secondes

N° 2 ... secondes

Mais	son	c'est	Lui
il	toujours	Et	très
Parfois	des	pourquoi	
est	dans	Alors	Puis
rien	pour	sa	le

Doc. 3 : Activité « carré des mots outils » visant une lecture rapide des mots grammaticaux de grande fréquence

PRENDRE EN COMPTE LES GROUPES SYNTAXIQUES, LA PONCTUATION ET CHOISIR LES MOMENTS DE PAUSE

Il s'agit de « l'habileté à grouper les mots en **unités syntaxiques de sens** ». Ces groupes de sens successifs sont l'échelon d'équilibre entre ce qui se décode et le sens que l'on tire de ce décodage. Dans la méthode, nous parlerons de « groupes de souffle », car ils correspondent généralement à la segmentation au sein de la phrase[3], qui s'appuie sur la ponctuation (mais pas seulement) et permet alors les reprises de souffle.

Il y a certes déjà du sens à l'échelon du mot. Mais un bon lecteur de texte sait que le sens de ce mot s'affine lorsqu'on prend en compte le groupe syntaxique dans lequel il s'inscrit. Le sens d'un groupe syntaxique ne peut se réduire au sens isolé de chacun des mots qui le composent.

Ainsi, il s'agit en quelque sorte de construire une conscience syntaxique, une habitude à segmenter en unités de sens, passant d'une segmentation hasardeuse à une segmentation choisie.

Afin d'être un point d'appui pour l'élève, ces groupes syntaxiques ne doivent pas dépasser un nombre raisonnable de mots, leur capacité à garder en mémoire un nombre d'unités[4] fluctuant entre 4 et 7 mots. Cette segmentation choisie contribue à comprendre que la lecture nécessite de produire successivement des **« sens locaux »**.

Le sens local[5] est le niveau intermédiaire de la compréhension, qui fait passer de la compréhension du mot à celle de la phrase. Ce niveau est souvent négligé, alors que sont privilégiés le décodage graphophonologique, puis la compréhension globale des textes sans toujours s'assurer d'un déchiffrage total, entier, de ces groupes de sens (Doc. 4).

4 Les groupes de souffle

Lis 3 fois ce texte au rythme des retours à la ligne, puis lis le texte de fluence.

Mais son meilleur voisin,
c'est le chat.
Lui,
il sourit toujours.
Et sa langue rose est très rigolote !
Parfois
il veut lui faire des caresses
et des câlins.
[...]

Alors,
un jour
Bubulle décide de rejoindre
son ami le chat.
Il saute
et il s'élève dans les airs.
Puis
il retombe sur la tête du chat.
Le chat est étonné
et ravi.
Mila n'a rien vu...
Bubulle découvre qu'il n'aime pas
être hors de l'eau.

Doc. 4 : Entraînement à la lecture d'expressions ou groupes syntaxiques

ACCÉDER À UNE MEILLEURE COMPRÉHENSION DU TEXTE LU ET À SA PROSODIE

La méthode « Fluence + Fluidité » inscrit le texte de fluence dans ce qui le précède et ce qui le suit. Chaque module commence toujours par la lecture expressive par l'enseignant de la scène qui précède le texte de fluence (Doc. 5). Celle-ci permet aux élèves de comprendre le contexte narratif dans lequel s'inscrit le texte de fluence qu'ils liront, mais aussi le genre littéraire auquel correspond ce texte. De la même manière, en fin de module les élèves seront amenés à lire un passage qui suit le texte sur lequel ils ont travaillé (voir Défi lecture : Doc. 6).

3. La linguistique parle de « segmentation intraphrastique ».
4. Les neurosciences parlent d'« empan mnésique ».
5. Ce que nous appelons « sens local », est emprunté à Jerome Bruner, et décrit par Jocelyne Giasson comme « le processus d'intégration ». Voir Giasson Jocelyne, *La compréhension en lecture*, chapitre 4, De Boeck, 2008.

Passage précédant le texte de fluence :
L'enseignant lit ce texte à haute voix et de manière expressive en préalable de la lecture du texte de fluence.

Bubulle est un poisson rouge.
Il adore sa maison. Son eau est fraîche.
Ses fenêtres sont claires.
Mila est sa voisine.

Le poisson rouge de Mila, Éric Battut, © Nathan Jeunesse

Doc. 5 : Extrait précédant le texte de fluence

Défi lecture
Entraîne-toi à lire le texte puis fais-toi chronométrer.

Quand Mila arrive, elle découvre que Bubulle n'est plus dans son aquarium.
Elle se dit que Cachou le chat a fait une bêtise !
Elle suit les pas de Cachou.
Elle arrive dans la salle de bain.
Elle hurle :
— Cachou ! qu'as-tu fait ?
Et là, elle découvre que Bubulle est dans la baignoire.
Cachou a ajouté un canard, un petit bateau et même de la mousse.
Bubulle adore les jouets, mais pas le savon…

D'après *Le poisson rouge de Mila*, Éric Battut, © Nathan Jeunesse, 2009.

Lis ce texte en proposant une relecture expressive.

SCORE de LECTURE
75 mots lus en … secondes

Doc. 6 : Extrait qui suit le texte de fluence (Défi lecture)

Ainsi le texte de fluence est « situé », inscrit dans un **maillage sémantique** préalable que l'on révèle aux élèves.

Les textes proposés ont été choisis pour leurs qualités littéraires. Ils ne sont pas que de simples supports à l'entraînement de la fluence. Ils peuvent à tout moment faire l'objet d'un travail de lecture-compréhension du texte lui-même, voire de l'œuvre intégrale dont il est issu.

Chaque module travaille la relation lecture oralisée/sens produit. On passe alors de la fluence à la fluidité. La fluidité d'une lecture expressive à haute voix est signe d'une compréhension du texte lu. La vitesse, si elle illustre la capacité de décodage des mots isolés successifs, voire à un moindre niveau, la construction des sens locaux successifs, n'est pas l'indicateur adéquat pour s'assurer que le texte est compris. Avec la recherche de fluidité, on entre dans la prosodie du texte qui va se construire autour de deux grands champs : **le phrasé et l'expressivité.**

LES INTENTIONS DIDACTIQUES

La méthode « Fluence + Fluidité » vise à couvrir tous les champs de compétences de la lecture oralisée en prenant en compte les besoins spécifiques de chaque élève.

RENFORCER LA MAÎTRISE DU CODE

Si l'apprentissage systématique du code est réalisé au CP, il n'en demeure pas moins qu'un nombre non négligeable d'élèves arrivent dans les classes suivantes avec de fortes fragilités dans la maîtrise de ces compétences de base. Certains élèves ne disposent pas de la totalité des **graphèmes** dont l'apprentissage a été pour eux chaotique. Il n'est pas rare de les voir mal segmenter les mots en **syllabes** sonores pertinentes. Parfois, les efforts nécessaires à ce décodage besogneux sont si coûteux cognitivement que l'élève ne parvient pas à accéder au sens du mot pourtant décodé. Cependant, au fil des classes, ces élèves peuvent avoir développé des stratégies de contournement visant à dépasser ces faiblesses, ce qui leur permet de se débrouiller dans l'ordinaire des tâches scolaires. Il importe donc de renforcer, voire de reprendre si nécessaire, ces apprentissages de base.

Des activités de révision du code **graphophonologique** sont toujours proposées en début de module, visant à renforcer la connaissance explicite des sons complexes, notamment les digrammes et trigrammes (Doc. 7).

1 La graphie des sons complexes
Dis le nom de chaque dessin. Puis relie-le à la graphie du son qu'il contient.

ou • oi • on • in •

• eu • oin • ai • ch

Entoure des mots du texte qui contiennent l'une de ces graphies de son.

Doc. 7 : Activité de révision des sons complexes présents dans le texte de fluence

Pour les élèves en ayant encore le besoin, un entraînement à une lecture pas à pas de syllabes, puis de mots contenant ces syllabes est proposé en début de module[6] (Doc. 8). Ce renforcement vise à améliorer le décodage des mots, si besoin par procédure d'assemblage. On vise également ici la lecture des verbes conjugués, tant leur déchiffrage nécessite parfois cette procédure de lecture pas à pas.

6. Les mots sur fond gris n'ont pas été décomposés dans l'exercice précédent sur les syllabes (voir Doc. 8). Les autres sans couleur de fond sont la recomposition des syllabes lues (voir Doc. 9).

2 Les syllabes

Lis chaque ligne de syllabes 5 fois.

*	vi	ne	Bu	pe	go	te	de	ra	ri	dé	La	Mi
**	câ	mon	chou	lins	poi	pei	tit	cou	sson	sau		
***	lote	tris	bulle	airs	jour	vre	ci					

Doc. 8 : Activité de révision d'entraînement à la lecture de syllabes, puis de mots et lecture de noms et verbes

Une attention toute particulière est portée à la mémorisation et à la lecture rapide des petits mots grammaticaux de grande fréquence, les fameux mots outils (Doc. 3).

L'IDENTIFICATION DES MOTS

La maîtrise du code aboutit à la capacité d'identifier des mots de manière sûre et rapide. Mais le monde des mots demeure complexe. Leur identification nécessite un entraînement rigoureux afin de passer d'une lecture pas à pas par « assemblage » à une reconnaissance orthographique des mots, dite par « adressage ». Deux grandes activités vont le permettre.

Tout d'abord une bonne maîtrise des règles phonologiques, notamment l'identification du fait que les 36[7] sons de la langue française s'écrivent avec simplement 26 lettres ; et que ces 36 phonèmes sont transcrits d'environ 150 façons à l'aide simplement de ces 26 lettres. D'où la nécessité d'observer les manières dont la langue procède pour réussir ce tour de force (Doc. 9).

3 Des syllabes aux mots

Lis 3 fois ces mots du texte de fluence.

des câlins	le monde	sa maison	le poisson	
les airs	de la peine	Mila	Bubulle	
rigolote	triste	ravi	petit	étonné
il découvre	il aime	il saute	il comprend	il décide

Doc. 9 : Activité explicite d'enrichissement phonologique

Enfin, la lecture nécessite d'être confronté à l'identification massive de mots. D'où le besoin de lire des listes de mots en parvenant à se libérer de l'assemblage pour aller vers un adressage et donc une reconnaissance toujours plus sûre et plus rapide. Les carrés des mots ont cette ambition (Doc. 10). Ils sont composés de 30 mots du texte de fluence (pour les textes de niveau 1), puis de 40 mots (niveau 2), pour atteindre 50 mots (niveau 3).

2 Le carré des mots

Lis rapidement ces 30 mots du texte.

SCORE de LECTURE
30 mots lus en ...
N° 1 ... secondes
N° 2 ... secondes

Mais	meilleur	voisin	sourit	rien
c'est	chat	langue	rose	pour
Lui	rigolote	ravi	caresses	très
toujours	faire	câlins	Parfois	
monde	Et	Mila	veut	comprend
dans	pourquoi	voudrait	maison	
airs	Alors			

Doc. 10 : Le carré des mots du texte de fluence

ENRICHIR LE VOCABULAIRE

En fluence, la question du vocabulaire est déterminante. La Recherche montre que la compréhension de l'élève est entravée dès que 2 % des mots lui sont inconnus[8] et 73 % des élèves faibles lecteurs ont des fragilités en vocabulaire. Si cette inconnaissance agit en aval sur la compréhension, elle a également des incidences en amont sur le décodage car la non-reconnaissance d'un mot pourtant bien décodé crée chez le jeune lecteur de l'incertitude, ainsi qu'un sentiment d'inefficacité préjudiciable.

Par ailleurs, la luxuriance du vocabulaire peut laisser croire à l'élève que le monde des mots se développe sans règles. Apprendre le vocabulaire, c'est interroger les mots, les organiser et faire l'expérience que derrière ce foisonnement existent des **règles structurantes, sémantiques et morphologiques**.

2 Les familles de mots

Lis 5 fois chaque colonne de mots qui sont de la même famille.

confiance	coude	bruit
se confier	s'accouder	bruisser
confidence	**accoudoirs**	**bruissement**

Doc. 11 : Activité préparatoire au vocabulaire : les champs sémantiques

3 Les synonymes et les mots de sens proche

Lis ces groupes de mots qui ont le même sens ou un sens proche.

- son petit **coin** → son petit **endroit**
- un joli coin **tout** propre → un joli coin **très** propre
- un autre coin, **rien que pour lui** → un autre coin, **seulement pour lui**
- un autre **endroit** → un autre **lieu**
- le sable est **bien plus** joli → le sable est **beaucoup plus** joli

Entoure les mots en gras de la partie gauche dans le texte de fluence.

Doc. 12 : Activité préparatoire au vocabulaire : les synonymes

Notre méthode propose donc des activités d'enrichissement du vocabulaire : travail sur les classes grammaticales, la morphologie, les familles de mots et les synonymes (Doc. 11 et 12).

7. 36 est le chiffre retenu par la DGESCO. Certains parlent de 37 phonèmes en ajoutant [ŋ] de parking.
8. Caver Ronald P., « Percentage of Unknown Vocabulary Words in Text as a Function of the Relative Difficulty of the text: Implications for Instruction », *Journal of Reading Behavior*, 26 (4), 1994, p. 413–437.

Les **désinences verbales** sont également particulièrement travaillées, afin d'identifier derrière les marques de mode, de temps et de personnes des verbes connus, mais aussi toutes les confusions phonologiques qu'elles induisent (faisait, ent...) (Doc. 13).

4 Les verbes et leurs temps
Lis ces phrases aux différents temps.

Elle **met** un petit pois.	Elle **prend** ensuite vingt matelas.
Elle **a mis** un petit pois.	Elle **a pris** ensuite vingt matelas.
Elle **mit** un petit pois.	Elle **prit** ensuite vingt matelas.

Surligne le bon verbe dans le texte de fluence.

Doc. 13 : Activité préparatoire à la lecture des désinences verbales

INSCRIRE LES MOTS DANS UN CONTEXTE SÉMANTIQUE ET SYNTAXIQUE

Ne nous trompons pas, les élèves de CE faibles décodeurs ne sont plus des élèves de CP qui découvrent les sons. Bien qu'imparfaitement installées, ces élèves disposent tout de même de bribes de connaissances, mais aussi d'autres compétences qui invitent à ne pas repartir de zéro. **À cet âge va s'opérer un double apprentissage parallèle : des acquisitions phonologiques et en même temps un apprentissage lexical et syntaxique.** Ainsi, s'il est nécessaire d'enseigner aux élèves le décodage pas à pas, il s'agit en même temps de leur faire comprendre que cette habileté leur deviendra de plus en plus inutile à mesure qu'ils deviendront des lecteurs compétents. Jocelyne Giasson insiste sur la nécessité d'affronter ce paradoxe[9]. **En situation de lecture, l'élève de CE, même très faible, ne se contente jamais de décoder, il s'appuie parallèlement sur les indices fournis par le texte.** Il convient donc de ne pas faire l'impasse sur ces compétences textuelles, et au contraire de les faire entrer en synergie avec le décodage pas à pas. Ainsi, le lecteur efficace est celui qui s'appuie sur ces deux habiletés : identification des mots et inscription de ces mots dans les usages de l'écrit, comme autant de petites unités sémantiques, que nous aimons appeler « sens locaux ».

LIRE AVEC PRÉCISION PHRASES ET SYNTAGMES

Des recherches[10] montrent que les élèves de cycle 3 avec des difficultés de compréhension n'ont souvent pas particulièrement de difficultés dans le décodage des mots isolés. On ne peut donc pas inférer trop rapidement que la maîtrise du décodage induirait la compréhension des messages décodés. Contrairement au CP, la lecture de mots au CE n'est plus le prédicateur essentiel de la capacité à comprendre. Ainsi, pour les élèves qui décodent bien les mots, d'autres habiletés sont à travailler afin d'opérer le passage du code au sens. À privilégier trop longtemps et trop exclusivement les activités d'identification des mots, il y a le risque de maintenir les élèves dans l'idée que lire, c'est décoder successivement des mots, et de les empêcher ainsi de saisir la lecture comme une activité plus riche, plus exigeante.

Il s'agit de les aider à dépasser ces difficultés en proposant des lectures de groupes de mots, qui construisent ensemble des unités syntaxiques et sémantiques. L'idée est de favoriser une lecture précise de ces groupes de mots, lus d'une traite, et qui constituent les différentes étapes nécessaires au sens du texte lu. Ce travail de lecture de groupes de mots est à rapprocher du travail des gammes pratiqué par les musiciens. L'ensemble des recherches montrent que cette lecture par groupes de mots est le processus de base employé spontanément par les bons lecteurs qui savent identifier ces unités sémantiques. Cette habileté est rendue possible par un décodage rapide, cognitivement peu coûteux en s'appuyant sur des indices textuels et syntaxiques qui aident à l'identification de cette segmentation. Car même si le lecteur décode et comprend tous les mots isolément, il doit également réorganiser l'information pour bien saisir le sens qui se construit localement.

9. Giasson Jocelyne, *op. cit.*
10. Lesaux N. K., Kieffer M. J., « Exploring Sources of Reading Comprehension Difficulties Among Language Minority Learners and Their Classmates in Early Adolescence », *American Educational Research Journal*, 47(3), 2010, p. 596–632.

Venant confirmer l'importance de cette segmentation, les recherches en neuroéducation prouvent que dans une tâche de lecture, les informations sont d'abord stockées dans la mémoire à court terme pendant qu'elles sont traitées. **Cette mémoire à court terme ne peut traiter que 4 à 6 éléments** avant que le souvenir s'évanouisse et cède sa place à de nouveaux éléments. Dès lors, on comprend que **si l'élève décode de manière besogneuse syllabe par syllabe, son empan mnésique le condamne à une lecture mot à mot sans réelle mémorisation d'une chaîne de mots.** Alors que si l'élève lit par adressage, à l'échelon du mot, il est en mesure de construire le sens local en unifiant plusieurs mots en mémoire à court terme. Si, en plus, l'élève a pris l'habitude de savoir où il est pertinent de segmenter la phrase en unités de sens, alors il peut avancer plus vite, car ce syntagme syntaxique est mémorisé comme une seule unité, qu'il peut alors associer à plusieurs autres qui la suivent dans une chaîne de sens. Le découpage du texte en unités signifiantes, notamment par des retours à la ligne systématiques, habitue l'élève à faire usage de cette segmentation sémantique ou syntaxique, compétence dont est doté tout bon lecteur.

1 Le temps des verbes
Compare les verbes de ces deux textes. Puis lis-les plusieurs fois.

Au présent	Au passé
Une nuit, le loup **n'arrive** pas à dormir.	Une nuit, le loup **n'arrivait** pas à dormir.
Il se **tourne** et se **retourne** dans son lit quand, tout à coup, quelqu'un **frappe** à la porte de la caverne : toc, toc, toc !	Il se **tournait** et se **retournait** dans son lit quand, tout à coup, quelqu'un **frappa** à la porte de la caverne : toc, toc, toc !
Garou-Garou se **met** à trembler et il **chuchote** : – Qui... qui... qui est là ?	Garou-Garou se **mit** à trembler et il **chuchota** : – Qui... qui... qui est là ?
Alors le loup **a** une idée, une idée géniale. Il **cache** sa lampe de poche sous son matelas.	Alors le loup **eut** une idée, une idée géniale. Il **cacha** sa lampe de poche sous son matelas.

Doc. 14 : Activité préparatoire à la lecture des désinences verbales

2 Les pyramides de mots
Lis 3 fois ces phrases qui se rallongent.

Alors Malo nettoie.
Alors Malo nettoie un autre coin.
Alors Malo nettoie un autre coin, rien que pour lui.

La petite fille vient le rejoindre.
Lorsqu'il a terminé, la petite fille vient le rejoindre.

Malo voit une petite fille.
Malo voit une petite fille assise.
Malo voit une petite fille assise sur son coin tout propre.
Quand il arrive à la plage, Malo voit une petite fille assise sur son coin tout propre.
Mais ce matin, quand il arrive à la plage, Malo voit une petite fille assise sur son coin tout propre.

Doc. 15 : Activités d'entraînement au phrasé

1 Les liaisons
Lis 3 fois ces groupes de mots en étant attentif aux liaisons.

- Boucle d'Or arriva par‿hasard
- mais‿elle la trouva trop chaude
- Puis‿elle goûta la bouillie de l'ours moyen
- elle la mangea tout‿entière
- la bouillie du tout petit‿ours

Doc. 16 : Activité de préparation à la prise en compte des liaisons

AFFRONTER LA DIVERSITÉ LITTÉRAIRE

Les textes de fluence proposés dans les modules sont extraits d'œuvres importantes et reconnues. Ainsi, plus de 40 % des œuvres sont présentées par le ministère comme des références[11]. Plus de 60 % des auteurs sont recommandés dans ces listes. Enfin 20 % de ces textes sont issus d'œuvres patrimoniales. **Ainsi, les élèves sont amenés à lire de vrais et beaux textes, nullement construits pour le seul apprentissage.**

Face à de si riches textes, les élèves seront amenés à travailler leur expressivité, finement et en lien étroit avec les contenus narratifs des textes proposés à la lecture, bref à « mettre le ton ».

Lecture expressive
Entraîne-toi à lire le texte en utilisant les aides proposées pour une lecture expressive.

ton réjoui	Mais son meilleur voisin, c'est le chat. Lui, il sourit toujours. Et sa langue rose est très rigolote !
ton neutre	Parfois il veut lui faire des caresses et des câlins.
ton étonné	Mais Mila ne veut pas. Bubulle ne comprend pas pourquoi...
ton triste	Parfois Bubulle est triste. Il s'ennuie dans sa maison.
ton rêveur	Il voudrait voir le monde.
ton sûr de soi	Alors, un jour Bubulle décide de rejoindre son ami le chat. Il saute et il s'élève dans les airs.
ton inquiet	Puis il retombe sur la tête du chat.
ton réjoui	Le chat est étonné et ravi.
ton inquiet	Mila n'a rien vu...
ton contrarié	Bubulle découvre qu'il n'aime pas être hors de l'eau.
ton paniqué	Il ne peut pas respirer.
ton ému	Alors le chat a de la peine pour le petit poisson.

Doc. 17 : Activités d'enrichissement des compétences de lecture expressive

11. https://eduscol.education.fr/document/13474/download

AUGMENTER FORTEMENT LE TEMPS DE LECTURE

À la source de la difficulté à passer du mot à la phrase, il convient sans doute de ne pas négliger le temps effectif des pratiques de lecture. Une étude[12] montre qu'un enfant excellent lecteur lit plus d'une heure par jour (en lecture extrascolaire), un bon lecteur lit plus de 30 minutes, lorsque l'élève moyen ne lit que 9 minutes et l'élève fragile 4 minutes. On peut donc avancer l'idée que le temps limité à lire des unités syntaxiques, des paragraphes, des phrases voire des syntagmes aura pour conséquence d'accroître les écarts entre élèves. **L'activité de fluence s'appuiera donc sur une augmentation significative des pratiques et des temps de lecture.**

Avec cet ouvrage, on peut estimer que le rythme de 2 à 3 séances de fluence par semaine, sur le même texte que l'on relit avec, entre chaque séance, un travail d'enrichissement des pratiques de lecteur fournies par les quatre fiches d'activités, permet de passer un cap déterminant.

En complément, il sera intéressant d'introduire dans l'ordinaire de la classe des petits temps rituels où le texte est rebrassé, soit par des lectures à l'unisson, soit par des entraînements personnels, soit par des écoutes de lectures modélisantes[13].

LES ÉVALUATIONS

L'évaluation ne doit pas être une obsession. Si **l'évaluation sommative** est régulière, elle ne doit pas être permanente. La règle d'or qui relève du bon sens est que l'on n'évalue pas avant d'avoir enseigné. Cette règle est à rappeler tant nous avons tendance parfois à aller trop vite, et à considérer l'activité d'entraînement comme une activité évaluable. Il est essentiel, et c'est l'objet de ce fichier, d'accorder un temps à chacune des étapes d'élaboration de la compétence avant de réellement évaluer tout au bout du processus. Ce que nous collectons pendant l'activité de lecture fluente, la qualité et la vitesse de décodage, les nombres de mots, les nombres de secondes, la qualité de la prosodie ne sont, à cette étape de l'entraînement, que des indicateurs de progression. Si nous les inscrivons, ce n'est que parce qu'ils aident à se représenter la progression de l'élève. Ils sont en effet signifiants :

• pour l'enseignant qui identifie la manière dont l'élève surmonte ses difficultés : on parle alors d'**évaluation formative**.

• pour l'élève qui, grâce à des feedbacks de l'enseignant sur ses productions, prend conscience des obstacles qu'il surmonte : on parle alors d'**évaluation formatrice**. Elle contribue à la progression de l'élève grâce au regard lucide qu'il porte sur son propre travail.

1. LA FORME DE L'ÉVALUATION DIAGNOSTIQUE

Dans un premier temps, il s'agit de procéder à un test consistant en la **lecture d'un texte durant 1 minute**, ainsi que la **lecture de 30 à 50 mots isolés** de ce même texte : on parle d'**évaluation diagnostique**.

Les fiches d'évaluation permettent alors de déterminer les besoins de chaque élève afin de diriger vers les activités d'entraînement qui lui sont nécessaires.

2. LES TEXTES DE L'ÉVALUATION

Ces évaluations sont faites à partir des 5 textes proposés :

- évaluation 1 : évaluation initiale ;
- évaluation 2 : sur un texte de niveau 1 ;
- évaluation 3 : sur un texte de niveau 2 ;
- évaluation 4 : sur un texte de niveau 3 ;
- évaluation 5 : évaluation finale.

(à retrouver dans les ressources numériques)

Si le texte change, afin d'assurer une progressivité dans la complexité de son contenu phonologique, lexical, syntaxique et sémantique, le protocole appliqué demeure. À savoir la **lecture à voix haute durant une minute**, tout comme le test de fluence pratiqué en français en début de **CE1 et CM1** dans le cadre des évaluations nationales. Lors de cette évaluation, nous invitons l'enseignant à être attentif à la collecte des indices de fragilité de l'élève. Au cours de cette minute de lecture, l'enseignant code les différents types d'erreurs en traçant sous les mots les pictogrammes correspondants (voir Doc. 19).

12. R. C. Anderson (dir.), « Growth in Reading and How Children Spend Their Time Outside of School », *Reading Research Quarterly*, Vol. 23, n° 3, 1988.
13. Voir p. 23 « La répétition ».

3. LE CONTENU DE L'ÉVALUATION

3.1 - La vitesse

C'est le nombre de mots correctement lus en 1 minute au regard des attendus, scientifiquement étalonnés[14]. La vitesse est révélatrice de la dextérité de l'élève pour le décodage des mots en contexte et demeure l'un des indicateurs. Il est l'un des plus efficients, et – qui plus est – le plus facile à collecter, ce qui en fait un outil très pratique. Cette vitesse comptabilisée en nombre de mots correctement lus en une minute se teste à partir d'un texte adapté à l'âge de l'élève. Ce score est ensuite comparé aux seuils attendus, présentés dans le document 18.

3.2 - La précision

Les erreurs et imprécisions de décodage ont de nombreuses sources, et il convient de bien les catégoriser afin d'identifier leur récurrence chez chacun des élèves. On utilise pour cela la typologie des erreurs (voir Doc. 19 Grille de collecte des erreurs et faiblesses en situation de lecture fluente).

3.3 - La prosodie

La prosodie, le phrasé et l'expressivité pourront également être observés pour les élèves les plus avancés à l'aide d'indicateurs, également codés dans la typologie des erreurs (voir Doc. 19).

3.4 - Les classes grammaticales

Dans un temps différé, on identifie **la classe grammaticale** des mots qui posent le plus de problèmes.

Précisions sur le dénombrement des mots dans les évaluations

(Voir Doc. 21 Grille de collecte pour l'enseignant dans les ressources numériques)

Pour la nature des mots du texte : dans le dénombrement, les locutions, les verbes pronominaux, les gérondifs comptent pour un mot. Les verbes composés sont comptés comme deux mots lorsqu'ils sont distants car séparés par d'autres mots mais sont comptés comme un mot si auxiliaire et participe se touchent.

Nombre de mots lus en 1 minute	Fin CP Début CE1	Mi-CE1	Fin CE1 Début CE2	Mi-CE2	Fin CE2 Début CM1	Mi-CM1	Fin CM1 Début CM2	Fin CM2 Début 6e
Seuil pour un accès suffisant au sens d'un texte	50 mots aux évaluations nationales	60 mots selon les auteurs	70 mots selon la DGESCO	80 mots selon les auteurs	90 mots aux évaluations nationales	105 mots selon les auteurs	110 mots selon la DGESCO	120 mots aux évaluations nationales
% d'élèves au-dessus de ces deux seuils	67,3 %				56,2 %			57 %
Seuil de lecture « élève fragile »[15]	29 mots aux évaluations nationales		50 mots selon les auteurs		90 mots aux évaluations nationales			120 mots aux évaluations nationales
% d'élèves entre ces deux seuils	23,4 %				16,2 %			26 %
Seuil de lecture « élève à besoin »[16]	10 mots aux évaluations nationales		35 mots selon les auteurs		70 mots aux évaluations nationales			90 mots aux évaluations nationales
% d'élèves sous ce seuil	9,3 %				27,6 %			17 %

Doc. 18 : Seuils attendus pour la vitesse de lecture à voix haute

14. Note d'information, *Évaluation de début de sixième en 2023...*, DEPP, n° 2023-EO7, novembre 2023.
15. Ce seuil correspond généralement aux élèves dont le recours aux procédures (phonologique et orthographique) est encore fragile. Ces élèves accèdent difficilement au sens du texte.
16. Ce seuil correspond généralement aux élèves dont le recours aux procédures (phonologique et orthographique) est extrêmement coûteux. Ces élèves ne sont pas en mesure d'accéder au sens du texte.

Fluence + Fluidité CE1-CE2
Grille des erreurs du texte

- Fluence : lire les mots du texte.
- Fluence : lire des mots dans des phrases.
- Fluidité : bien lire des phrases et des extraits.
- Fluidité : lire de manière expressive.

codage possible	nature des erreurs de lecture du texte	proposition de codage	nombre d'occurrences	
?	Mot impossible à lire	?		Le contenu graphophonologique est trop complexe. Soit l'élève ne connaît pas tous les sons ; soit l'élève n'a pas assez entraîné la combinatoire.
	Substitution de mot (lire un autre mot)			L'élève se trompe de mot. Soit il y substitue un mot sémantiquement plausible ; soit il opte pour un autre mot qui ressemble phonologiquement à celui qu'il devait lire.
	Mot ânonné : surdécodage besogneux			Pour parvenir à la lecture de ce mot, l'élève doit fournir des efforts importants, lents et coûteux cognitivement.
	Décodage phonologique fautif : erreur de son			Le mot est mal lu, car une part des sons qu'il contient n'est pas correctement identifiée.
	Erreur de segmentation au sein du mot			L'élève ne parvient pas à trouver la segmentation pertinente. Par exemple, il coupe le mot "mouton" ainsi : mo/ut/on. On trouve souvent cette erreur pour les mots contenant des digraphes : on, ou, an…
	Erreur et confusion des lettres « miroir » : b d p q / u n			Confusions des 4 lettres symétriques en miroir (b d p q) lorsqu'elles sont écrites en script. Idem pour les lettres "u" et "n". Ces erreurs sont ordinaires en maternelle mais doivent être résorbées au cycle 3.
GCS	Méconnaissance des règles phonologiques : g=j / c=s / s=z	GCS		Les règles phonologiques qui voient le [g] devenir [j] et le [c] devenir [s] devant e, i, y ne sont pas toujours maîtrisées. Idem pour le "s" se prononçant [z] ou plus rarement le "t" se prononçant [s] ou le "ch" se prononçant [ch] ou le "ch" se prononçant [k] (chorale, chronomètre…). Voilà qui dénote souvent que l'élève n'a pas encore une lecture orthographique par adressage.
	Petit mot grammatical (mot outil) mal lu			Parce qu'ils sont invariables et nombreux, ces petits mots sont généralement lus par adressage dès le CP, d'autant que leur contenu est parfois difficile (avec, longtemps…). Des erreurs sur ces petits mots qui représentent 50 % des mots d'un texte et qui en sont ses articulateurs sont de vraies entraves à la fluence.
VERBE	Morphème verbal mal lu	V		Les marques de mode et de personnes sont de réelles difficultés aux décodages, notamment pour des temps plus rares ou peu (ou mal) usités à l'oral. C'est encore plus vrai pour les verbes réguliers (et tout particulièrement les auxiliaires) dont les désinences, mais aussi les bases sont instables.
	Petit accroc			Ces petits accrocs peuvent dénoter une mauvaise maîtrise du décodage, mais aussi et plus souvent, le fait que l'élève est perdu dans la construction des sens locaux successifs de la phrase ou du paragraphe. C'est un tâtonnement réflexif qui dénote que l'élève ne repère pas les groupes de sens.
	Mot non lu, mot sauté			On retrouve ici quelque chose de similaire aux petits accords : l'élève ne construit pas d'unité de sens et n'est alors que modérément gêné de passer outre certains mots.
	Reprise de mot, répétition	×2		Il s'agit là encore d'une preuve que l'identification des unités de sens ne s'opèrent pas. L'élève perçoit qu'il se perd et reprend pied, en répétant un mot qui va lui servir de remplin pour redémarrer.
	Hésitation, incertitude			Nouvelle forme et preuve que les unités de sens ne sont pas identifiées. Signe qu'il cherche UN sens, à défaut de trouver LE sens.
	Pause à mauvais escient			La segmentation en unité de sens ne s'opère pas efficacement, la fluidité se brise.
	Anticipation hasardeuse (lecture « devinette »)			Stratégie de l'élève débrouillard et malin, qui a montré dans bon nombre de situations qu'elle pouvait suffire : deviner la suite, même si l'on a perdu le fil de sa lecture. Elle dénote des qualités dans le "métier d'élève" mais sera une réelle entrave à sa progression, l'élève étant toujours tenté de demeurer dans l'à peu près.
	Groupes syntaxiques et sémantiques non identifiés			Clairement, on s'aperçoit que l'élève décode mot à mot sans identifier les unités qui peuvent, doivent, être rapprochées. Sa lecture n'est nullement rythmée, sans tonalité.
	Lenteur			La prudence de l'élève l'invite à chercher à saisir en amont de sa lecture du mot dans quel tissu sémantique il s'inscrit. C'est ce que fait aussi le bon lecteur, mais celui-ci, parce qu'il ne traîne pas, garde le fil du sens de ce qu'il lit, lorsque notre tortue trop lente voit sa mémoire à court terme se vider avant d'avancer.
	Liaisons non réalisées			Les liaisons ne sont pas perçues, pas dites.
	Ponctuation non respectée			Les éléments de ponctuation sont les articulateurs les plus visibles et évidents proposés au lecteur. S'en passer dénote qu'un lecteur n'ambitionne pas encore d'entrer dans la prosodie du texte, son phrasé.
	Phrasé haché	#		Un phrasé haché, rempli de segmentations excessives, dénote une difficulté à prendre de la hauteur, tout en montrant l'intention de le faire.
	Expressivité atone	ZZZ		Une absence de visée expressive dénote un lecteur scolaire, peu assuré, ou qui n'ose pas encore. Il est parfois tout simplement un élève qui ne construit pas assez le sens du texte qu'il lit. Il lui reste à dépasser la lecture fonctionnelle et technique pour entrer dans le monde merveilleux des plaisirs littéraires.

Doc. 19 : Grille de collecte des erreurs et faiblesses en situation de lecture fluente CE1-CE2

4. LA TYPOLOGIE DES ERREURS

- Ces évaluations (Doc. 20 à 22) visent à caractériser les types d'erreurs produites par l'élève lors de la lecture du texte de fluence.
- Nous proposons une série de pictogrammes facilement reproduisibles et modifiables qui permet un codage par l'enseignant sur sa fiche (Doc. 21) au fil de la lecture de l'élève et donc le dénombrement et la nature des erreurs ou faiblesses de lecture. Elle vise à caractériser les types d'erreurs produites par l'élève.
- Cette grille de relevé des erreurs est organisée afin d'identifier la nature et la fréquence de chacune d'elles. Au fil de la lecture de l'élève, l'enseignant code les erreurs sous les mots fautifs à l'aide des pictogrammes proposés ou ceux que l'enseignant aura créés (voir Évaluations : Grille de collecte pour l'enseignant, dans les ressources numériques).

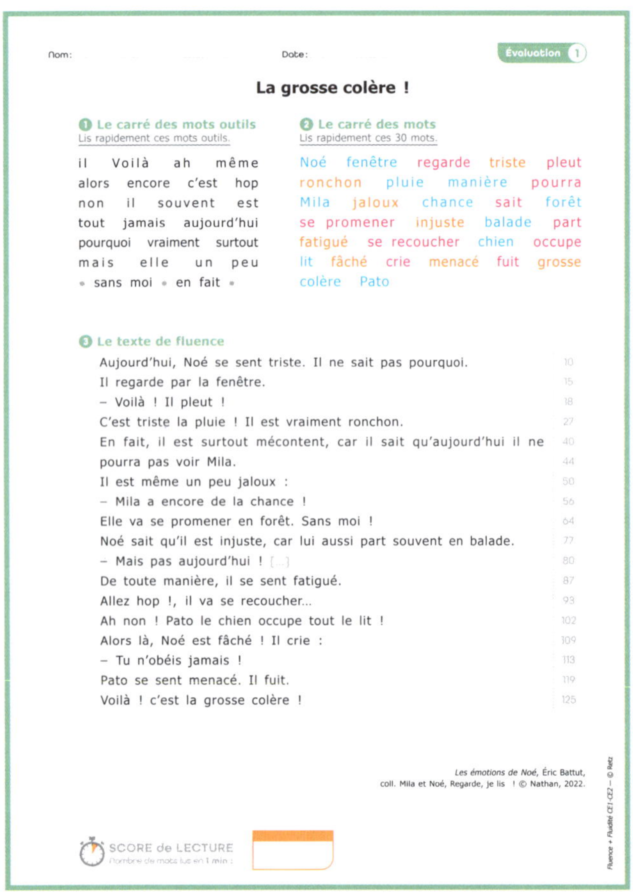

Nom : Date : Évaluation 1

La grosse colère !

1 Le carré des mots outils
Lis rapidement ces mots outils.

il	Voilà	ah	même
alors	encore	c'est	hop
non	il	souvent	est
tout	jamais	aujourd'hui	
pourquoi	vraiment	surtout	
mais	elle	un	peu
« sans moi »	en fait »		

2 Le carré des mots
Lis rapidement ces 30 mots.

Noé	fenêtre	regarde	triste	pleut
ronchon	pluie	manière	pourra	
Mila	jaloux	chance	sait	forêt
se promener	injuste	balade	part	
fatigué	se recoucher	chien	occupe	
lit	fâché	crie	menacé	fuit	grosse
colère	Pato			

3 Le texte de fluence

Aujourd'hui, Noé se sent triste. Il ne sait pas pourquoi. 10
Il regarde par la fenêtre. 15
– Voilà ! Il pleut ! 18
C'est triste la pluie ! Il est vraiment ronchon. 27
En fait, il est surtout mécontent, car il sait qu'aujourd'hui il ne 40
pourra pas voir Mila. 44
Il est même un peu jaloux : 50
– Mila a encore de la chance ! 56
Elle va se promener en forêt. Sans moi ! 64
Noé sait qu'il est injuste, car lui aussi part souvent en balade. 77
– Mais pas aujourd'hui ! [...] 80
De toute manière, il se sent fatigué. 87
Allez hop !, il va se recoucher... 93
Ah non ! Pato le chien occupe tout le lit ! 102
Alors là, Noé est fâché ! Il crie : 109
– Tu n'obéis jamais ! 113
Pato se sent menacé. Il fuit. 119
Voilà ! c'est la grosse colère ! 125

Les émotions de Noé, Éric Battut,
coll. Mila et Noé, Regarde, je lis ! © Nathan, 2022.

SCORE de LECTURE
nombre de mots lus en 1 min :

Fluence + Fluidité CE1-CE2 – © Retz

Grille de collecte pour l'enseignant

Doc. 20 : Grille de collecte pour l'enseignant, exemple sur l'évaluation 1

Le regroupement des types d'erreurs renvoie à **4 profils d'élèves** et définit ainsi leurs besoins. Ces profils renvoient à leur tour à l'une des 4 fiches disponibles pour chaque module autour d'un même texte de fluence. On confiera donc à chaque élève la ou les fiches correspondant à son besoin, alors que toute la classe travaillera sur le même texte de fluence.

5. LES PROTOCOLES DE PASSATION

• Protocole ordinaire

Dans l'idéal, l'enseignant gagne à faire passer tous les élèves en lecture individuelle en suivant le protocole « type » :

1. L'élève découvre le texte en autonomie.
2. Puis l'enseignant procède à une lecture expressive du texte.
3. En entraînement, l'élève lit le carré des mots du texte.
4. Puis l'évaluation commence : l'élève lit le début du texte. L'enseignant l'arrête au bout d'une minute de lecture. En cas de blocage sur un mot, l'enseignant osera prononcer à la place de l'élève afin qu'il puisse continuer sa lecture (on comptera le mot non lu comme fautif).

Mais on sait qu'il sera souvent difficile de mettre en œuvre cette belle intention. Voici donc des protocoles alternatifs :

• Protocole alternatif 1 : tous les élèves en classe

Même si cette lecture est brève (environ 2 minutes pour lire le carré des mots et le début du texte), tout ce qui vient autour (déplacement de l'élève, mots rassurants, mise en condition, codage, léger feedback avec l'élève) rend la chose plus coûteuse. C'est pourquoi la méthode propose cependant un questionnaire d'exploitation du texte sur des questions de compréhension. Il permet de mettre les élèves en activité autonome pendant que leurs camarades se succèdent pour lire avec l'enseignant (voir Évaluations – Questions de compréhension – dans les ressources numériques).

• Protocole alternatif 2 : tous les élèves avec la coopération d'un autre adulte en tiers-lieu

Un membre du RASED (maitre E) ou un enseignant surnuméraire, ou encore le directeur de l'école déchargé, peut aider l'enseignant de la classe en faisant passer lui-même ce test (pour tout ou partie des élèves), quitte à l'étaler dans le temps.

• Protocole alternatif 3 : seulement les élèves fragiles et à besoins, en classe

Dans la réalité de son travail de classe, l'enseignant a déjà une représentation assez fine des élèves ayant des difficultés de fluence. Il est alors possible de ne faire passer cette évaluation initiale qu'à ces seuls élèves afin de réellement déterminer leurs besoins, alors qu'on laisse les élèves plus avancés travailler en autonomie sur la prosodie du texte et la fiche qui leur correspond. De plus, les questions de compréhension permettent de mettre les élèves en activité autonome.

• Protocole alternatif 4 : seulement les élèves fragiles et à besoins, en APC

Il s'agit d'appliquer le protocole 3, mais en APC.

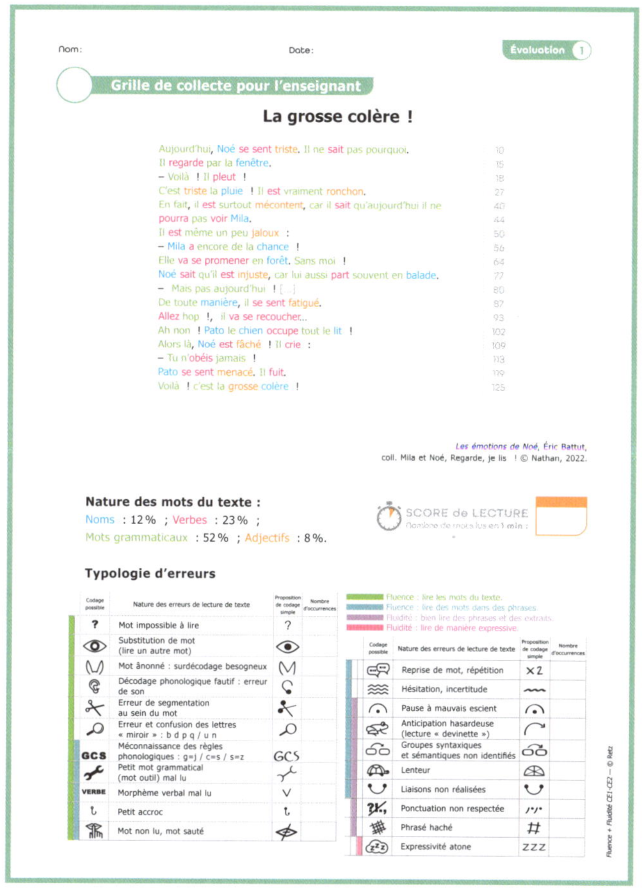

Nom : Date : Évaluation 1

Grille de collecte pour l'enseignant

La grosse colère !

Aujourd'hui, Noé se sent triste. Il ne sait pas pourquoi. 10
Il regarde par la fenêtre. 15
– Voilà ! Il pleut ! 18
C'est triste la pluie ! Il est vraiment ronchon. 27
En fait, il est surtout mécontent, car il sait qu'aujourd'hui il ne 40
pourra pas voir Mila. 44
Il est même un peu jaloux : 50
– Mila a encore de la chance ! 56
Elle va se promener en forêt. Sans moi ! 64
Noé sait qu'il est injuste, car lui aussi part souvent en balade. 77
– Mais pas aujourd'hui ! [...] 80
De toute manière, il se sent fatigué. 87
Allez hop !, il va se recoucher... 93
Ah non ! Pato le chien occupe tout le lit ! 102
Alors là, Noé est fâché ! Il crie : 109
– Tu n'obéis jamais ! 113
Pato se sent menacé. Il fuit. 119
Voilà ! c'est la grosse colère ! 125

Les émotions de Noé, Éric Battut,
coll. Mila et Noé, Regarde, je lis ! © Nathan, 2022.

Nature des mots du texte :
Noms : 12 % ; Verbes : 23 % ;
Mots grammaticaux : 52 % ; Adjectifs : 8 %.

SCORE de LECTURE
Nombre de mots lus en 1 min :

Typologie d'erreurs

Codage possible	Nature des erreurs de lecture de texte	Proposition de codage simple	Nombre d'occurrences
?	Mot impossible à lire	?	
	Substitution de mot (lire un autre mot)		
	Mot ânonné : surdécodage besogneux	M	
	Décodage phonologique fautif : erreur de son		
	Erreur de segmentation au sein du mot		
	Erreur et confusion des lettres « miroir » : b d p q / u n		
GCS	Méconnaissance des règles phonologiques : g=j / c=s / s=z	GCS	
	Petit mot grammatical (mot outil) mal lu		
VERBE	Morphème verbal mal lu	V	
	Petit accroc		
	Mot non lu, mot sauté		

Fluence : lire les mots du texte.
Fluence : lire des mots dans des phrases.
Fluidité : bien lire des phrases et des extraits.
Fluidité : lire de manière expressive.

Codage possible	Nature des erreurs de lecture de texte	Proposition de codage simple	Nombre d'occurrences
	Reprise de mot, répétition	×2	
	Hésitation, incertitude		
	Pause à mauvais escient		
	Anticipation hasardeuse (lecture « devinette »)		
	Groupes syntaxiques et sémantiques non identifiés		
	Lenteur		
	Liaisons non réalisées		
	Ponctuation non respectée		
	Phrasé haché	#	
	Expressivité atone	ZZZ	

Fluence + Fluidité CE1-CE2 — © Retz

Doc. 21 : Fiche enseignant de recueil des erreurs de l'élève évalué

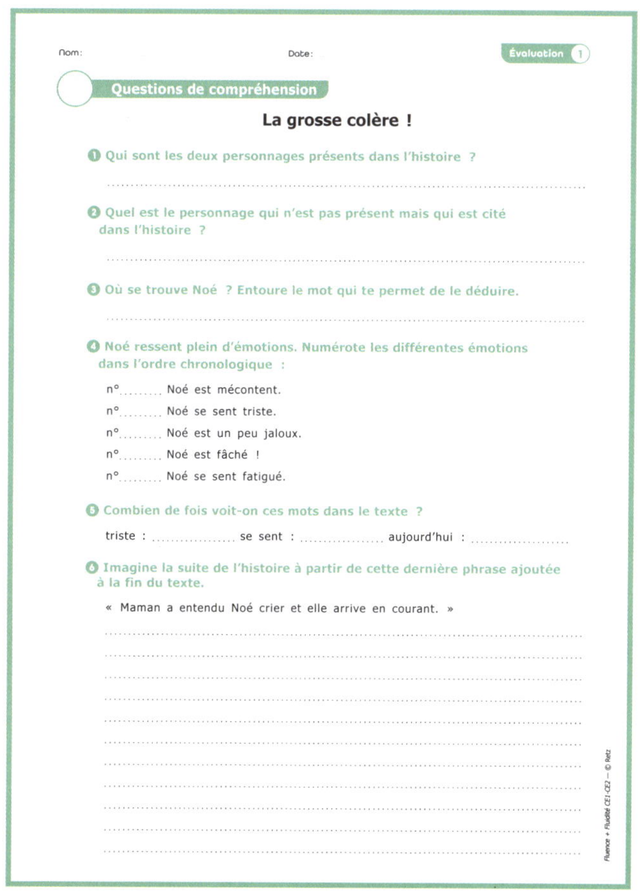

Nom : Date : Évaluation 1

Questions de compréhension

La grosse colère !

1. Qui sont les deux personnages présents dans l'histoire ?
2. Quel est le personnage qui n'est pas présent mais qui est cité dans l'histoire ?
3. Où se trouve Noé ? Entoure le mot qui te permet de le déduire.
4. Noé ressent plein d'émotions. Numérote les différentes émotions dans l'ordre chronologique :
   n°........ Noé est mécontent.
   n°........ Noé se sent triste.
   n°........ Noé est un peu jaloux.
   n°........ Noé est fâché !
   n°........ Noé se sent fatigué.
5. Combien de fois voit-on ces mots dans le texte ?
   triste : .... se sent : .... aujourd'hui : ....
6. Imagine la suite de l'histoire à partir de cette dernière phrase ajoutée à la fin du texte.
   « Maman a entendu Noé crier et elle arrive en courant. »

Fluence + Fluidité CE1-CE2 — © Retz

Doc. 22 : Fiche d'activité autonome sur le texte d'évaluation

LES PROFILS D'ÉLÈVES

1er profil : élève « maîtrisant mal le décodage des correspondances graphophonémiques

→ Objectifs : renforcer la maîtrise du code graphophonémique, décoder, identifier les mots

Il s'agit d'un élève dont la majorité des erreurs dans les items relèvent du traitement graphophonémique des mots, tant en liste qu'en contexte. Il demeure trop souvent dans un décodage indirect, phonologique, cognitivement coûteux. Il n'utilise la procédure directe, dite par adressage, que de manière parcimonieuse.

Afin de l'aider, on pourra, si besoin, revenir aux compétences de base que sont la connaissance des sons complexes, la combinatoire, la segmentation pertinente au sein du mot, mais aussi réentraîner les règles de base que sont les valeurs des lettres lorsque celles-ci peuvent avoir plusieurs sons : les lettres g, c et s en particulier, ou si besoin travailler les lettres « miroir » b, d, p et d.

Il doit parvenir à une lecture automatique et orthographique de la majorité des mots qu'il peut croiser dans les textes destinés à son âge. On sera notamment attentif à travailler à la reconnaissance immédiate des mots les plus fréquents dont l'immense majorité sont des petits mots grammaticaux, si essentiels puisqu'ils représentent toujours 50 % des mots d'un texte et qu'ils sont les organisateurs de la syntaxe des textes donnés à lire.

→ Pour chaque module, **la fiche 1 « Fluence : lire des mots du texte »** lui est destinée afin de travailler ces compétences comme préparatoires à sa lecture du texte de fluence.

?	Mot impossible à lire	?
👁	Substitution de mot (lire un autre mot)	👁
M	Mot ânonné : surdécodage besogneux	M
👂	Décodage phonologique fautif : erreur de son	ʔ
✂	Erreur de segmentation au sein du mot	✂
🔍	Erreur et confusion des lettres « miroir » : b d p q / u n	🔍
GCS	Méconnaissance des règles phonologiques : g=j / c=s / s=z	GCS
🔧	Petit mot grammatical (mot outil) mal lu	🔧
VERBE	Morphème verbal mal lu	V
↩	Petit accroc	↩

Extrait de la grille de collecte des erreurs et des faiblesses relevées pour ce profil d'élève

Pour travailler ces compétences :

- La méthode propose pour chaque module **la graphie des sons complexes** visant à renforcer la connaissance des sons complexes, notamment les digrammes et trigrammes, présents dans le texte de fluence. Il s'agit de permettre d'affermir des connaissances souvent encore peu stabilisées chez ces élèves tout juste sortis du CP.
- La méthode propose également un entraînement à la **lecture de syllabes et de mots**, puis des mots qui contiennent ces syllabes, ces contenus étant présents par ailleurs dans le texte de fluence. En fond blanc, on trouve les mots décomposés en syllabes, au contraire des mots sur fond gris qui ne sont pas segmentés dans l'exercice. Un point est également fait sur les **mots complexes** du texte difficiles à décoder.
- La méthode propose enfin pour chaque module la lecture et la mémorisation orthographique des petits mots outils grammaticaux si essentiels dans **le carré des mots outils**. En toute conformité avec les instructions officielles, on y travaille « l'appropriation de l'image orthographique des mots les plus courants[17] ».

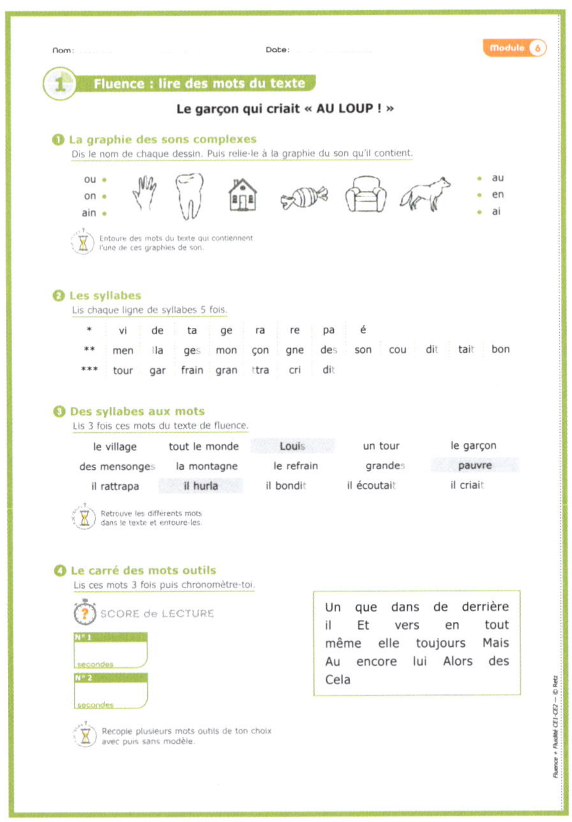
Nom : Date : Module 6

1 Fluence : lire des mots du texte

Le garçon qui criait « AU LOUP ! »

1 La graphie des sons complexes
Dis le nom de chaque dessin. Puis relie-le à la graphie du son qu'il contient.
ou • on • ain • … • au • en • ai
Entoure des mots du texte qui contiennent l'une de ces graphies de son.

2 Les syllabes
Lis chaque ligne de syllabes 5 fois.

*	vi	de	ta	ge	ra	re	pa	é			
**	men	lla	ges	mon	çon	gne	des	son	cou	dit	tait	bon
***	tour	gar	frain	gran	ttra	cri	dit				

3 Des syllabes aux mots
Lis 3 fois ces mots du texte de fluence.

le village	tout le monde	Louis	un tour	le garçon
des mensonges	la montagne	le refrain	grandes	pauvre
il rattrapa	il hurla	il bondit	il écoutait	il criait

Retrouve les différents mots dans le texte et entoure-les.

4 Le carré des mots outils
Lis ces mots 3 fois puis chronomètre-toi.

SCORE de LECTURE
N° 1 … secondes
N° 2 … secondes

Un que dans de derrière
il Et vers en tout
même elle toujours Mais
Au encore lui Alors des
Cela

Recopie plusieurs mots outils de ton choix avec puis sans modèle.

Fluence + Fluidité CE1-CE2 – © Retz

Doc. 23 : fiche 1 type

17. La DGESCO a repris dans son document d'accompagnement « Travailler la fluence », MEN-DGESCO, la définition proposée par Maryse Bianco : https://eduscol.education.fr/document/31165/download

2e profil : élève « faible lecteur de mots et de phrases »

→ Objectif : construire le sens local

Cet élève va bénéficier d'un renforcement des compétences phonologiques visant à affronter les complexités des transcriptions orthographiques des sons et des mots. Cet élève doit par ailleurs parvenir à une lecture automatique et orthographique de la majorité des mots qu'il peut croiser dans les textes destinés à son âge. Après avoir été attentif à la reconnaissance immédiate des petits mots grammaticaux dans la fiche 1, il s'agit maintenant de lire rapidement tous les mots, quelle que soit leur classe grammaticale. Les mots n'ayant pas vocation à être lus isolément, ils seront également mis à la lecture au sein de syntagmes ou de courtes phrases, unités syntaxiques ayant vocation à être lues d'une seule traite. Enfin, cette fiche fera la part belle aux compétences relatives au vocabulaire du texte de fluence comme préalable à sa compréhension.

→ Pour chaque module, la **fiche 2 « Fluence : lire des mots et des phrases courtes »** lui est destinée afin de travailler ces compétences en préparation de sa lecture qualitative du texte de fluence.

Pour travailler ces compétences :

- La méthode propose un **travail phonologique** en pointant les difficultés de la transcription de nos 36 phonèmes en au moins 150 graphèmes. Ces connaissances sont parfois mal installées, entravant le passage du décodage à l'adressage. Il peut être nécessaire de procéder encore à l'enseignement explicite des correspondances graphème-phonème les plus rares ou complexes.
- La méthode propose pour chaque module **le carré des mots**[18] visant la reconnaissance exacte et rapide des mots du texte de fluence. L'élève est préparé à lire de 30 à 50 mots avant même de l'affronter. Cette activité vise la précision du décodage, ainsi que la vitesse du traitement phonologique de ces mots, en tant qu'elle illustre les compétences de décodage de l'élève. Elle va lui permettre de progresser dans cette compétence fondamentale et déterminante afin qu'il passe toujours plus de la voie indirecte dite de décodage à la voie directe dite par adressage, activant sa reconnaissance orthographique du mot stocké dans son lexique mental.
- L'activité **les mots unis** entraîne à la lecture de groupes de mots ayant vocation à être lus ensemble, permettant à l'élève de commencer à dépasser la lecture mot à mot. Eve Clark a appelé ces regroupements « moules syntaxiques ». Ils sont également sémantiques. Passer du mot à mot à ces regroupements logiques est déterminant.
- Enfin, la méthode propose des activités d'enrichissement du **vocabulaire** notamment autour des synonymes.

GCS	Méconnaissance des règles phonologiques : g=j / c=s / s=z	GCS
	Petit mot grammatical (mot outil) mal lu	
VERBE	Morphème verbal mal lu	V
	Petit accroc	
	Mot non lu, mot sauté	
	Reprise de mot, répétition	x2
	Hésitation, incertitude	
	Pause à mauvais escient	
	Anticipation hasardeuse (lecture "devinette")	
	Groupes syntaxiques et sémantiques non identifiés	
	Lenteur	

Extrait de la grille de collecte des erreurs et des faiblesses relevées pour ce profil d'élève lors d'une évaluation de fluence

Nom : Date : Module 2

2 Fluence : lire des mots et des phrases

La plage aux bouteilles

1 Les mots complexes

Lis ces mots compliqués à déchiffrer.

Malo **nettoie** → Malo doit **nettoyer**
termine → **terminé**
joindre → **rejoindre**
doigts → doigts
lorsque → **lorsqu'il** → **lorsqu'on**

Retrouve les différents mots écrits en gras dans le texte et entoure-les.

2 Le carré des mots

Lis rapidement ces 30 mots du texte.

SCORE de LECTURE
N° 1 secondes
N° 2 secondes

Alors Malo ramasse plastique
fille Mais idée dérange joli
encore Maintenant sac petit
autre parasol coin propre dans
sable rejoindre matin fâché
vient Puis plage nouveau
nettoie seul peu bien

3 Les synonymes et les mots de sens proche

Lis ces groupes de mots qui ont le même sens ou un sens proche.

- son petit **coin** → son petit **endroit**
- un joli coin **tout** propre → un joli coin **très** propre
- un autre coin, **rien que pour lui** → un autre coin, **seulement pour lui**
- un autre **endroit** → un autre **lieu**
- le sable est **bien plus** joli → le sable est **beaucoup plus** joli

Entoure les mots en gras de la partie gauche dans le texte de fluence.

4 Les mots unis

Lis 5 fois d'une seule traite ces groupes de mots du texte.

- bien plus
- ce qui dérange
- Mais ce matin,
- quand il arrive à la plage,
- Mais il ne dit rien.
- assise sur son coin tout propre
- un peu
- Mais le lendemain,
- Et sous le parasol,
- Lorsqu'il a terminé,
- lorsqu'on ne voit que lui

Doc. 24 : fiche 2 type

18. Dans ce carré des mots, nous désignons comme « mot » l'ensemble qu'il peut constituer avec certains mots grammaticaux qui lui sont tout naturellement associés : se reproduisent, m'empêcher, près de, à côté. Dans le texte de fluence, nous appliquons une autre logique qui est de compter chaque mot isolément. Ainsi pour « à côté », nous avons cette fois deux mots.

3e profil : élève « améliorant son phrasé »

→ Objectif : fluidifier la lecture, développer le phrasé

Lorsque l'élève maîtrise les compétences de décodage en contexte de mots et de phrases, il lui est possible de travailler la fluidité de lecture, et notamment dans un premier temps le **phrasé**. On attend de lui qu'il respecte naturellement la syntaxe du texte, qu'il régule son souffle, traite la ponctuation et détermine les pauses en parvenant à segmenter le texte en petites unités de sens. Le sens du texte se dévoile au fil de ce **décodage expert**. Le sens se renforce par les premières variations d'intonation opérées par le lecteur, ainsi que par l'ajout des liaisons qui fluidifient cette lecture.

Par ailleurs, pour s'engager vers ces premières intonations, il s'agit de comprendre le déroulement logique de la narration et en particulier les intentions des personnages. Il s'agit de faire fonctionner la **fonction imageante**, celle où le lecteur construit l'image des scènes qu'il lit. Enfin, c'est à cette étape qu'il lui est possible de remplir les **blancs du texte**, les non-dits laissés par l'auteur.

→ Pour chaque module, la **fiche 3 « Fluidité : bien lire des phrases et des extraits »** lui est destinée afin de travailler ces compétences en amont de sa lecture expressive du texte de fluence.

Pour travailler ces compétences :

- Développer l'expertise de décodage par des activités où certains mots du texte sont placés à distance afin que le lecteur opère des anticipations, tout en développant son empan visuel.
- La ponctuation est prise en compte.
- Des indices syntaxiques sont identifiés afin de rythmer la lecture.
- Les liaisons sont révélées et entrainées.
- Sur le plan sémantique, la théorie de l'esprit, à savoir les intentions des personnages, ainsi que la fonction imageante (capacité du lecteur à se faire le film de l'histoire lue) sont travaillées à partir d'activités qui leur sont dédiées.

	Pause à mauvais escient	
	Anticipation hasardeuse (lecture "devinette")	
	Groupes syntaxiques et sémantiques non identifiés	
	Lenteur	
	Liaisons non réalisées	
	Ponctuation non respectée	,·,·
	Phrasé haché	#

Extrait de la grille de collecte des erreurs et des faiblesses relevées pour ce profil d'élève lors d'une évaluation de fluence

Nom : .... Date : .... Module 2

3 Fluidité : bien lire des phrases et des extraits

La plage aux bouteilles

❶ Les petits mots riches

Lis 5 fois la phrase simplifiée et 2 fois la phrase complète.

Malo a un coin propre.
Maintenant, Malo a un **joli** coin **tout propre**.

Il est fâché.
Il est **un peu** fâché.

Le lendemain, il y a un parasol sur son coin.
Mais le lendemain, il y a un parasol sur son **nouveau** coin.

Elle glisse ses doigts dans le sable.
Puis elle glisse ses **petits** doigts dans le sable.

❷ Les pyramides de mots

Lis 3 fois ces phrases qui se rallongent.

Alors Malo nettoie.
Alors Malo nettoie un autre coin.
Alors Malo nettoie un autre coin, rien que pour lui.

La petite fille vient le rejoindre.
Lorsqu'il a terminé, la petite fille vient le rejoindre.

Malo voit une petite fille.
Malo voit une petite fille assise.
Malo voit une petite fille assise sur son coin tout propre.
Quand il arrive à la plage, Malo voit une petite fille assise sur son coin tout propre.
Mais ce matin, quand il arrive à la plage, Malo voit une petite fille assise sur son coin tout propre.

❸ Les liaisons

Lis 3 fois ces groupes de mots en étant attentif aux liaisons.

Il adore son petit coin.
Malo voit une petite fille.
Il est un peu fâché.
Mais il ne dit rien.
Alors Malo doit encore nettoyer un autre endroit.

Alors Malo nettoie un autre coin
Il y a un parasol.
Il y a une dame.
– C'est bien de ne pas être tout seul.

Indique les liaisons par des arcs de cercle dans le texte de fluence.

Doc. 25 : fiche 3 type

4e profil : élève « améliorant son expressivité »

→ Objectif : viser l'expressivité

L'expressivité est plus spécifiquement travaillée dans la **fiche 4** du module. Elle est relative à la variation des intensités, des rythmes, des intonations spécifiques à chaque genre de texte, à chaque passage du texte, et à chaque intention des personnages. Contrairement au phrasé, elle est moins corrélée à la syntaxe du texte qu'à son sens. Elle est une interprétation, une manière personnelle de donner vie à un texte.

C'est donc un travail de compréhension et en même temps d'interprétation qui est proposé, en saisissant bien que l'expressivité ne peut pas être spontanée et nécessite donc un entraînement régulier afin de développer une palette expressive illustratrice d'une diversité d'émotions.

Cet élève est également invité à réaliser le **« Défi lecture »**. Ce passage de texte est généralement la suite du texte de fluence du module. Il permet une compréhension plus étendue du texte du module puisque s'y trouvent des précisions sur le fil narratif et sur les intentions des personnages au-delà de ce que l'on en savait par le texte initial. Il est alors demandé à l'élève de mesurer sa vitesse de lecture (nombre de mots correctement lus) ce qui agit sur sa motivation. Mais aussi d'offrir à ses camarades des autres niveaux une lecture à haute voix de cet extrait qu'ils ne connaissent pas.

→ Pour chaque module, la **fiche 4 « Fluidité : lire de manière expressive »** lui est destinée afin de marier la lecture fluente, la musicalité et les teintes expressives spécifiques à chaque texte lu.

Pour travailler ces compétences :

- Utiliser le rythme adapté en jouant sur les vitesses de lecture.
- Adapter les intonations (c'est-à-dire les variations mélodiques de la voix) à la ponctuation.
- Travailler les intonations et les intensités au regard de l'intention des personnages.
- Choisir les tons successifs pour souligner le sens et contribuer à une lecture vivante et expressive.
- Lire un nouveau texte à vitesse fluente (Défi lecture).

	Expressivité atone	zzz

Extrait de la grille de collecte des erreurs et des faiblesses relevées pour ce profil d'élève lors d'une évaluation de fluence

Nom : .... Date : .... Module 2

4 Fluidité : lire de manière expressive

La plage aux bouteilles

Lecture rythmée

Lis 5 fois le texte en respectant les pauses proposées : pause courte, pause longue.

Alors Malo a une idée. Il prend le sac plastique et il ramasse ce qui dérange.
Maintenant, Malo a un joli coin tout propre. Il adore son petit coin.
Mais ce matin, quand il arrive à la plage, Malo voit une petite fille assise sur son coin tout propre.
Il est un peu fâché. Mais il ne dit rien.
Alors Malo nettoie un autre coin, rien que pour lui.
Mais le lendemain, il y a un parasol sur son nouveau coin.
Et sous le parasol, il y a une dame.
Alors Malo doit encore nettoyer un autre endroit.
Lorsqu'il a terminé, la petite fille vient le rejoindre. Elle dit :
– C'est bien de ne pas être tout seul.
Puis elle glisse ses petits doigts dans le sable et elle dit :
– Le sable est bien plus joli lorsqu'on ne voit que lui !

La plage aux bouteilles, Gentile Napoli, avec l'aimable autorisation de l'auteur, droits réservés, 2023.

Défi lecture

Entraîne-toi à lire le texte puis fais-toi chronométrer.

Malo aussi creuse dans le sable. Il sort un joli coquillage nacré.
– Il a l'air rare et précieux ! s'émerveille la petite fille.
Alors Malo le lui donne.
Et lorsque Malo quitte le regard de la petite fille, il remarque autour de lui que de nombreuses personnes ont nettoyé leurs petits espaces.
Rapidement, tous ces petits carrés tout nets se rejoignent.
Alors bientôt la plage aux bouteilles va devenir la plage aux coquillages.
– Oh ! Un oiseau vole un os de seiche.
Les oiseaux aussi reviennent.

La plage aux bouteilles, Gentile Napoli, avec l'aimable autorisation de l'auteur, droits réservés, 2023.

Lis ce texte en proposant une relecture expressive.

SCORE de LECTURE
86 mots lus en ... secondes

Doc. 26 : fiche 4 type

LA MISE EN ŒUVRE DANS LA CLASSE

Les compétences et les besoins des élèves identifiés grâce aux évaluations fournies, il s'agit maintenant de travailler les modules de la méthode.

35 MODULES, 3 NIVEAUX DE COMPÉTENCES

Les 35 textes de fluence sont regroupés en 3 niveaux de difficulté. La manière de les aborder appartient à l'enseignant et nul n'est besoin de suivre la progression. Il est possible de butiner et de choisir le texte parce qu'il répond à des activités de classe déjà travaillées dans le cadre d'un projet, ou simplement en suivant son désir d'aborder le texte que l'on aime. De même, la diversité des textes proposés permet de choisir un type de texte qui n'a pas encore été travaillé en classe. Pour autant, suivre la progression (textes de niveau 1, puis de niveau 2, puis de niveau 3) est sans doute la manière la plus simple d'entrer dans la méthode.

4 FICHES POUR 4 GROUPES DE COMPÉTENCES

Chaque module se travaille en une ou deux semaines. On peut estimer nécessaire de prévoir 2 ou 3 séances dédiées par semaine en alternant entre lecture répétée du texte de fluence et entraînement sur la fiche correspondant au niveau de compétences de chaque élève.

Informations pour l'enseignant

Module 2

niveau 1

La plage aux bouteilles

LA PLAGE AUX BOUTEILLES
Gentile Napoli

Support : *La plage aux bouteilles*, Gentile Napoli, avec l'aimable autorisation de l'auteur, droits réservés, 2023.

Genre : Récit de vie.

Thème : Le développement durable, le recyclage, la mer.

Spécificité : Ce récit souligne l'étape à franchir entre la prise de conscience de la dégradation de la plage en raison des déchets, et le fait de la nettoyer pour la rendre plus agréable. Le jeune garçon agit tandis que les autres personnes trouvent les coins nettoyés agréables sans avoir eux-mêmes participé.

Temps : Présent.

Vocabulaire : *

Éléments de contexte à faire identifier :

- Mettre en évidence que le personnage de Malo prend conscience de la dégradation de la plage par les déchets et qu'il souhaite agir.
- Échanger autour de la pollution des plages et des solutions mises en place collectivement, mais aussi individuellement.

Éléments de compréhension à relever :

- Le narrateur adopte le point de vue de Malo et suit ses états mentaux : on comprend qu'il a grandi et qu'il souhaite profiter de la plage sans les divers déchets.
- Malo commence par nettoyer un petit coin. Le lendemain, il pense le retrouver mais il est occupé par une petite fille, ce qui le fâche car il a passé du temps à le nettoyer. Il choisit alors un autre coin de la plage à nettoyer mais encore une fois, le lendemain, une dame l'occupe. On observe alors une répétition de la situation.
- La petite fille vient briser la solitude de Malo, et comme pour l'encourager dans ses efforts, elle constate que sans pollution, la plage est bien plus jolie.

Résumé :

Lorsqu'il était tout petit, Malo aimait se rendre à la plage aux bouteilles où il jouait avec divers déchets. Ayant grandi, il retourne sur cette plage, mais ne la trouve plus du tout attrayante. Il décide alors de nettoyer un petit coin pour en profiter.

Passage précédant le texte de fluence :

L'enseignant lit ce texte à haute voix et de manière expressive en préalable de la lecture du texte de fluence.

Quand Malo était petit, il adorait aller à la plage aux bouteilles, car il jouait avec les objets et les flacons apportés sur le sable par la marée.

Une bouteille vide, ça flotte, ça fait un bateau. Ça fait une baleine ou un requin. Ça fait des rames. Un morceau de verre bien poli par les vagues, ça donne un joli bijou brillant !

Mais maintenant Malo n'est plus un bébé. Il n'aime plus les bouteilles sur la plage.

– Beurk ! C'est sale. C'est moche.

Beurk !, une canette rouillée. Beurk !, une peau de banane. Beurk !, un sac plastique ! Beurk ! un papier gras.

La plage aux bouteilles, Gentile Napoli, avec l'aimable autorisation de l'auteur, droits réservés, 2023.

Doc. 27 : Fiche destinée au guidage de l'enseignant

1 Fluence : lire des mots du texte

FLUENCE

Le renforcement du code pour mieux identifier les mots

- Code graphophonologique
- Combinatoire
- Mémoire lexicale
- Vocabulaire
- …

2 Fluence : lire des mots et des phrases

FLUENCE

La lecture des mots et des phrases courtes

- Les règles phonologiques
- Affronter les difficultés syntaxiques
- Construire le sens local
- …

3 Fluidité : bien lire des phrases et des extraits

FLUIDITÉ

Le phrasé

- L'importance de la ponctuation
- Rythmer la lecture
- Les liaisons sont révélées et entraînées
- Les intentions des personnages

4 Fluidité : lire de manière expressive

FLUIDITÉ

L'expressivité

- Choisir les tempos et les tons successifs pour souligner le sens et contribuer à une lecture vivante et expressive

Doc. 28 : Répartition des 4 grandes compétences sur les 4 fiches d'activités par module

POUR TOUS... OU PAS

La question de la mise en œuvre interroge l'organisation pédagogique que l'on souhaite suivre : en classe entière, en APC, en décloisonnement à plusieurs classes... tous ces dispositifs sont possibles.

Commençons par la classe entière : **la pédagogie différenciée.**

1 - PLUSIEURS DÉMARCHES DE DIFFÉRENCIATION

La méthode offre les outils pour évaluer finement les besoins des élèves à partir de l'évaluation. Ensuite, toujours à partir d'un texte littéraire, les activités proposées permettent de remédier aux lacunes de l'élève et, au fil du module, d'améliorer ainsi sa lecture du texte de fluence qui est au cœur du dispositif. Il s'agit donc d'un réel outil de différenciation qui va s'inscrire dans l'ordinaire de la classe et nourrira chaque élève à son juste besoin.

• Démarche 1 : la classe travaille le même module

L'enseignant décide de faire travailler tous ses élèves sur l'un des 35 modules. L'enseignant leur lit le passage précédant le texte de fluence (page 1 de chaque module : « Informations pour l'enseignant ») et contextualise ce texte en s'appuyant sur les informations données sur cette fiche. On commence tous ensemble autour de la compréhension du texte de fluence du module (page 2).

Puis chaque élève, selon ses besoins, reçoit l'une des fiches du module. En effet, les 4 fiches du module qui encadrent le texte de fluence n'ont pas à être réalisées par tous les élèves : chacun reçoit la fiche correspondant à son niveau de compétence. Tous les élèves peuvent donc travailler au même moment, mais sur des fiches différentes proposées autour du même texte qui demeure l'élément fondateur et fédérateur de la classe. Ainsi, chacun progresse et le groupe classe demeure centré sur les mêmes préoccupations.

Cette démarche favorise le tutorat entre élèves. Ayant tous travaillés sur le même contenu narratif, il est facile pour un élève plus expert de se mettre au service d'un de ses camarades plus fragiles.

• Démarche 2 : chaque élève progresse dans les modules à son rythme

L'outil propose des textes regroupés en 3 niveaux de complexité. Ainsi, à la manière d'un **plan de travail**, chaque élève a la possibilité de recevoir un texte de fluence et une part des activités répondant à ses compétences plus ou moins élevées. Dans ce cas, il affronte un texte bien corrélé à ses compétences. Et il avance en autonomie sous le regard attentif de l'enseignant qui peut alors se rendre disponible pour les élèves les plus fragiles.

Cependant, l'inconvénient est que tous les élèves ne travaillent pas sur le même texte, ce qui empêchera les lancements collectifs et les mises en commun finales.

> Afin que les faibles lecteurs puissent bien voir les lettres muettes des fiches 1 et 2 de chaque module, nous vous recommandons d'imprimer les fiches en couleur pour eux.
>
> De même, il peut être opportun de donner les fiches 1 et 2 en deux temps en découpant chaque fiche par la moitié pour les plus faibles lecteurs.

• Démarche 3 : la redécouverte différée des textes

En fluence, il est indéniable que la lecture répétée du même texte favorise sa fluence. La méthode propose toujours plusieurs lectures du texte à travers les activités d'un module. Mais, rien n'empêche de proposer aux élèves les plus fragiles, au fil de l'année, un texte déjà travaillé, mais en réalisant cette fois des fiches qu'ils n'avaient pas réalisées. Il s'agit en quelque sorte de compléter le puzzle du module dans une démarche de **renforcement spiralaire**.

2 - LE DISPOSITIF « ATELIER DE FLUENCE »

Le choix de l'enseignant peut être de faire travailler seulement les élèves fragiles lorsque les autres élèves sont en « plan de travail » ou en profitant des **APC**.

PROTOCOLE CONSEILLÉ (SÉQUENCE TYPE)

Le pilotage pédagogique d'un module gagne à suivre ce protocole.

• Séance d'entrée dans le module / 45 minutes

Étape 1	classe entière	2 minutes	**Expliciter l'enjeu** : travailler la fluence à partir d'un nouveau texte.
Étape 2	classe entière	8 minutes	Lecture expressive par l'enseignant de **l'extrait qui précède le texte de fluence**. Identification du genre littéraire, du thème, des protagonistes, du contexte. On opère par un bref travail de repérage et de compréhension à l'oral par un jeu de questions-réponses-validations.
Étape 3	travail individuel	5 minutes	Travail de **lecture silencieuse** individuel du texte de fluence.
Étape 4	classe entière	3 minutes	**Lecture expressive** par l'enseignant du texte de fluence.
Étape 5	classe entière	5 minutes	Préciser oralement tout ou partie des **« éléments de contexte à faire identifier »** inscrits dans la page « information pour l'enseignant ». Si besoin, expliciter ce qui demeure flou, sans que la séance se transforme en séance de compréhension de texte[19].
Étape 6	en ateliers et/ou en binômes	10 minutes	On procède à un premier **relevé du résultat de fluence** sur le texte du module : vitesse en 1 minute de lecture moins le nombre d'erreurs (on compte 1 seconde par erreur). Opter pour les dispositifs possibles : - **Atelier dirigé** par l'enseignant : groupe de besoin, plutôt homogène d'environ 4 élèves : l'enseignant est celui qui chronomètre et dénombre les erreurs et leur nature. - Parallèlement, les autres élèves sont **en binômes** l'un jouant le rôle de lecteur, l'autre d'arbitre-évaluateur, avant de permuter. - L'enseignant peut faire tourner les ateliers.
Étape 7	en ateliers et/ou seuls	10 minutes	Distribution d'au moins **une page d'activités** « 1 - Fluence : lire des mots du texte » ou « 2 - Fluence : lire des mots dans des phrases » ou « 3 - Fluidité : bien lire des phrases et des extraits » ou « 4 - Fluidité : lire de manière expressive » selon les compétences identifiées pour chaque élève (voir fiche d'évaluation diagnostique de la période). Certaines fiches proposent des activités et des prolongements éventuels sous l'intitulé (Ai-je le temps ?) pour les élèves les plus rapides qui pourront être réalisés sur un cahier dédié.
Étape 8	classe entière	2 minutes	Mettre en commun les ressentis d'expérience. Féliciter publiquement. Valoriser les réussites. Lever quelques obstacles, apporter quelques précisions qui visent la réassurance des élèves. Préciser que les élèves pourront au fil des jours s'entrainer à lire le texte de fluence autant de fois qu'ils le souhaitent[20].

19. Pour autant, ces textes riches pourront faire l'objet d'un travail de compréhension dans le cadre de séances décrochées. Nous sortons alors de l'activité de fluence.
20. Il existe dans une journée de classe de nombreux petits moments creux, où l'élève pourra « glisser » un entraînement de lecture fluente du texte du module d'1 à 3 minutes.

• 2e, 3e et 4e séances : entraînement (20 à 30 minutes)

Reprendre l'organisation des étapes 6 à 8 de la séance d'entrée.

Dans son atelier dirigé, l'enseignant peut choisir d'étayer plus particulièrement un profil d'élève ou au contraire permuter afin de travailler avec différents groupes de besoins, fragiles mais aussi experts.

Les élèves seuls ou en binômes pourront se tester afin de noter leur second score (vitesse – erreurs) sur leur « grille mémoire de résultats » (voir ressources numériques).

• 4e séance : évaluation

Après toutes ces séances d'entraînements formels ou informels, il s'agira pour l'enseignant de procéder à une évaluation en obtenant le 3e score de l'élève (chiffrage vitesse moins erreurs) dont on reportera le résultat dans la « grille mémoire ». Pour les élèves dont le niveau est le plus préoccupant, il pourrait être intéressant d'analyser finement la nature des erreurs comme il est proposé pour les textes d'évaluation diagnostique (voir Doc. 19 : Grille de collecte des erreurs et des faiblesses en situation de lecture fluente).

LES ENTRAÎNEMENTS ET ÉTAYAGES

Hors des séances décrites dans la mise en œuvre, il est souhaitable de favoriser des temps de lecture fluente et de multiplier les étayages et les feedbacks. Voici quelques pistes.

LA RÉPÉTITION

Les entraînements sont essentiels[21]. Ce sont les gammes du concertiste qui précèdent toujours le concert, ou les échauffements du sportif avant d'entrer sur le terrain. Ces temps préalables, souvent négligés à l'école ou strictement relégués à un travail à la maison plus ou moins abouti, sont, pour la fluence, indispensables et donc à valoriser dans notre enseignement. On a vu précédemment combien différents sont les temps effectifs de lecture des élèves et combien ces durées sont corrélées à la capacité à comprendre un texte. C'est pourquoi ce surapprentissage est indispensable, d'autant que travaillé seul ou en binômes, il permet de libérer l'enseignant qui est alors disponible pour faire lire successivement ses élèves à voix haute. Un système gagnant-gagnant.

Seul, l'élève s'entraîne autant que nécessaire. Mais il doit, au bout de l'entraînement, avoir un pair ou un adulte pour valider sa performance. En binôme avec un pair, il est successivement lecteur puis arbitre-évaluateur. Observer son camarade est pour lui source d'une grande richesse : cela lui permet une mise à distance qu'il ne parvient souvent pas à opérer sur sa propre lecture.

Le rituel de la lecture à l'unisson, classe entière

Utiliser les 3 minutes perdues entre deux activités ou juste avant la récréation pour proposer aux élèves de lire à voix haute tous ensemble à l'unisson le texte de fluence du module travaillé. Cet entraînement (au double sens de ce mot) aide les plus fragiles à se représenter cette lecture qu'eux-mêmes ont parfois tant de mal à aborder qualitativement.

La lecture personnelle répétée

Dans son coin, en chuchotant, l'élève lit seul son texte. Il se chronomètre et cherche à améliorer son score. Il n'y a pas de limite au nombre de relectures. Finalement, lorsqu'il se sent prêt, il demande à l'enseignant de le chronométrer. On compare alors ce résultat avec les lectures précédentes du même texte.

La lecture sous contrat

L'enseignant (voire l'élève lui-même) se donne un objectif à atteindre ou à dépasser : un nombre d'erreurs prédéfinies maximal ; un nombre de secondes pour un paragraphe déterminé ; un nombre de mots lus en 1 minute. Là encore, après un temps d'entraînement personnel, l'élève aura besoin d'un arbitre-évaluateur. L'élève peut aussi s'enregistrer, ce qui permet de différer la présence d'un arbitre-évaluateur.

La lecture à contraintes

En suivant différents temps proposés par un métronome ou minuteur.

Lire sans s'arrêter au moins 3 minutes, puis 5 minutes, puis 7 minutes, puis 10 minutes lors de lectures libres en dehors de celles prévues dans ce fichier photocopiable.

21. D'un point de vue technique, les élèves doivent disposer de moyens pour mesurer leur temps de lecture. Il existe des séries de sabliers qui s'écoulent en 1 minute. On peut aussi opter pour des petites minuteries de cuisson qui se vendent par série de 4 à 10 à tout petit prix. La présence en classe d'un seul chronomètre ou smartphone semble insuffisante.

La lecture « partage »

Pour des élèves avancés qui travaillent l'expressivité, leur demander de lire en mettant un ton, face à un camarade. Puis celui-ci doit adopter le même ton lors de sa lecture. Ensuite on permute, ce qui permet de découvrir d'autres manières de dire le texte.

La lecture « mémoire »

Les élèves sont placés en binômes. Un élève lit un syntagme ou une phrase à son binôme. Celui-ci, sans regarder le texte, doit répéter avec exactitude ce que son camarade lui a lu. Puis on permute. L'idée est ici de permettre aux élèves intermédiaires de prendre en compte l'ensemble des mots de ces syntagmes ou phrases, eux qui généralement ont du mal avec le sens local.

La lecture « surarticulée »

Destinée aux élèves les plus fragiles, l'idée est de lire à un camarade les 30, 40 ou 50 mots du carré des mots (fiche 2 de chaque module) de manière surarticulée (en segmentant exagérément chaque mot en syllabes). Puis d'inverser les rôles.

La restitution du modèle

Il s'agit d'écouter une lecture expressive du texte par l'enseignant enregistrée préalablement. L'élève l'écoute autant que nécessaire. Puis il se lance dans sa propre lecture, qu'il peut éventuellement enregistrer. Il recommence plusieurs fois afin d'être satisfait. Il lit ensuite le texte à un adulte ou un de ses pairs.

La lecture du texte en plus : le Défi lecture

La fiche 4 destinée aux élèves avancés propose toujours un texte « Défi lecture ». On peut imaginer de donner également cette activité à faire aux élèves de niveau intermédiaire. Ce texte est généralement la suite du texte de fluence du module. Il donne l'occasion aux élèves d'entrainer à nouveau leur qualité de lecture fluente en tâchant d'améliorer leur vitesse de lecture de mots. Mais il permet également d'enrichir la compréhension du texte de fluence, ce second texte apportant des éléments narratifs complémentaires. On peut imaginer de demander aux élèves ayant lu cette suite de la restituer au reste de la classe, le contenu narratif étant intéressant pour tous. Ainsi, ce travail enrichi, supplémentaire, produit par les élèves avancés aura une fonction : aider les autres.

LES FEEDBACKS

Après ces entraînements, l'élève passe sur scène et lit à des personnes qui l'écoutent, groupe de pairs ou enseignant. Lorsque c'est l'enseignant qui l'écoute, l'élève voit tous ses efforts valorisés. Mais plus encore que l'écoute, ce sont les paroles adressées par l'enseignant à l'élève sur sa prestation qui seront déterminantes. Ce feedback est d'ailleurs estimé comme l'un des actes éducatifs les plus forts pour mener un élève vers sa réussite[22], au même niveau que le travail de répétition. Ainsi, en associant entraînement et feedback, on aide l'élève à construire ce que John Hattie considère comme le critère majeur : le sentiment d'efficacité, donc le fait de se sentir en réussite. En situation de fluence, l'élève et le professeur disposent d'un outil objectivé basé sur des indicateurs de réussite observables et quantifiables (voir Grille de collecte pour l'enseignant proposée pour chaque évaluation dans les ressources numériques). Cette méthode permet alors d'estimer et de commenter une performance objectivée.

LE SUIVI DES PROGRÈS DE L'ÉLÈVE

John Hattie met tout en haut de ses critères de réussite chez l'élève ce qu'il nomme « l'estimation des notes attendues »[23]. Cette clarté sur le niveau que l'élève se donne et sur les critères qui prévalent à son évaluation est essentielle. Il importe donc d'associer l'élève à sa progression en relevant ses performances successives (voir Grille de collecte des performances à retrouver dans les ressources numériques).

Il est intéressant d'inscrire les 3 scores de la lecture du texte de fluence de chaque module dans la fiche de suivi et de commenter avec l'élève sa progression. Si la première mesure se fait en tout début de module, avant tout le travail d'entraînement, la dernière arrivera après la réalisation des activités de son niveau, ce qui aura permis à l'élève de bien progresser. Le second score peut demeurer le choix de l'élève : il peut y noter l'une de ses lectures qu'il a – à son avis particulièrement réussie – cette liberté de choix jouant positivement sur sa motivation.

22. Voir à ce propos les travaux de John Hattie, *Visible Learning for Teachers*, Routledge, 2012.
23. John Hattie parle de « self-reported graves ».

Nom : .... Date : ....

Évaluation 1

La grosse colère !

1 Le carré des mots outils

Lis rapidement ces mots outils.

il • Voilà • ah • même
alors • encore • c'est • hop
non • il • souvent • est
tout • jamais • aujourd'hui
pourquoi • vraiment • surtout
mais • elle • un peu
• sans moi • en fait •

2 Le carré des mots

Lis rapidement ces 30 mots.

Noé • fenêtre • regarde • triste • pleut
ronchon • pluie • manière • pourra
Mila • jaloux • chance • sait • forêt
se promener • injuste • balade • part
fatigué • se recoucher • chien • occupe
lit • fâché • crie • menacé • fuit • grosse
colère • Pato

3 Le texte de fluence

Aujourd'hui, Noé se sent triste. Il ne sait pas pourquoi. 10
Il regarde par la fenêtre. 15
– Voilà ! Il pleut ! 18
C'est triste la pluie ! Il est vraiment ronchon. 27
En fait, il est surtout mécontent, car il sait qu'aujourd'hui il ne 40
pourra pas voir Mila. 44
Il est même un peu jaloux : 50
– Mila a encore de la chance ! 56
Elle va se promener en forêt. Sans moi ! 64
Noé sait qu'il est injuste, car lui aussi part souvent en balade. 77
– Mais pas aujourd'hui ! [...] 80
De toute manière, il se sent fatigué. 87
Allez hop !, il va se recoucher... 93
Ah non ! Pato le chien occupe tout le lit ! 102
Alors là, Noé est fâché ! Il crie : 109
– Tu n'obéis jamais ! 113
Pato se sent menacé. Il fuit. 119
Voilà ! c'est la grosse colère ! 125

Les émotions de Noé, Éric Battut,
coll. Mila et Noé, Regarde, je lis ! © Nathan, 2022.

SCORE de LECTURE
Nombre de mots lus en **1 min** :

Nom : .... Date : ....

Évaluation 2

Je vole comme une patate !

1 Le carré des mots outils

Lis rapidement ces mots outils.

dans quand c'est derrière
Ouf • Alors là • vite
encore Soudain sur elle
avec • c'est pour que •
• une à une • très

2 Le carré des mots

Lis rapidement ces 40 mots.

Loulou quand s'écraser lutin énorme
jardin encore entend grands bébé
comme bruit • en murmurant • patate
filante yeux soudain bougonne étoile
contente Sidonie gémit vite ampoules
petite • se rallume • cuisine court
délice décollage forces univers
s'écrie soulagement inquiet installe
soupir engloutit cerf-volant électriques

3 Le texte de fluence

Loulou le lutin chante dans le jardin, « Lala, li, lala ! » quand 11
il entend derrière lui un énorme bruit : « Pif, paf ! Pata ! » 21
Loulou se retourne, ouvre de grands yeux et s'exclame : 31
« Alors là, je rêve ! » 35
Une étoile filante encore bébé vient de s'écraser. 44
Elle n'est pas contente, elle bougonne. 51
« Je vole comme une patate ! » 56
La petite étoile a l'air de s'éteindre. Elle gémit : 67
« j'ai mal, j'ai très mal ! » 74
Loulou est inquiet. Soudain, il s'écrie : 81
« J'ai une idée ! ». 85
Il court à la cuisine et revient avec des ampoules électriques. 96
« Avale, vite ! » 98
L'étoile engloutit les ampoules une à une, en murmurant : 108
« C'est bon, c'est un délice. » 115
Petit à petit, l'étoile reprend des forces. Loulou pousse un soupir 127
de soulagement. 129
« Ouf, elle se rallume ! » [...] 133
Tout content, Loulou va chercher son cerf-volant, et il explique. 143
« C'est pour que tu repartes dans l'univers. » [...] 152
Loulou installe Sidonie sur le cerf-volant, et il se met à courir. 164
« Gare au décollage ! » 167

SCORE de LECTURE
Nombre de mots lus en 1 min :

Je vole comme une patate,
Didier Lévy, © Nathan, 2007.

Nom : .... Date : ....

Évaluation 3

Le monstre poilu

1 Le carré des mots outils

Lis rapidement ces mots outils.

et deux c'était
• tout à fait • quoi
• parce que • bien
• vu qu'il • partout
ça • tout de même •
c'est • puisqu'il •
trois mais comme
attention un par
aussi quatre

2 Le carré des mots

Lis rapidement ces 40 mots.

haha lapin s'écria petit doigts manger
quoi poils deux dit colère • parce que •
mains exact pieds reconnaître
• tout à fait • Lucile malheureux pattes
menaça bien monstre petite yeux
partout • tout de même • effrontée trois
apprendre • puisqu'il • nez surpris
bras regretter attention fillette quatre
exemple compte

3 Le texte de fluence

– Haha ! s'écria le monstre, je vais te manger, mon petit lapin. 12
– Poils aux mains, dit Lucile. 17
– Quoi ? dit le monstre. 21
– Je dis « Poils aux mains », parce que vous avez des poils aux mains, 34
dit Lucile. 36
(Et c'était tout à fait exact. Le monstre avait bien des poils aux mains, 51
vu qu'il avait des poils partout.) 58
– Ça, par exemple ! dit le monstre, petite effrontée ! 66
– Poils au nez ! dit Lucile. 71
Surpris, le monstre dut reconnaître qu'il avait aussi des poils au nez, 84
puisqu'il était poilu partout. Mais comme il était en colère, il menaça 97
la fillette. 99
– Je vais t'apprendre, moi ! 104
– Poils aux doigts, dit Lucile. 109
– Tu vas le regretter ! 113
– Poils aux pieds ! [...] 116
– C'est tout de même malheureux... « Poils aux yeux ! » 125
– Attention, je compte : un... 129
– Poils aux mains ! 132
– Deux... « Poils aux yeux ! » 136
– Trois... 137
– Poils aux bras ! 140
– Quatre ! 141
– Poils aux pattes ! 144

SCORE de LECTURE
Nombre de mots lus en 1 min :

Le monstre poilu, Henriette Bichonnier,
© Gallimard, 1988.

Nom : .... Date : .... **Évaluation 4**

La patte du chat

1 Le carré des mots outils

Lis rapidement ces mots outils.

comme voilà qui encore
demain toute • le
lendemain • dehors peu
toujours quand • non
plus • pourtant • celui-là •
rien mieux pour moins
• comme ça • par-dessus
• en effet •

2 Le carré des mots

Lis rapidement ces 50 mots.

par-dessus soir pleuvoir Delphine Fâchés
osselets dix journée champs voilà rentraient
nez • en effet • parents manque lendemain
mauvaise dehors chat fallait tomba Marinette
peu margelle • se distraire • patients cave
quand blonde puits trottent pluie grandes aînée
pourtant oreille joueront Monsieur regardait
celui-là patte grommelaient fatigant toilette
nourrir toujours humeur verrez filles dormir

3 Le texte de fluence

Le soir, comme ils rentraient des champs, les parents trouvent le 11
chat sur la margelle du puits où il était occupé à faire sa toilette. 25
— Allons, dirent-ils, voilà le chat qui passe sa patte par-dessus son 38
oreille. Il va encore pleuvoir demain. 44
En effet, le lendemain, la pluie tomba toute la journée. Il ne fallait 57
pas penser aller aux champs. 62
Fâchés de ne pouvoir mettre le nez dehors, les parents étaient de 74
mauvaise humeur et peu patients avec leurs deux filles. Delphine, 84
l'aînée, et Marinette, la plus blonde, jouaient dans la cuisine à 96
pigeon-vole, aux osselets, au pendu, à la poupée et à loup-y-es-tu. 111
— Toujours jouer, grommelaient les parents, toujours s'amuser. 119
Des grandes filles comme ça. Vous verrez que quand elles auront 130
dix ans, elles joueront encore. [...] 135
Quand ils en avaient fini avec les petites, les parents s'en prenaient 148
au chat qui, assis sur la fenêtre, regardait pleuvoir. 157
– C'est comme celui-là. Il n'en fait pas lourd non plus dans une 172
journée. Il ne manque pourtant pas de souris qui trottent de la cave 185
au grenier. Mais Monsieur aime mieux se laisser nourrir à ne rien 197
faire. C'est moins fatigant. 202
– Vous trouvez toujours à redire à tout, répondait le chat. La journée 214
est faite pour dormir et pour se distraire. 222

« La patte du chat », *Les contes du chat perché*,
Marcel Aymé, © Éditions Gallimard Jeunesse.

SCORE de LECTURE
Nombre de mots lus en **1 min** :

Nom : .... Date : ....

Évaluation 5

Le garçon qui monte à l'arbre

1 Le carré des mots outils

Lis rapidement ces mots outils.

Jamais ça D'abord Et
puis qui déjà lors
• c'est-à-dire • que
• Eh bien • comme
• bien sûr • lui-même
telles quand toutes
enfin • le long de •

2 Le carré des mots

Lis rapidement ces 50 mots.

immense courait jamais rampe feuillage grand
tomber ça tire-bouchon colimaçon prodigieux
D'abord épaisseurs escalier petit puis garçon
narines pleines tournait c'est-à-dire verdure
bonne odeur • le long de • montait miroitement
peupliers tremblantes lui-même distille tunnels
doucement espace libre déjà bruissait tellement
eau paisible telles imaginez fleuve • bien sûr •
perçait anis Soleil passait chauffé arbre

3 Le texte de fluence

On n'avait jamais vu un arbre comme ça ! D'abord immense. Et 13
puis, savez-vous ce qu'il y avait dans cet arbre, c'est-à-dire dans le 30
feuillage de cet arbre ? Vous ne le savez pas ? Eh bien, un escalier. 43
Un escalier en colimaçon ! Un escalier avec une rampe pour ne 54
pas tomber [...] Elle courait le long de cet escalier en colimaçon qui 66
perçait le feuillage du grand arbre comme un tire-bouchon. Et en 78
lui-même cet escalier était déjà prodigieux. Imaginez qu'il tournait 89
lors de telles épaisseurs de feuilles que le petit garçon (qui montait, 101
bien sûr) avait les narines pleines de cette bonne odeur d'anis que 114
distille le feuillage des peupliers quand il est chauffé par le soleil, 126
imaginez que cet escalier passait par des tunnels pleins de miroitement 137
de toutes ces feuilles tremblantes, qu'il était suspendu comme un 148
pont sur un fleuve de verdure qui bruissait sous lui tout doucement 160
comme de l'eau paisible. [...] 165
Le petit garçon était déjà en haut de l'arbre, tellement il avait envie 179
de voir enfin l'espace libre. 185
Et il le vit. 189

Le petit garçon qui avait envie d'espace,
Jean Giono, © Éditions Gallimard Jeunesse.

SCORE de LECTURE
Nombre de mots lus en **1 min** :

Le poisson rouge

Support : *Le poisson rouge de Mila*, Éric Battut, © Nathan Jeunesse, 2020.

Genre : Premières lectures.

Thèmes : Les animaux, la naïveté, l'entraide.

Spécificité : C'est un récit mettant en scène deux animaux personnifiés. Le poisson veut partir à la découverte du monde, en dehors de son bocal.

Temps : Présent.

Vocabulaire : *

Éléments de contexte à faire identifier :

- Souligner la personnification de Bubulle, le poisson rouge, qui a des sentiments.
- Travailler la théorie de l'esprit : observer la naïveté du poisson qui ne saisit pas les intentions du chat.
- Faire saisir aux élèves que le poisson se trouve dans une maison, plus précisément un aquarium, mais qu'un élément perturbateur, ici sa soif d'aventure, va venir perturber cette paisible situation.

Éléments de compréhension à relever :

- Le narrateur adopte le point de vue de Bubulle, le poisson rouge, d'où l'émergence dans le texte d'une série d'inférences qu'il convient d'expliciter :
  - Lorsqu'on parle de « maison », il faut comprendre qu'il s'agit pour le poisson de son aquarium.
  - Lorsqu'on parle de « voisin » ou de « voisine », ce sont l'animal (le chat) et la personne (Mila) qui vivent dans l'environnement immédiat de l'aquarium du poisson.
  - Remarquer que le poisson ne saisit pas les intentions du chat. Si le chat tire la langue, c'est parce qu'il voudrait l'avaler. Ce que le poisson prend pour des caresses ou des câlins sont en réalité des tentatives du chat pour l'attraper.
  - « Voir le monde » signifie que le poisson aimerait sortir de son aquarium.
- Le narrateur suit également les états mentaux de Cachou, le chat : on comprend qu'il souhaite attraper le poisson, mais que la vigilance de Mila l'en empêche. Puis il s'étonne du bond du poisson, d'autant que celui-ci retombe sur son museau. Il est tenté de l'avaler, mais a finalement de la peine pour le poisson qui suffoque, hors de l'eau.

Résumé :

Bubulle est un poisson rouge qui a tout pour être heureux. Toutefois, il commence à s'ennuyer dans son aquarium malgré les bons soins de Mila. Un jour, il décide de partir à l'aventure.

Passage précédant le texte de fluence :

L'enseignant lit ce texte à haute voix et de manière expressive en préalable de la lecture du texte de fluence.

> Bubulle est un poisson rouge.
> Il adore sa maison. Son eau est fraîche.
> Ses fenêtres sont claires.
> Mila est sa voisine.

Le poisson rouge de Mila, Éric Battut, © Nathan Jeunesse, 2020.

Nom : ....

Texte de fluence

Le poisson rouge

1 min

Le meilleur voisin du poisson, c'est le chat. 9
Lui, il sourit toujours. 13
Et sa langue rose est très rigolote ! 20
Parfois il veut lui faire des caresses et des câlins. 30
Mais Mila ne veut pas. 35
Bubulle ne comprend pas pourquoi… 40
Parfois Bubulle est triste. 44
Il s'ennuie dans sa maison. 50
Il voudrait voir le monde. 55
Alors, un jour Bubulle décide de rejoindre son ami 64
le chat. 66
Il saute et il s'élève dans les airs. 74
Puis il retombe sur la tête du chat. 82
Le chat est étonné et ravi. 88
Mila n'a rien vu… 93
Bubulle découvre qu'il n'aime pas être hors de l'eau. 105
Il ne peut pas respirer. 110
Alors le chat a de la peine pour le petit poisson. 121

D'après *Le poisson rouge de Mila*, Éric Battut, © Nathan Jeunesse, 2009.

SCORE de LECTURE
Nombre de mots lus en **1 min** :

N° 1	N° 2	N° 3
Date :	Date :	Date : ....

Nom : .... Date : ....

Module 1

1 Fluence : lire des mots du texte

Le poisson rouge

1 La graphie des sons complexes

Dis le nom de chaque dessin. Puis relie-le à la graphie du son qu'il contient.

ou •
oi •
on •
in •

• eu
• oin
• ai
• ch

Entoure des mots du texte qui contiennent l'une de ces graphies de son.

2 Les syllabes

Lis chaque ligne de syllabes 5 fois.

*	vi	ne	Bu	pe	go	te	de	ra	ri	dé	La	Mi
**	câ	mon	chou	lins	poi	pei	tit	cou	sson	sau		
***	lote	tris	bulle	airs	jour	vre	ci					

3 Des syllabes aux mots

Lis 3 fois ces mots du texte de fluence.

des câlins	le monde	sa maison	le poisson
les airs	de la peine	Mila	Bubulle

rigolote	triste	ravi	petit	étonné
il découvre	il aime	il saute	il comprend	il décide

Retrouve les différents mots dans le texte et entoure-les.

4 Le carré des mots outils

Lis ces mots 3 fois puis chronomètre-toi.

Mais	son	c'est	Lui
il	toujours	Et	très
Parfois	des	pourquoi	
est	dans	Alors	Puis
rien	pour	sa	le

SCORE de LECTURE

N° 1 ...... secondes

N° 2 ...... secondes

Recopie plusieurs mots outils de ton choix avec puis sans modèle.

Nom : .... Date : .... Module 1

2 Fluence : lire des mots et des phrases

Le poisson rouge

1 Des lettres et leurs mots

Lis 3 fois ces mots en suivant le chemin de chaque son.

- Trois chemins de son de la lettre S.

s = z
s = s
s muet

alors — respire — maison — airs — toujours
saute — câlins — triste — poisson
voisin — rose

- Trois chemins de son de la lettre E.

e muet
e = è
e = e
e = é

Bubulle — veut — triste — meilleur — petit
caresses — tête — est
rejoindre — respirer — retombe — être
faire — et

Retrouve les différents mots dans le texte et entoure-les.

2 Le carré des mots

Lis rapidement ces 30 mots du texte.

SCORE de LECTURE
30 mots lus en ...

N° 1 .... secondes

N° 2 .... secondes

Mais	meilleur	voisin	sourit	rien
c'est	chat	langue	rose	pour
Lui	rigolote	ravi	caresses	très
toujours	faire	câlins	Parfois	
monde	Et	Mila	veut	comprend
dans	pourquoi	voudrait	maison	
airs	Alors			

3 Les pyramides de mots

Lis 3 fois ces groupes de mots qui se rallongent.

langue
sa langue
sa langue **rose**
sa langue rose **est rigolote**
sa langue rose est **très** rigolote
Et sa langue rose est très rigolote.

tête
la tête
la tête **du chat**
sur la tête du chat
il retombe sur la tête du chat
Puis il retombe sur la tête du chat.

3 Fluidité : bien lire des phrases et des extraits

Le poisson rouge

1 La négation

Lis ces phrases affirmatives et négatives qui ont des sens contraires.

Mais Mila veut. → Mais Mila **ne** veut **pas**.
Bubulle comprend. → Bubulle **ne** comprend **pas**.
Mila a vu. → Mila **n'**a **pas** vu. → Mila **n'**a **rien** vu.

+ DE TEMPS ? Écris d'autres phrases du texte sous la forme affirmative ou négative.

2 Les petits mots riches

Lis 2 fois la phrase simplifiée et 2 fois la phrase complète.

Sa langue est rigolote !
Et sa langue rose est **très** rigolote !

Bubulle décide de rejoindre le chat.
Alors, un jour Bubulle décide de rejoindre **son ami** le chat.

Le chat a de la peine pour le poisson.
Alors le chat a de la peine pour le **petit** poisson.

3 Les personnages

Écris le prénom du personnage désigné par chaque phrase.

Bubulle – Le chat

Lui, **il** sourit toujours. ....
Il s'ennuie dans sa maison. ....
Il veut lui faire des caresses et des câlins. ....

4 Les groupes de souffle

Lis 3 fois ce texte au rythme des retours à la ligne, puis lis le texte de fluence.

Mais son meilleur voisin,
c'est le chat.
Lui,
il sourit toujours.
Et sa langue rose est très rigolote !
Parfois
il veut lui faire des caresses
et des câlins.
[...]

Alors,
un jour
Bubulle décide de rejoindre
son ami le chat.
Il saute
et il s'élève dans les airs.
Puis
il retombe sur la tête du chat.
Le chat est étonné
et ravi.
Mila n'a rien vu...
Bubulle découvre qu'il n'aime pas
être hors de l'eau.

Nom : ……………………………… Date : ………………

4 Fluidité : lire de manière expressive

Le poisson rouge

Lecture expressive

Entraîne-toi à lire le texte en utilisant les aides proposées pour une lecture expressive.

ton réjoui	Mais son meilleur voisin, c'est le chat. Lui, il sourit toujours. Et sa langue rose est très rigolote !
ton neutre	Parfois il veut lui faire des caresses et des câlins.
ton étonné	Mais Mila ne veut pas. Bubulle ne comprend pas pourquoi…
ton triste	Parfois Bubulle est triste. Il s'ennuie dans sa maison.
ton rêveur	Il voudrait voir le monde.
ton sûr de soi	Alors, un jour Bubulle décide de rejoindre son ami le chat. Il saute et il s'élève dans les airs.
ton inquiet	Puis il retombe sur la tête du chat.
ton réjoui	Le chat est étonné et ravi.
ton inquiet	Mila n'a rien vu…
ton contrarié	Bubulle découvre qu'il n'aime pas être hors de l'eau.
ton paniqué	Il ne peut pas respirer.
ton ému	Alors le chat a de la peine pour le petit poisson.

Défi lecture

Entraîne-toi à lire le texte puis fais-toi chronométrer.

Quand Mila arrive, elle découvre que Bubulle n'est plus dans son aquarium.
Elle se dit que Cachou le chat a fait une bêtise !
Elle suit les pas de Cachou.
Elle arrive dans la salle de bain.
Elle hurle :
— Cachou ! qu'as-tu fait ?
Et là, elle découvre que Bubulle est dans la baignoire.
Cachou a ajouté un canard, un petit bateau et même de la mousse.
Bubulle adore les jouets, mais pas le savon…

D'après *Le poisson rouge de Mila*, Éric Battut,
© Nathan Jeunesse, 2009.

DE TEMPS ? Lis ce texte en proposant une relecture expressive.

SCORE de LECTURE
75 mots lus en … secondes

La plage aux bouteilles

Support : *La plage aux bouteilles*, Gentile Napoli, avec l'aimable autorisation de l'auteur, droits réservés, 2023.

Genre : Récit de vie.

Thème : Le développement durable, le recyclage, la mer.

Spécificité : Ce récit souligne l'étape à franchir entre la prise de conscience de la dégradation de la plage en raison des déchets, et le fait de la nettoyer pour la rendre plus agréable. Le jeune garçon agit tandis que les autres personnes trouvent les coins nettoyés agréables sans avoir eux-mêmes participé.

Temps : Présent.

Vocabulaire : *

Éléments de contexte à faire identifier :

- Mettre en évidence que le personnage de Malo prend conscience de la dégradation de la plage par les déchets et qu'il souhaite agir.
- Échanger autour de la pollution des plages et des solutions mises en place collectivement, mais aussi individuellement.

Éléments de compréhension à relever :

- Le narrateur adopte le point de vue de Malo et suit ses états mentaux : on comprend qu'il a grandi et qu'il souhaite profiter de la plage sans les divers déchets.
- Malo commence par nettoyer un petit coin. Le lendemain, il pense le retrouver mais il est occupé par une petite fille, ce qui le fâche car il a passé du temps à le nettoyer. Il choisit alors un autre coin de la plage à nettoyer mais encore une fois, le lendemain, une dame l'occupe. On observe alors une répétition de la situation.
- La petite fille vient briser la solitude de Malo, et comme pour l'encourager dans ses efforts, elle constate que sans pollution, la plage est bien plus jolie.

Résumé :

Lorsqu'il était tout petit, Malo aimait se rendre à la plage aux bouteilles où il jouait avec divers déchets. Ayant grandi, il retourne sur cette plage, mais ne la trouve plus du tout attrayante. Il décide alors de nettoyer un petit coin pour en profiter.

Passage précédant le texte de fluence :

L'enseignant lit ce texte à haute voix et de manière expressive en préalable de la lecture du texte de fluence.

Quand Malo était petit, il adorait aller à la plage aux bouteilles, car il jouait avec les objets et les flacons apportés sur le sable par la marée.

Une bouteille vide, ça flotte, ça fait un bateau. Ça fait une baleine ou un requin. Ça fait des rames. Un morceau de verre bien poli par les vagues, ça donne un joli bijou brillant !

Mais maintenant Malo n'est plus un bébé. Il n'aime plus les bouteilles sur la plage.

– Beurk ! C'est sale. C'est moche.

Beurk !, une canette rouillée. Beurk !, une peau de banane. Beurk !, un sac plastique ! Beurk ! un papier gras.

La plage aux bouteilles, Gentile Napoli, avec l'aimable autorisation de l'auteur, droits réservés, 2023.

Nom : ....

Module 2

Texte de fluence

La plage aux bouteilles

1 min

Alors Malo a une idée. Il prend le sac plastique et il 12
ramasse ce qui dérange. 16
Maintenant, Malo a un joli coin tout propre. Il adore 26
son petit coin. 29
Mais ce matin, quand il arrive à la plage, Malo voit 40
une petite fille assise sur son coin tout propre. 49
Il est un peu fâché. Mais il ne dit rien. 59
Alors Malo nettoie un autre coin, rien que pour lui. 69
Mais le lendemain, il y a un parasol sur son nouveau 80
coin. Et sous le parasol, il y a une dame. 90
Alors Malo doit encore nettoyer un autre endroit. 98
Lorsqu'il a terminé, la petite fille vient le rejoindre. 108
Elle dit : 110
– C'est bien de ne pas être tout seul. 119
Puis elle glisse ses petits doigts dans le sable et elle 130
dit : 131
– Le sable est bien plus joli lorsqu'on ne voit que lui ! 143

La plage aux bouteilles, Gentile Napoli, avec l'aimable autorisation de l'auteur, droits réservés, 2023.

SCORE de LECTURE
Nombre de mots lus en **1 min** :

N° 1	N° 2	N° 3
Date :	Date :	Date : ....

Nom : .... Date : ....

1 Fluence : lire des mots du texte

La plage aux bouteilles

1 La graphie des sons complexes

Dis le nom de chaque dessin. Puis relie-le à la graphie du son qu'il contient.

en •
au •
oi •

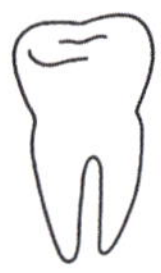

• in
• oin
• ien

Entoure des mots du texte qui contiennent l'une de ces graphies de son.

2 Les syllabes

Lis chaque ligne de syllabes 5 fois.

*	pa	i	ma	pe	re	jo	ti	li	ra	te
**	dée	tin	en	veau	coin	ge	nou	que	sse	join
***	sol	pro	pla	plas	droit	bien	pre	dre	gli	

3 Des syllabes aux mots

Lis 3 fois ces mots du texte de fluence.

un parasol	un coin	la fille		une idée
ce matin	la plage	Malo	un endroit	bien
petite	propre	nouveau	plastique	joli
il ramasse	il doit	rejoindre	il prend	elle glisse

Retrouve les différents mots dans le texte et entoure-les.

4 Le carré des mots outils

Lis ces mots 3 fois puis chronomètre-toi.

il elle ce qui un son
et mais Alors quand
sur sous tout dans
• un peu • rien que
• Il y a • encore autre
est c'est puis bien
plus Maintenant

SCORE de LECTURE

N° 1
.... secondes

N° 2
.... secondes

Recopie plusieurs mots outils de ton choix avec puis sans modèle.

Nom : .... Date : ....

2 Fluence : lire des mots et des phrases

La plage aux bouteilles

1 Les mots complexes

Lis ces mots compliqués à déchiffrer.

Malo **nettoie** → Malo doit **nettoyer**
termine → **terminé**
joindre → **rejoindre**
doigts → doigts
lorsque → **lorsqu'il** → **lorsqu'on**

Retrouve les différents mots écrits en gras dans le texte et entoure-les.

2 Le carré des mots

Lis rapidement ces 30 mots du texte.

SCORE de LECTURE
30 mots lus en ...

N° 1
secondes

N° 2
secondes

Alors	Malo	ramasse	plastique	
fille	Mais	idée	dérange	joli
encore	Maintenant	sac	petit	
autre	parasol	coin	propre	dans
sable	rejoindre	matin	fâché	
vient	Puis	plage	nouveau	
nettoie	seul	peu	bien	

3 Les synonymes et les mots de sens proche

Lis ces groupes de mots qui ont le même sens ou un sens proche.

- son petit **coin** → son petit **endroit**
- un joli coin **tout** propre → un joli coin **très** propre
- un autre coin, **rien que pour lui** → un autre coin, **seulement pour lui**
- un autre **endroit** → un autre **lieu**
- le sable est **bien plus** joli → le sable est **beaucoup plus** joli

Entoure les mots en gras de la partie gauche dans le texte de fluence.

4 Les mots unis

Lis 5 fois d'une seule traite ces groupes de mots du texte.

- bien plus
- ce qui dérange
- Mais ce matin,
- quand il arrive à la plage,
- Mais il ne dit rien.
- assise sur son coin tout propre
- un peu
- Mais le lendemain,
- Et sous le parasol,
- Lorsqu'il a terminé,
- lorsqu'on ne voit que lui

3 Fluidité : bien lire des phrases et des extraits

La plage aux bouteilles

1 Les petits mots riches

Lis 5 fois la phrase simplifiée et 2 fois la phrase complète.

Malo a un coin propre.
Maintenant, Malo a un **joli** coin **tout propre**.

Il est fâché.
Il est **un peu** fâché.

Le lendemain, il y a un parasol sur son coin.
Mais le lendemain, il y a un parasol sur son **nouveau** coin.

Elle glisse ses doigts dans le sable.
Puis elle glisse ses **petits** doigts dans le sable.

2 Les pyramides de mots

Lis 3 fois ces phrases qui se rallongent.

Alors Malo nettoie.
Alors Malo nettoie **un autre coin**.
Alors Malo nettoie un autre coin, **rien que pour lui**.

La petite fille vient le rejoindre.
Lorsqu'il a terminé, la petite fille vient le rejoindre.

Malo voit une petite fille.
Malo voit une petite fille **assise**.
Malo voit une petite fille assise **sur son coin tout propre.**
Quand il arrive à la plage, Malo voit une petite fille assise sur son coin tout propre.
Mais ce matin, quand il arrive à la plage, Malo voit une petite fille assise sur son coin tout propre.

3 Les liaisons

Lis 3 fois ces groupes de mots en étant attentif aux liaisons.

Il adore son petit coin.
Malo voit une petite fille.
Il est un peu fâché.
Mais il ne dit rien.
Alors Malo doit encore nettoyer un autre endroit.

Alors Malo nettoie un autre coin
Il y a un parasol.
Il y a une dame.
– C'est bien de ne pas être tout seul.

Indique les liaisons par des arcs de cercle dans le texte de fluence.

4 Fluidité : lire de manière expressive

La plage aux bouteilles

Lecture rythmée

Lis 5 fois le texte en respectant les pauses proposées : ↘ pause courte, 𝄐 pause longue.

Alors Malo a une idée. 𝄐 Il prend le sac plastique ↘ et il ramasse ce qui dérange. 𝄐
Maintenant, ↘ Malo a un joli coin tout propre. 𝄐 Il adore son petit coin. 𝄐
Mais ce matin, ↘ quand il arrive à la plage, ↘ Malo voit une petite fille assise sur son coin tout propre. 𝄐
Il est un peu fâché. 𝄐 Mais il ne dit rien. 𝄐
Alors Malo nettoie un autre coin, ↘ rien que pour lui. 𝄐
Mais le lendemain, ↘ il y a un parasol sur son nouveau coin. 𝄐
Et sous le parasol, ↘ il y a une dame. 𝄐
Alors Malo doit encore nettoyer un autre endroit. 𝄐
Lorsqu'il a terminé, ↘ la petite fille vient le rejoindre. 𝄐 Elle dit : ↘
– C'est bien de ne pas être tout seul. 𝄐
Puis elle glisse ses petits doigts dans le sable ↘ et elle dit : ↘
– Le sable est bien plus joli lorsqu'on ne voit que lui ! 𝄐

La plage aux bouteilles, Gentile Napoli,
avec l'aimable autorisation de l'auteur, droits réservés, 2023.

Défi lecture

Entraîne-toi à lire le texte puis fais-toi chronométrer.

Malo aussi creuse dans le sable. Il sort un joli coquillage nacré.
– Il a l'air rare et précieux ! s'émerveille la petite fille.
Alors Malo le lui donne.
Et lorsque Malo quitte le regard de la petite fille, il remarque autour de lui que de nombreuses personnes ont nettoyé leurs petits espaces.
Rapidement, tous ces petits carrés tout nets se rejoignent.
Alors bientôt la plage aux bouteilles va devenir la plage aux coquillages.
– Oh ! Un oiseau vole un os de seiche.
Les oiseaux aussi reviennent.

La plage aux bouteilles, Gentile Napoli,
avec l'aimable autorisation de l'auteur, droits réservés, 2023.

Lis ce texte en proposant une relecture expressive.

SCORE de LECTURE
86 mots lus en ... secondes

Une soupe pour Boucle d'Or

Support : *Boucle d'Or et les trois ours,* d'après un conte traditionnel, coll. Petits Cailloux, © Nathan, 2014.

Genre : Conte patrimonial.

Thèmes : Bêtises, ours.

Spécificité : C'est un conte traditionnel dont la structure narrative itérative est ici en partie tronquée par la présence d'une seule des saynètes.

Temps : Passé simple et imparfait.

Vocabulaire : *

Éléments de contexte à faire identifier :

- Identifier que l'on se situe dans un conte traditionnel : lieu, temps et personnages archétypaux.
- Repérer la structure itérative, tant dans la scène de Boucle d'Or que dans celle des ours.
- Lire éventuellement aux élèves la totalité du conte afin de renforcer la dimension itérative des actions de Boucle d'Or et des réactions des ours.
- Faire comprendre que le monde des contes permet certaines invraisemblances : hors des contes merveilleux, une petite fille ne peut pas errer dans une forêt toute seule ; une petite fille n'oserait pas entrer dans une maison ni manger un plat sans y être invitée.

Éléments de compréhension à relever :

- L'extrait ne permet pas de savoir où se trouve Boucle d'Or lorsque les ours rentrent chez eux. Dans le conte, on sait qu'elle dort dans le petit lit du petit ours. Au besoin, donner ces éléments de compréhension ou mieux encore, lire aux élèves le conte préalablement à l'activité.
- La dimension temporelle est ici essentielle : les ours veulent manger, mais la bouillie est trop chaude. Ainsi, ils quittent brièvement la maison pour attendre que la bouillie tiédisse. On comprend alors qu'ils ne ferment pas leur porte à clé. C'est à ce moment que Boucle d'Or arrive par hasard. Elle entre dans la maison vide, puis mange la bouillie. Dans le conte, elle testera ensuite les fauteuils, puis les lits. Elle dort dans le petit lit lorsque les ours reviennent pour manger.

Résumé :

Afin d'attendre que leur bouillie refroidisse, trois ours quittent leur maison. C'est alors qu'une petite fille, présente ici par hasard, entre dans leur maison. Affamée, elle goûte les bouillies. L'une est trop chaude, l'autre trop froide. Celle du petit ours est parfaite. Alors elle la déguste entièrement. Quel n'est pas l'étonnement des ours en découvrant que leurs bouillies ont été goûtées et l'une d'elles mangée.

Passage précédant le texte de fluence :

L'enseignant lit ce texte à haute voix et de manière expressive en préalable de la lecture du texte de fluence.

Il était une fois trois ours qui habitaient une maison dans la forêt. Il y avait un tout petit ours, un ours moyen, et un grand gros ours.

Un matin, comme la bouillie du petit déjeuner était trop chaude, ils partirent se promener en attendant qu'elle refroidisse.

Boucle d'Or et les trois ours, d'après un conte traditionnel,
coll. Petits Cailloux, @ Nathan, 2014

Nom : ....

Texte de fluence

Une soupe pour Boucle d'Or

1 min

Pendant ce temps, une petite fille appelée Boucle d'Or 10
arriva par hasard devant leur maison. Comme elle était 19
curieuse, elle regarda par la fenêtre, puis par le trou 29
de la serrure. 32
Et, ne voyant personne, elle souleva le loquet. 40
La porte n'était pas fermée. 46
Boucle d'Or ouvrit la porte et entra. 54
Sur la table, il y avait trois bols remplis de bouillie : 65
un très grand bol, un bol moyen, et un tout petit bol. 77
[...]
Boucle d'Or goûta d'abord la bouillie du grand gros 88
ours, mais elle la trouva trop chaude. 95
Puis elle goûta la bouillie de l'ours moyen, mais elle 106
la trouva trop froide. 110
Alors elle goûta la bouillie du tout petit ours. 119
Elle n'était ni trop chaude ni trop froide ; juste comme 130
il fallait. Et Boucle d'Or la trouva si bonne qu'elle la 143
mangea tout entière. 146

Boucle d'Or et les trois ours, d'après un conte traditionnel,
coll. Petits Cailloux, © Nathan, 2014.

SCORE de LECTURE
Nombre de mots lus en 1 min :

N° 1	N° 2	N° 3
Date :	Date :	Date : ....

Nom : .... Date : ....

Module 3

1 Fluence : lire des mots du texte

Une soupe pour Boucle d'Or

1 Les graphies des sons complexes

Dis le nom de chaque dessin. Puis relie-le à la graphie du son qu'il contient.

ou •
au •
et •

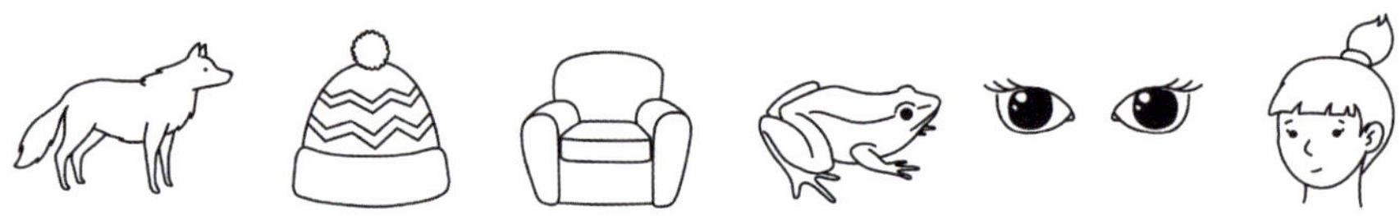

• ill
• y
• ouil

Entoure des mots du texte qui contiennent l'une de ces graphies de son.

2 Les syllabes

Lis chaque ligne de syllabes 5 fois.

*	fe	ta	de	lo	te	va	le
**	man	por	Bou	nê	goû	sou	
***	froi	tre	cle	gea	quet	trou	

3 Des syllabes aux mots

Lis ces mots du texte de fluence avec précision 3 fois.

la porte	la fenêtre	leur maison	le loquet	la serrure	
personne	la bouillie	curieuse	Boucle	froide	moyen
elle goûta	elle arriva	elle mangea	elle trouva	elle souleva	

Retrouve les différents mots dans le texte et entoure-les.

4 Le carré des mots outils

Lis ces mots 3 fois puis chronomètre-toi.

SCORE de LECTURE

N° 1 ... secondes

N° 2 ... secondes

Pendant	ce	par	Et
devant	leur	Comme	
elle	puis	de	la le
pas	très	tout	d'abord
mais	trop	si	Alors
juste	• qu'elle •	trois	

Recopie plusieurs mots outils de ton choix avec puis sans modèle.

Nom : .... Date : ....

Module 3

2 Fluence : lire des mots et des phrases

Une soupe pour Boucle d'Or

1 Le carré des mots

Lis rapidement ces 30 mots du texte.

SCORE de LECTURE
30 mots lus en ...

N° 1
secondes

N° 2
secondes

maison	mangea	temps	petite
chaude	alors	fille	ouvrit	entière
arriva	devant	hasard	curieuse
regarda	fenêtre	personne	moyen
souleva	loquet	trouva	pendant
entra	table	bouillie	grand	serrure
goûta	ours	froide	fallait

2 Les mots unis

Lis 5 fois d'une seule traite ces groupes de mots du texte.

- Pendant ce temps
- par le trou de la serrure
- il y avait trois bols
- ni trop chaude ni trop froide
- tout entière
- une petite fille
- ne voyant personne
- mais elle la trouva trop chaude
- juste comme il fallait
- par hasard

3 Les verbes et leurs temps

Lis ces phrases aux différents temps.

Boucle d'Or ouvre la porte et entre.
Boucle d'Or **ouvrit** la porte et **entra**.

juste comme il faut
juste comme il **fallait**

elle goûte la bouillie de l'ours moyen, mais elle la trouve trop froide
elle **goûta** la bouillie de l'ours moyen, mais elle la **trouva** trop froide

Comme elle est curieuse, elle regarde par la fenêtre
Comme elle **était** curieuse, elle **regarda** par la fenêtre

Surligne ces verbes dans le texte de fluence.

4 Les synonymes et les mots de sens proche

Lis ces groupes de mots qui ont le même sens ou un sens proche.

elle souleva le **loquet** → elle souleva la poignée de la porte
trois bols **remplis** de bouillie → trois bols pleins de bouillie
juste comme il fallait → à la bonne température
Boucle d'Or la trouva **si** bonne → Boucle d'Or la trouva tellement bonne
elle la mangea **tout entière** → elle mangea tout
Boucle d'Or arriva **par hasard** → Boucle d'Or arriva sans l'avoir décidé

Entoure les mots en gras dans le texte de fluence.

3 Fluidité : bien lire des phrases et des extraits

Une soupe pour Boucle d'Or

1 Les liaisons

Lis 3 fois ces groupes de mots en étant attentif aux liaisons.

- Boucle d'Or arriva par hasard
- mais elle la trouva trop chaude
- Puis elle goûta la bouillie de l'ours moyen
- elle la mangea tout entière
- la bouillie du tout petit ours

2 La lecture en groupes de souffle

Lis 3 fois ce texte au rythme des retours à la ligne. Puis lis le texte original (texte de fluence).

Pendant ce temps,
une petite fille appelée Boucle d'Or
arriva par hasard devant leur maison.

Comme elle était curieuse,
elle regarda par la fenêtre,
puis par le trou de la serrure.

Et, ne voyant personne,
elle souleva le loquet.

La porte n'était pas fermée.
Boucle d'Or ouvrit la porte et entra.

Sur la table,
il y avait trois bols remplis de bouillie :
un très grand bol,
un bol moyen,
et un tout petit bol. [...]

Boucle d'Or goûta d'abord la bouillie du grand gros ours,
mais elle la trouva trop chaude.

Puis elle goûta la bouillie de l'ours moyen,
mais elle la trouva trop froide.

Alors elle goûta la bouillie du tout petit ours.
Elle n'était ni trop chaude ni trop froide ;
juste comme il fallait.

Et Boucle d'Or la trouva si bonne
qu'elle la mangea tout entière.

Nom : .... Date : ....

4 Fluidité : lire de manière expressive

Une soupe pour Boucle d'Or

Lecture expressive

Entraîne-toi à lire le texte en suivant les indications proposées pour moduler ta voix.

ton mystérieux	Pendant ce temps, une petite fille appelée Boucle d'Or arriva par hasard devant leur maison.
ton étonné	Comme elle était curieuse, elle regarda par la fenêtre, puis par le trou de la serrure.
ton mystérieux	Et, ne voyant personne, elle souleva le loquet. La porte n'était pas fermée. Boucle d'Or ouvrit la porte et entra.
ton amusé	Sur la table, il y avait trois bols remplis de bouillie : un très grand bol, un bol moyen, et un tout petit bol. [...]
ton enjoué	Boucle d'Or goûta d'abord la bouillie du grand gros ours,
ton agacé	mais elle la trouva trop chaude.
ton enjoué	Puis elle goûta la bouillie de l'ours moyen,
ton agacé	mais elle la trouva trop froide.
ton déterminé	Alors elle goûta la bouillie du tout petit ours.
ton apaisé	Elle n'était ni trop chaude ni trop froide ;
ton enjoué	juste comme il fallait.
en riant	Et Boucle d'Or la trouva si bonne qu'elle la mangea tout entière.

Défi lecture

Entraîne-toi à lire le texte puis fais-toi chronométrer.

Peu de temps après, les trois ours revinrent de leur promenade.
Boucle d'Or avait laissé la cuillère dans le très grand bol.
– Quelqu'un a touché à ma bouillie ! dit le grand gros ours de sa grosse voix.
Puis l'ours moyen regarda son bol, et vit que sa cuillère aussi était dedans.
– Quelqu'un a touché à ma bouillie ! dit-il de sa voix moyenne.
Alors le tout petit ours regarda son bol ; la cuillère était dedans, mais la bouillie avait disparu.
– Quelqu'un a touché à ma bouillie, et a tout mangé !

Boucle d'Or et les trois ours, d'après un conte traditionnel, coll. Petits Cailloux, © Nathan, 2014.

Lis ce texte en proposant une relecture expressive.

SCORE de LECTURE
95 mots lus en ... secondes

Jour de pêche

Support : *Jour de pêche*, Gentile Napoli, avec l'aimable autorisation de l'auteur, droits réservés, 2023.

Genre : Récit de vie.

Thèmes : La pêche, les bêtises, la gourmandise.

Spécificité : Ce récit est composé de nombreuses phrases courtes et bénéficie de retours à la ligne, ce qui rend la lecture fluente plus aisée.

Temps : Présent.

Vocabulaire : *

Éléments de contexte à faire identifier :

- Expliquer en quoi consiste une partie de pêche à la ligne, certains élèves n'en ayant peut-être pas une représentation claire.
- Comprendre que la désobéissance de Sidonie sera à la source du problème.
- Saisir qu'il s'agit d'une fiction qui s'autorise donc à jouer avec les situations. Par exemple, dans la réalité, il est impensable qu'un enfant puisse lancer un fruit au visage d'un policier…

Éléments de compréhension à relever :

- Sidonie, curieuse, s'approche du tracteur. Ayant oublié la mousse au chocolat à la maison, elle cède à la tentation de prendre un fruit. Par son empressement, sa curiosité et sa désobéissance elle se trouve alors dans une situation dangereuse. La dimension morale qui se dessine à la fin du texte est que la curiosité est un vilain défaut, tout comme la précipitation ou encore la désobéissance. Sans ces éléments perturbateurs, Sidonie n'aurait pas eu à vivre toutes ces péripéties.
- Le récit repose sur un jeu de quiproquos, la situation dans laquelle se trouve Sidonie n'étant pas perçue par les personnes qu'elle croise : la dame qui interprète le geste de Sidonie comme un salut, le petit garçon qui peut penser que Sidonie se moque de lui, le gendarme qui ne regarde pas dans sa direction.

Résumé :

Le grand-père de Sidonie amène sa petite-fille à la pêche à la ligne. Sidonie est plutôt intéressée par le pique-nique. Mais ayant oublié la mousse au chocolat, elle chaparde un fruit dans la remorque d'un tracteur. Tout à coup le tracteur démarre et emmène Sidonie, sans que le chauffeur s'en aperçoive. Sidonie tente de prévenir les personnes qu'elle croise sans succès, jusqu'à ce qu'un gendarme stoppe le tracteur.

Passage précédant le texte de fluence :

L'enseignant lit ce texte à haute voix et de manière expressive en préalable de la lecture du texte de fluence.

Ce matin, Papi va à la pêche avec Sidonie. […] Papi dit « top départ ! », mais Mamie court après la voiture.

— Attendez ! vous oubliez le pique-nique ! Toi, Sidonie, va prendre la mousse au chocolat à la cuisine pendant que Papi et moi nous installons tout. Sidonie n'écoute pas, elle veut vite partir !

Arrivés à la rivière, Papi place les cannes à pêche. Mais Sidonie a déjà envie de pique-niquer.

— Il n'est que 11 heures ! fait remarquer Papi.

Sidonie lui fait un sourire, alors Papi dit : « D'accord. »

Tout est très bon. Mais au moment de sortir la mousse au chocolat, Sidonie se souvient qu'elle l'a oubliée à la maison.

— Tant pis, dit Papi.

Et il s'allonge pour faire sa sieste. Sidonie aimerait quand même bien un dessert…

Jour de pêche, Gentile Napoli, avec l'aimable autorisation de l'auteur, droits réservés, 2023.

Texte de fluence

Jour de pêche

1 min

À côté de la rivière, il y a un tracteur et sa remorque. 13
Sidonie est trop curieuse. Elle soulève la bâche : et là... 23
elle voit des paniers pleins de fruits. 30
Elle s'assoit dans la remorque et commence à déguster 39
une belle poire. 42
Mais tout à coup, vroum... le tracteur démarre. Et 51
Sidonie n'a pas le temps de descendre. Elle s'accroche 62
à la bâche pour ne pas tomber. Mais vraiment, c'est 73
très dangereux ! 75
Oh ! Une dame sur le bord de la route. 84
Alors Sidonie lève le bras pour l'appeler au secours. 94
Mais la dame n'a pas compris, elle lui fait coucou... 105
Oh ! Ici, un petit garçon. 110
Sidonie lui crie : « Sauve-moi ! » 115
Mais le petit garçon malpoli lui tire la langue. 124
Ouf... Sidonie voit un gendarme. Lui, il saura quoi 133
faire ! 134
Malheureusement le gendarme ne regarde pas dans 141
la bonne direction... 144
Alors, vite, Sidonie prend une des poires d'un panier 154
et la lance vers le gendarme. 160
Catastrophe ! la poire s'écrase sur son nez... 168

Jour de pêche, Gentile Napoli, avec l'aimable autorisation de l'auteur, droits réservés, 2023.

SCORE de LECTURE
Nombre de mots lus en **1 min** :

N° 1	N° 2	N° 3
Date :	Date :	Date : ....

Nom : .... Date : ....

1 Fluence : lire des mots du texte

Jour de pêche

1 La graphie des sons complexes

Dis le nom de chaque dessin. Puis relie-le à la graphie du son qu'il contient.

eur •
ier •
au •

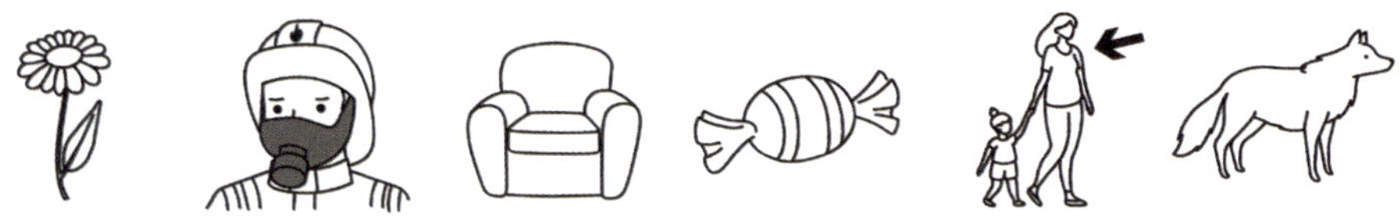

• ou
• on
• an

Entoure des mots du texte qui contiennent l'une de ces graphies de son.

2 Les syllabes

Lis chaque ligne de syllabes 5 fois.

*	Si	se	do	lè	ge	ra	dé	pe	ve
**	nie	reux	sou	nier	sau	dan	tit		
***	poli	trac	mal	cours	vrou	gus			

3 Des syllabes aux mots

Lis 3 fois ces mots du texte de fluence.

un tracteur	secours	la dame	Sidonie	un panier
petit	malpoli	dangereux	vroum	belle
elle lève	elle soulève	déguster	elle voit	il saura

Retrouve les différents mots dans le texte et entoure-les.

4 Les mots complexes

Relie chaque mot à son dessin.

remorque • fruits • garçon • gendarme •

5 Le carré des mots outils

Lis ces mots 3 fois puis chronomètre-toi.

SCORE de LECTURE

N° 1 ...... secondes

N° 2 ...... secondes

à côté	• il y a •	trop	là
elle	des	dans	Mais
pour	vraiment	c'est	très
Oh	Alors	Ici	Ouf	quoi
Malheureusement		vers	lui

Recopie plusieurs mots outils de ton choix avec puis sans modèle.

Nom : .... Date : ....

Module 4

2 Fluence : lire des mots et des phrases

Jour de pêche

1 Les verbes d'action

Lis ces groupes de mots contenant des actions réalisées par Sidonie.

- Elle **soulève** la bâche
- Elle **s'assoit** dans la remorque
- Elle **s'accroche** à la bâche
- Sidonie lui **crie** : « Sauve-moi ! »
- Sidonie **voit** un gendarme.
- elle **voit** des paniers
- elle **commence** à déguster une belle poire
- Alors Sidonie **lève** le bras
- Sidonie **prend** une des poires d'un panier et la **lance** vers le gendarme.

2 Les lettres muettes

Lis 5 fois rapidement ces mots qui ont tous une lettre muette à la fin.

Noms	Pluriels des noms	Adjectifs	Verbes	Mots invariables
Sidonie	des paniers	dangereux	elle voit	mais
fruit	des fruits	pleins	elle s'assoit	trop
au secours	des poires	petit	elle crie	pas
le bras			elle prend	oh
un coup				alors
le temps				dans
le bord				vers
				vraiment

3 Le carré des mots

Lis rapidement ces 30 mots du texte.

SCORE de LECTURE
30 mots lus en ...

N° 1
secondes

N° 2
secondes

rivière	descendre	tracteur	curieuse
remorque	soulève	bâche	fruits
bord	déguster	coucou	temps
dangereux	secours	compris	nez
garçon	malpoli	langue	gendarme
commence		Malheureusement	
direction	tomber	poires	panier
lance	bras	Catastrophe	s'écrase

4 Les mots unis

Lis 5 fois d'une seule traite ces groupes de mots du texte.

- À côté de
- Mais tout à coup
- Sauve-moi !
- la bonne direction
- il y a
- et là
- tire la langue
- Sidonie n'a pas le temps
- appeler au secours
- il saura quoi faire

Surligne ces groupes de mots dans le texte de fluence.

Nom : .... Date : ....

3 Fluidité : bien lire des phrases et des extraits

Jour de pêche

1 Les mots expressifs

Lis ces mots et groupes de mots de manière expressive en tenant compte de la ponctuation.

- vroum....
- Oh !
- Sauve-moi !
- et là...
- Ouf...
- Catastrophe !
- Alors, vite
- tout à coup
- Mais vraiment
- c'est très dangereux !
- elle lui fait coucou...
- Malheureusement le gendarme ne regarde pas dans la bonne direction...

Surligne ces mots et groupes de mots dans le texte de fluence.

2 Les phrases modifiées

Lis ces phrases modifiées, puis lis les phrases du texte.

- Oh, il y a une dame sur le bord de la route.

→ Oh ! Une dame sur le bord de la route.

- Mais la dame n'a pas compris que Sidonie était en danger, elle croit que Sidonie la salue. Alors la dame la salue aussi.

→ Mais la dame n'a pas compris, elle lui fait coucou...

- Oh, il y a un petit garçon sur le trottoir.

→ Oh ! Ici, un petit garçon.

- Mais le petit garçon n'aide pas Sidonie, en plus il est malpoli car il lui tire la langue.

→ Mais le petit garçon malpoli lui tire la langue.

Surligne ce qui a été ajouté dans les phrases modifiées.

3 Les pyramides de mots

Lis 3 fois ces phrases qui se rallongent.

Elle s'assoit

Elle s'assoit **dans la remorque**

Elle s'assoit dans la remorque **et commence à déguster**

Elle s'assoit dans la remorque et commence à déguster **une belle poire.**

elle voit des paniers

elle voit des paniers **pleins de fruits.**

et là... elle voit des paniers pleins de fruits.

Elle soulève la bâche : et là... elle voit des paniers pleins de fruits.

Nom : .... Date : ....

4 Fluidité : lire de manière expressive

Jour de pêche

Lecture rythmée

Lis 5 fois le texte en respectant les pauses proposées : pause courte, pause longue.

À côté de la rivière, il y a un tracteur et sa remorque.
Sidonie est trop curieuse. Elle soulève la bâche :
et là… elle voit des paniers pleins de fruits.
Elle s'assoit dans la remorque et commence à déguster une belle poire.
Mais tout à coup, vroum…. le tracteur démarre. Et Sidonie n'a pas le temps de descendre. Elle s'accroche à la bâche pour ne pas tomber. Mais vraiment, c'est très dangereux !
Oh ! Une dame sur le bord de la route.
Alors Sidonie lève le bras pour l'appeler au secours. Mais la dame n'a pas compris, elle lui fait coucou…
Oh ! Ici, un petit garçon.
Sidonie lui crie : « Sauve-moi ! »
Mais le petit garçon malpoli lui tire la langue.
Ouf…Sidonie voit un gendarme. Lui, il saura quoi faire !
Malheureusement le gendarme ne regarde pas dans la bonne direction…
Alors, vite, Sidonie prend une des poires d'un panier et la lance vers le gendarme.
Catastrophe ! la poire s'écrase sur son nez…

Modifie les pauses du texte que tu souhaites afin de proposer un autre rythme qui te convient.

Défi lecture

Entraîne-toi à lire le texte puis fais-toi chronométrer.

Aïe ! Le gendarme enfourche sa moto et rattrape le tracteur. Le fermier ne comprend pas pourquoi le gendarme l'arrête. Mais c'est Sidonie que le gendarme veut voir… Il la gronde. Alors elle raconte tout. Et à la fin, pour se faire pardonner, elle dit :
— Je veux vous faire un joli cadeau.
C'est pourquoi ce soir, dans la cour de Papi et Mamie, il y a une voiture, un tracteur et une moto. Et dans la cuisine, il y a une petite fille, un papi, une mamie, un fermier et un gendarme qui se régalent d'une bonne mousse au chocolat.

Jour de pêche, Gentile Napoli,
avec l'aimable autorisation de l'auteur, droits réservés, 2023.

Lis ce texte en proposant une relecture expressive.

SCORE de LECTURE
103 mots lus en … secondes

Que de parfums !

Support : *Jambon, fromage et potiron*, Sandrine Kao, © Syros, 2014.

Genre : Roman.

Thèmes : Vacances, gourmandise, indécision.

Spécificités : C'est un récit qui présente un narrateur interne, en la personne d'une petite fille. Les phrases courtes marquent un rythme qui illustre l'indécision de l'héroïne.

Temps : Passé simple et imparfait.

Vocabulaire : **

Éléments de contexte à faire identifier :

- Faire comprendre que le personnage et sa famille sont en vacances, dans le Sud-Ouest, en situant éventuellement les lieux où se déroule ce texte sur une carte.
- Faire identifier que le récit se déroule probablement en été, car il fait chaud et la protagoniste, son frère et sa mère sont devant un marchand de glaces.

Éléments de compréhension à relever :

- L'extrait ne permet pas d'identifier immédiatement que le narrateur interne, personnage du récit, est une fille. Son prénom n'est pas mentionné. On le déduit cependant par la mention du terme « indécise », qui indique qu'il s'agit d'une petite fille en vacances avec « son grand frère Jules ».
- La caractéristique principale de la petite fille est qu'elle n'arrive pas à prendre de décisions. Le texte se centre sur le contraste entre son frère qui choisit immédiatement et la protagoniste qui hésite. Les phrases interrogatives accentuent le contraste.
- Pressée par sa mère, elle finit par choisir une glace de la même couleur que son doudou cochon, évitant ainsi de choisir véritablement le parfum de sa glace.

Résumé :

Lennie est une petite fille qui n'arrive pas à prendre des décisions, à faire des choix. Son ami, un cochon, s'appelle Jambon. Alors qu'elle est en vacances avec son frère et sa mère, elle se retrouve encore face à son impossibilité de faire des choix.

Passage précédant le texte de fluence :

L'enseignant lit ce texte à haute voix et de manière expressive en préalable de la lecture du texte de fluence.

Nous passons nos vacances dans un petit village du Sud-Ouest. Il fait si chaud que Maman nous arrête devant un marchand de glaces ambulant.

Jambon, fromage et potiron, Sandrine Kao, © Syros, 2014.

Nom : ....

Module 5

Texte de fluence

Que de parfums !

1 min

« Fraise, menthe, vanille, chocolat ? » nous demande- 6
t-elle. 8
Mon grand frère Jules opte tout de suite pour un 18
cornet menthe-chocolat. Moi, j'hésite. Je me hisse sur 28
la pointe des pieds pour voir la vitrine. Il y a huit 40
bacs, mais Maman n'a cité que quatre parfums. Que 50
proposent les quatre autres ? Noix de coco ? Mangue ? 58
Passion ? Caramel ? Ces goûts-là me tenteraient bien. 66
Maman me presse : des clients attendent derrière nous. 74
Indécise, je jette un œil sur mon doudou cochon, et la 85
couleur de son pelage me renvoie au bac rose face à 96
moi. « Fraise ! » je lance. J'attrape le cornet que me 106
tend le marchand et donne un grand coup de langue 116
sur le sorbet. C'est bon, c'est frais. 125

Jambon, fromage et potiron, Sandrine Kao, © Syros, 2014.

SCORE de LECTURE
Nombre de mots lus en **1 min** :

N° 1	N° 2	N° 3
Date :	Date :	Date : ....

Nom : .... Date : ....

1 Fluence : lire des mots du texte

Que de parfums !

1 La graphie des sons complexes

Dis le nom de chaque dessin. Puis relie-le à la graphie du son qu'il contient.

un •
an •
oin •

• ai
• ou
• on

Entoure des mots du texte qui contiennent l'une de ces graphies de son.

2 Les syllabes

Lis chaque ligne de syllabes 5 fois.

*	co	de	op	a	pe	lat	te		
**	fums	cho	ten	chon	qua	man	bon	chand	raient
***	par	tre	mar	frais	ttra	grand			

3 Des syllabes aux mots

Lis 3 fois ces mots du texte de fluence.

mon cochon	les parfums	la vitrine	le marchand	chocolat	
bien	frais	grand	quatre	huit	bon
elle demande	il opte	je donne	j'attrape	Ils me tenteraient	

Retrouve les différents mots dans le texte et entoure-les.

4 Le carré des mots outils

Lis ces mots 3 fois puis chronomètre-toi.

SCORE de LECTURE

N° 1
.... secondes

N° 2
.... secondes

nous	• tout de suite •		pour
mais	quatre	que	bien
huit	• face à moi •		c'est
moi	• il y a •		

Recopie plusieurs mots outils de ton choix avec puis sans modèle.

Nom : .... Date : ....

Module 5

2 Fluence : lire des mots et des phrases

Que de parfums !

1 Le labyrinthe des sous

Lis 3 fois ces mots en suivant chaque chemin utilisant un même son.

- Trois chemins de son de la lettre C.

c = k — chocolat — ces — indécise — caramel — bacs — coup — marchand — lance — couleur

c = s — cité — coco — cornet — cochon — c'est — face

ch

- Deux chemins de son de la lettre S

s = s — suite — hisse — hésite — passion — presse — proposent — rose — sorbet

s = z — fraise

Retrouve les différents mots dans le texte et entoure-les.

2 Les sons complexes

Lis 5 fois ces mots contenant des sons complexes.

è		è r	è l	è s	è t
frais	cornet	derrière	caramel	presse	jette
fraise	sorbet				
tenteraient					

Retrouve les différents mots dans le texte et entoure-les.

3 Le carré des mots

Lis rapidement ces 30 mots ou groupes de mots du texte.

SCORE de LECTURE
30 mots lus en ...

N° 1 .... secondes

N° 2 .... secondes

Fraise grand Jules opte • tout de suite •
menthe hésite frère rose sorbet quatre
vanille frais cornet • il y a • Maman
mais chocolat huit goûts indécise
parfums • face à moi • bacs hisse
pointe derrière cochon bon pieds

4 Les synonymes et les mots de sens proche

Lis ces groupes de mots qui ont le même sens ou un sens proche.

- Jules **opte** pour un cornet → Jules choisit un cornet
- Maman n'a **cité** que quatre parfums → Maman n'a mentionné que quatre parfums
- **Indécise** → Hésitante

3 Fluidité : bien lire des phrases et des extraits

Que de parfums !

1 Le sens des expressions

Lis ces groupes de mots, puis relie-les à leur sens dans la colonne de droite.

Je me hisse sur la pointe des pieds •	• je me mets sur la pointe des pieds
Maman me presse •	• je lèche très bien
je jette un œil •	• je regarde
je donne un grand coup de langue •	• Maman me demande d'aller vite

+ DE TEMPS ? Surligne dans le texte les expressions de la colonne de gauche.

2 La pyramide de mots

Lis 3 fois ces groupes de mots qui se rallongent.

je jette un œil

je jette un œil **sur mon doudou cochon,**

je jette un œil sur mon doudou cochon, **et la couleur me renvoie au bac**

je jette un œil sur mon doudou cochon, et la couleur me renvoie au bac **rose**

je jette un œil sur mon doudou cochon, et la couleur **de son pelage** me renvoie au bac rose

Indécise, je jette un œil sur mon doudou cochon, et la couleur de son pelage me renvoie au bac rose.

Indécise, je jette un œil sur mon doudou cochon, et la couleur de son pelage me renvoie au bac rose **face à moi**.

3 Les mots retirés

Lis ce texte en replaçant les mots qui ont été retirés.
Procède ainsi 3 fois en regardant de moins en moins les mots placés dans la marge.

« Fraise, menthe, ●, chocolat ? »	● vanille
nous ■-t-elle.	■ demande
Mon grand ● Jules	● frère
opte ■	■ tout de suite
pour un cornet menthe-●.	● chocolat
Moi, j'hésite. Je me hisse sur la pointe des ■	■ pieds
pour voir la vitrine. Il y a huit ●,	● bacs
mais Maman n'a cité que quatre ■.	■ parfums
Que proposent les ● autres ?	● quatre
Noix de ■ ? Mangue ? Passion ? Caramel ?	■ coco
Ces goûts-là me tenteraient ●.	● bien

Nom : .... Date : ....

4 Fluidité : lire de manière expressive

Que de parfums !

1 Lecture rythmée

Lis 5 fois le texte en respectant les pauses proposées : ↘ pause courte, 𝄐 pause longue.

« Fraise, ↘ menthe, ↘ vanille, ↘ chocolat ? ↘ » nous demande-t-elle. 𝄐 Mon grand frère Jules opte tout de suite pour un cornet menthe-chocolat. 𝄐 Moi, ↘ j'hésite. 𝄐 Je me hisse sur la pointe des pieds ↘ pour voir la vitrine. Il y a huit bacs, ↘ mais Maman n'a cité que quatre parfums. 𝄐 Que proposent les quatre autres ? 𝄐 Noix de coco ? 𝄐 Mangue ? 𝄐 Passion ? 𝄐 Caramel ? 𝄐 Ces goûts-là me tenteraient bien. 𝄐 Maman me presse : ↘ des clients attendent derrière nous. 𝄐 Indécise, ↘ je jette un œil sur mon doudou cochon, 𝄐 et la couleur de son pelage me renvoie au bac rose face à moi. 𝄐 « Fraise ! » ↘ je lance. J'attrape le cornet que me tend le marchand et donne un grand coup de langue sur le sorbet. C'est bon, ↘ c'est frais. 𝄐

DE TEMPS ? Modifie les pauses du texte que tu souhaites afin de proposer un autre rythme qui te convient.

2 Lecture expressive

Entraîne-toi à lire le texte en utilisant les aides proposées pour moduler ta voix.

Maman, empressée :	« Fraise, menthe, vanille, chocolat ? »
Jules, déterminé :	Mon grand frère Jules opte tout de suite pour un cornet menthe-chocolat.
La fille, hésitante et rêveuse :	Que proposent les quatre autres ? Noix de coco ? Mangue ? Passion ? Caramel ? Ces goûts-là me tenteraient bien.

Défi lecture

Entraîne-toi à lire le texte puis fais-toi chronométrer.

Maman semble surprise. « Tu aimes tant le chocolat, d'habitude, Lennie ! » Je lève les yeux vers la glace de mon frère qui me fait soudain bien plus envie. Ma boule fraise a perdu toute sa saveur.

Jambon, fromage et potiron, Sandrine Kao, © Syros, 2014.

DE TEMPS ? Lis ce texte en proposant une relecture expressive.

SCORE de LECTURE
36 mots lus en ... . secondes

Le garçon qui criait « AU LOUP ! »

Support : *Le garçon qui criait «AU LOUP ! »*, Tony Ross, © Folio cadet, coll. Premières lectures, 2009.

Genre : Roman d'après une fable patrimoniale.

Thèmes : Loup, peur, bêtises.

Spécificités : Ce texte entremêle récit et dialogue. Composé de phrases courtes, il comporte des retours à la ligne, ce qui rend la lecture-fluence plus aisée. L'alternance rythmée entre récit et dialogue demande une lecture expressive différente à chaque retour à la ligne.

Temps : Passé simple et imparfait dans le récit, présent dans les dialogues.

Vocabulaire : *

Éléments de contexte à faire identifier :

- Comprendre que le personnage de Louis, un enfant, a pris l'habitude de mentir en signalant la présence d'un loup, animal dont tout le monde a peur. Cela lui permet alors de ne pas faire ce dont il n'a pas envie. Par conséquent, son entourage a compris qu'il passait son temps à mentir.
- Échanger éventuellement autour du mensonge, de l'expression « crier au loup », ce qu'elle implique.
- Évoquer ou lire éventuellement la fable d'Ésope dont ce récit est inspiré.

Éléments de compréhension à relever :

- Le narrateur indique que Louis, enfant, a réellement rencontré un loup. La panique de Louis est retranscrite dans le passage dialogué.
- Aucune personne ne le croit car il a tellement menti que tout le monde se moque de lui. La partie dialoguée concerne essentiellement Louis afin de manifester la panique de l'enfant face à l'indifférence des adultes.
- À la manière de la fable d'Ésope, la fin du récit présente une certaine morale, c'est-à-dire que lorsque la situation se présente réellement, personne ne croit aux propos et ne vient en aide à la personne qui a menti. Ésope proposait : « Cette fable montre que les menteurs ne gagnent qu'une chose, c'est de n'être pas crus, même lorsqu'ils disent la vérité. »

Résumé :

Louis est un jeune garçon qui n'aime pas être contraint. Lorsqu'on veut lui faire faire ce dont il n'a pas envie, il hurle qu'il y a un loup. Les personnes ont peur du loup et se mettent vite à l'abri, Louis faisant alors ce qui lui plaît. Mais à force de crier au loup, les adultes ne croient plus Louis qui a trop menti. Un jour cependant, il rencontre vraiment le loup.

Passage précédant le texte de fluence :

L'enseignant lit ce texte à haute voix et de manière expressive en préalable de la lecture du texte de fluence.

Chaque fois que Louis n'avait pas envie de faire quelque chose, prendre son bain par exemple, il criait :

– Au loup !

(même s'il n'y avait pas le loup).

Et, comme les gens avaient peur du loup, Louis se retrouvait seul et faisait tout ce qu'il voulait.

Le garçon qui criait « AU LOUP ! », Tony Ross, © Folio cadet, coll. Premières lectures, 2009.

Nom : ....

Module 6

Texte de fluence

Le garçon qui criait « AU LOUP » !

1 min

Un jour que Louis faisait un tour dans la montagne, le loup 12
bondit de derrière un rocher. 17
– Au loup ! hurla Louis. 21
Et il courut vers le village en criant : 29
– Au loup ! Au loup ! 33
Mais sa grand-mère ne le crut pas. 40
– Tu racontes tout le temps la même chose ! Change 49
de refrain ! dit-elle. 53
– Au loup ! criait toujours Louis. 58
Mais personne ne l'écoutait. 63
– Au secours ! hurlait le pauvre garçon. 69
Tout le monde riait. 73
– Tu te moques encore de nous ! lui dirent les grandes 83
personnes. 84
Le loup rattrapa Louis. Alors les grandes personnes dirent 93
au garçon : 95
– Cela t'apprendra à dire des mensonges ! 102

Le garçon qui criait « AU LOUP ! », Tony Ross, © Folio cadet, coll. Premières lectures, 2009

SCORE de LECTURE
Nombre de mots lus en **1 min** :

N° 1	N° 2	N° 3
Date :	Date :	Date : ....

Nom : .... Date : ....

Module 6

1 Fluence : lire des mots du texte

Le garçon qui criait « AU LOUP ! »

1 La graphie des sons complexes

Dis le nom de chaque dessin. Puis relie-le à la graphie du son qu'il contient.

ou •
on •
ain •

• au
• en
• ai

Entoure des mots du texte qui contiennent l'une de ces graphies de son.

2 Les syllabes

Lis chaque ligne de syllabes 5 fois.

*	vi	de	ta	ge	ra	re	pa	é				
**	men	lla	ges	mon	çon	gne	des	son	cou	dit	tait	bon
***	tour	gar	frain	gran	ttra	cri	dit					

3 Des syllabes aux mots

Lis 3 fois ces mots du texte de fluence.

le village	tout le monde	Louis	un tour	le garçon
des mensonges	la montagne	le refrain	grandes	pauvre
il rattrapa	il hurla	il bondit	il écoutait	il criait

Retrouve les différents mots dans le texte et entoure-les.

4 Le carré des mots outils

Lis ces mots 3 fois puis chronomètre-toi.

SCORE de LECTURE

N° 1
secondes

N° 2
secondes

Un	que	dans	de	derrière
il	Et	vers	en	tout
même	elle	toujours	Mais	
Au	encore	lui	Alors	des
Cela				

Recopie plusieurs mots outils de ton choix avec puis sans modèle.

Nom : .... Date : .... Module 6

2 Fluence : lire des mots et des phrases

Le garçon qui criait « AU LOUP ! »

1 Les sons complexes

Prends le temps de bien lire ces mots contenant des sons complexes, étranges, ou des écritures particulières.

feu - zè	pèr-so-n	dèr-ri-iè-r	cri-ian	cri-iè	ri-iè
faisait	personne	derrière	criant	criait	riait

Retrouve les différents mots dans le texte et entoure-les.

2 Les lettres muettes

Lis 5 fois rapidement ces mots qui ont tous une lettre muette à leur fin.

Noms	Pluriel des noms	Adjectifs	Verbes		Mots invariables
Louis	les personnes	grand	tu racontes	il riait	mais
le secours	des mensonges	grandes	tu te moques	il criait	pas
le temps			il bondit	il hurlait	alors
le loup			il courut	il écoutait	dans
			elle dit	en criant	vers
			elle crut		toujours
					nous

3 Le carré des mots

Lis rapidement ces 30 mots du texte.

SCORE de LECTURE
30 mots lus en ...

N° 1 .... secondes

N° 2 .... secondes

Louis bondit tour derrière refrain vers
loup hurla même temps change Alors
rocher • en criant • chose toujours
village mensonges faisait grandes
personne grand-mère encore moques
garçon crut montagne pauvre jour
apprendra

4 Les synonymes et les mots de sens proche

Lis ces groupes de mots qui ont le même sens ou un sens proche.

Louis faisait un **tour** → Louis faisait une promenade
Tout le temps → sans cesse
Tu **racontes** la même chose → tu répètes la même chose
Change de refrain → Arrête de répéter la même chose
Au secours → À l'aide
les grandes personnes → les adultes

Entoure les mots en gras dans le texte de fluence.

Nom : .... Date : ....

3 Fluidité : bien lire des phrases et des extraits

Le garçon qui criait « AU LOUP ! »

1 Le temps des verbes

Compare les verbes de ces deux textes. Puis lis-les plusieurs fois.

Au présent	Au passé
– Au loup ! **hurle** Louis.	– Au loup ! **hurla** Louis.
Et il **court** vers le village en criant :	Et il **courut** vers le village en criant :
– Au loup ! Au loup !	– Au loup ! Au loup !
Mais sa grand-mère ne le **croit** pas.	Mais sa grand-mère ne le **crut** pas.
– Au loup ! **crie** toujours Louis.	– Au loup ! **criait** toujours Louis.
Mais personne ne l'**écoute**.	Mais personne ne l'**écoutait**.
– Au secours ! **hurle** le pauvre garçon.	– Au secours ! **hurlait** le pauvre garçon.
Tout le monde **rit**.	Tout le monde **riait**.

2 La pyramide de mots

Lis 3 fois cette phrase toujours plus longue.

le loup bondit

le loup bondit **de derrière**

le loup bondit de derrière **un rocher**

Un jour que Louis faisait un tour, le loup bondit de derrière un rocher

Un jour que Louis faisait un tour **dans la montagne,** le loup bondit de derrière un rocher.

3 La lecture rythmée

Lis 5 fois le texte en respectant les pauses proposées. pause courte, pause longue.

– Tu racontes tout le temps la même chose ! Change de refrain ! dit-elle.

– Au loup ! criait toujours Louis.

Mais personne ne l'écoutait.

– Au secours ! hurlait le pauvre garçon.

Tout le monde riait.

– Tu te moques encore de nous ! lui dirent les grandes personnes.

Le loup rattrapa Louis. Alors les grandes personnes dirent au garçon :

– Cela t'apprendra à dire des mensonges !

4 Fluidité : lire de manière expressive

Le garçon qui criait « AU LOUP ! »

Lecture expressive

Entraîne-toi à lire le texte en utilisant les aides proposées pour moduler ta voix.

ton neutre	Un jour que Louis faisait un tour dans la montagne, le loup bondit de derrière un rocher.
ton paniqué	– Au loup !
ton neutre	hurla Louis.
ton rapide	Et il courut vers le village en criant :
ton paniqué	– Au loup ! Au loup !
ton neutre	Mais sa grand-mère ne le crut pas.
ton agacé	– Tu racontes tout le temps la même chose ! Change de refrain !
ton neutre	dit-elle.
ton paniqué	– Au loup !
ton neutre	criait toujours Louis. Mais personne ne l'écoutait.
ton désespéré	– Au secours !
ton neutre	hurlait le pauvre garçon. Tout le monde riait.
en riant	– Tu te moques encore de nous !
ton neutre	lui dirent les grandes personnes. Le loup rattrapa Louis. Alors les grandes personnes dirent au garçon :
ton moqueur	– Cela t'apprendra à dire des mensonges !

Défi lecture

Entraîne-toi à lire le texte puis fais-toi chronométrer.

À ces mots, le loup eut une idée : il décida de laisser Louis tranquille…
… et de manger les grandes personnes.
Ensuite…
… il eut une autre idée :
il dégusta Louis pour son dessert !
Que voulez-vous, c'est la vie !

Le garçon qui criait « AU LOUP ! », Tony Ross,
© Folio cadet, coll. Premières lectures, 2009.

DE TEMPS ? Lis ce texte en proposant une relecture expressive.

SCORE de LECTURE
39 mots lus en … secondes

Mystère à la pâtisserie

Support : *La Puce, détective rusé*, Sarah Cohen-Scali, © Casterman, 2010.

Genre : Polar.

Thème : Enquête, détective, mystère.

Spécificité : Ce récit s'appuie sur nombre d'adjectifs pour décrire les conséquences de la destruction des pâtisseries et les émotions que ce vandalisme suscite chez les protagonistes.

Temps : Imparfait et passé simple.

Vocabulaire : ***

Éléments de contexte à faire identifier :

- Bien situer le genre policier.
- Comprendre la dimension loufoque de la situation : voler des pâtisseries de manière assez sauvage.
- Prendre le temps d'expliquer le sens des adjectifs qui participent à la description de la destruction de la pâtisserie.

Éléments de compréhension à relever :

- La description du saccage de la pâtisserie pour un vol de gâteaux participe à la dimension absurde de la situation. Cette dimension est soulignée par l'emploi d'adjectifs et d'adverbes tels que « sauvagement », « maculé », « affreusement », « souillé », « immonde », etc.
- L'absurde de la situation est renforcée par la réaction de la propriétaire de la boutique et de trois autres propriétaires à la fin du texte : « terrifié », « hurla », « cris d'épouvante ». Le fait que Monsieur Pierrot lâche Madame Leroi à la vue des empreintes renforce cette dimension loufoque.

Résumé :

Madame Leroi retrouve sa pâtisserie totalement détruite. Quelqu'un de malveillant est passé par là. Très vite, on apprend que d'autres pâtisseries ont subi les mêmes destructions. Le commissaire Nullos fait très vite une hypothèse au regard des empreintes observées : il s'agirait d'un tigre qui se promènerait en pleine ville.

Passage précédant le texte de fluence :

L'enseignant lit ce texte à haute voix et de manière expressive en préalable de la lecture du texte de fluence.

Comme tous les matins, à six heures précises, madame Leroi s'apprêtait à ouvrir sa boulangerie-pâtisserie. Tout en frottant ses yeux encore ensommeillés, elle fit tourner la clé dans la serrure. Elle entra, bâilla un bon coup et repoussa la porte derrière elle. […] Elle tâtonna pour trouver le bouton de l'interrupteur et appuya : la lumière éclaira la boutique. Madame Leroi, horrifiée, fit un bond en arrière et se colla contre la porte…

La Puce, détective rusé, Sarah Cohen-Solal, © Casterman, 2010.

Nom : ....

Module 7

Texte de fluence

Mystère à la pâtisserie

1 min

Son magasin avait été sauvagement saccagé. Les vitres 8
étaient brisées et il n'y avait plus un seul gâteau sur 20
les plateaux où elle les avait déposés la veille au soir. 31
Le sol était couvert de débris de verre, de brioches 41
écrasées, maculé de crème pâtissière, affreusement 47
souillé de mousse au chocolat. 52
Sur cette immonde marmelade, Madame Leroi, terrifiée, 59
distingua nettement des empreintes... Elle hurla. 65
En entendant son cri, Monsieur Pierrot, le propriétaire 73
du café d'en face, se précipita à son secours. Arrivé 84
sur le seuil de la boutique, il reçut dans ses bras 95
Madame Leroi évanouie, mais il la lâcha aussitôt : il 104
avait vu les empreintes. 108
À la même heure on entendit des cris d'épouvante 118
rue de la République puis place Du Breuil, c'est-à-dire 130
dans trois autres pâtisseries. 134

La Puce, détective rusé, Sarah Cohen-Solal, © Casterman, 2010.

SCORE de LECTURE
Nombre de mots lus en **1 min** :

N° 1	N° 2	N° 3
Date :	Date :	Date : ....

Nom : .... Date : ....

1 Fluence : lire des mots du texte

Mystère à la pâtisserie

1 La graphie des sons complexes

Dis le nom de chaque dessin. Puis relie-le à la graphie du son qu'il contient.

oi •
ein •
eau •

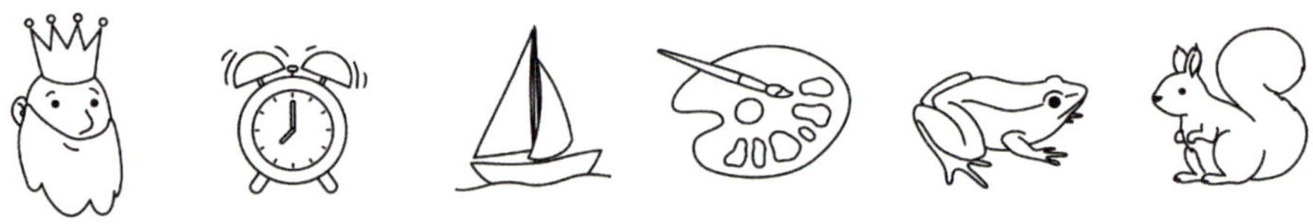

• ouill
• eil
• euil

Entoure des mots du texte qui contiennent l'une de ces graphies de son.

2 Les syllabes

Lis chaque ligne de syllabes 5 fois.

*	si	ti	ta	ci	gâ	te	pi	fé	sa	gé	cca
**	bou	teau	tes	mmon	pou	que	van	vait	tait	ten	
***	soir	crè	seuil	prein	souill	pré	hur				

3 Des syllabes aux mots

Lis 3 fois ces mots du texte de fluence.

la place	le soir	le sol	la boutique	la crème
le gâteau	le seuil	les empreintes	le café	chocolat
immonde	maculé	souillé	épouvante	saccagé
avait	était	se précipita	elle hurla	on entendit

Retrouve les différents mots dans le texte et entoure-les.

4 Le carré des mots outils

Lis ces mots 3 fois puis chronomètre-toi.

SCORE de LECTURE

N° 1
secondes

N° 2
secondes

Elle	dans	nettement	
ses	mais	aussitôt	
même	puis	trois	et
autres	seul	sur	où
les	au	cette	d'en

Recopie plusieurs mots outils de ton choix avec puis sans modèle.

Nom : .... Date : ....

2 Fluence : lire des mots et des phrases

Mystère à la pâtisserie

1 Des lettres et leurs mots

Lis 3 fois ces mots en suivant le chemin de chaque son.

- Deux chemins de son de la lettre G.

g = (g) : sauva**g**ement – distin**g**ua – boulan**g**erie

g = (j) : **g**âteau – sacca**g**é – ma**g**asin

Retrouve les différents mots dans le texte de fluence et entoure-les (sauf boulangerie).

2 Les lettres muettes

Lis 5 fois rapidement ces mots qui ont tous une lettre muette à la fin.

Noms	Pluriels des noms		Verbes	Mots invariables	
du chocolat	des plateaux	des cris	il reçut	mais	affreusement
Pierrot	des débris	ses bras	il avait vu	puis	nettement
son secours	des brioches		on entendit	dans	sauvagement
un bras	des pâtisseries		en entendant	plus	

3 Le carré des mots

Lis rapidement ces 30 mots du texte.

SCORE de LECTURE

30 mots lus en ...

N° 1 .... secondes

N° 2 .... secondes

Leroi	hurla	Pierrot	lâcha	heure
épouvante	vitres	gâteau	affreusement	
plateaux	écrasées	veille	maculé	
débris	• En entendant •	empreintes		
couvert	brioches	souillé	verre	
nettement	crème	chocolat	immonde	
marmelade	sauvagement	terrifiée		
• Du Breuil •	distingua	Monsieur		

4 Les synonymes et les mots de sens proche

Lis ces listes de mots qui ont le même sens ou un sens proche.
Pour chaque série, entoure le mot en gras dans le texte de fluence.

- taché – sali – **souillé**
- repéra – identifia – **distingua**
- horrible – affreuse – **immonde**
- affolée – apeurée – épouvantée – terrorisée – **terrifiée**
- détruit – dévasté – ravagé – massacré – **saccagé**
- sali – taché – recouvert – barbouillé – **maculé**
- l'entrée – la porte – le perron – **le seuil**
- hier – le jour d'avant – **la veille**

Nom : .... Date : ....

3 Fluidité : bien lire des phrases et des extraits

Mystère à la pâtisserie

1 Les mots unis

Lis 5 fois d'une seule traite ces groupes de mots du texte.

- des cris d'épouvante
- crème pâtissière
- café d'en face
- le seuil de la boutique
- débris de verre
- mousse au chocolat
- à son secours
- c'est-à-dire

Surligne ces groupes de mots dans le texte de fluence.

2 Les petits mots riches

Complète la phrase avec ces petits mots. Puis vérifie dans le texte.

souillé – écrasées – couvert – maculé

Le sol était .... de débris de verre, de brioches ...., ... de crème pâtissière, affreusement .... de mousse au chocolat.

3 Les pyramides de mots

Lis 3 fois ces groupes de mots de plus en plus longs.

il n'y avait plus un seul gâteau

il n'y avait plus un seul gâteau **sur les plateaux**

il n'y avait plus un seul gâteau sur les plateaux **où elle les avait déposés**

il n'y avait plus un seul gâteau sur les plateaux où elle les avait déposés **la veille au soir.**

Les vitres étaient brisées et il n'y avait plus un seul gâteau sur les plateaux où elle les avait déposés la veille au soir.

Madame Leroi distingua des empreintes…

Madame Leroi, **terrifiée,** distingua des empreintes…

Madame Leroi, terrifiée, distingua **nettement** des empreintes…

Sur cette immonde marmelade, Madame Leroi, terrifiée, distingua nettement des empreintes…

on entendit des cris

on entendit des cris **d'épouvante**

on entendit des cris d'épouvante **rue de la République**

on entendit des cris d'épouvante rue de la République **puis place Du Breuil**

À la même heure on entendit des cris d'épouvante rue de la République puis place Du Breuil

Nom : ……………………………… Date : …………………

4 Fluidité : lire de manière expressive

Mystère à la pâtisserie

Lecture expressive

Entraîne-toi à lire le texte de manières différentes en utilisant les aides proposées.
Puis fais des essais de lecture qui passent d'un ton à l'autre.

ton colérique et rapide

Son magasin avait été sauvagement saccagé ! Les vitres étaient brisées ! et il n'y avait plus un seul gâteau sur les plateaux où elle les avait déposés la veille au soir !! Le sol était couvert de débris de verre !, de brioches écrasées !, maculé de crème pâtissière !, affreusement souillé de mousse au chocolat !!!

ton plaintif et lent

Son magasin avait été sauvagement saccagé... Les vitres étaient brisées... et il n'y avait plus un seul gâteau sur les plateaux où elle les avait déposés la veille au soir... Le sol était couvert de débris de verre..., de brioches écrasées..., maculé de crème pâtissière..., affreusement souillé de mousse au chocolat...

Défi lecture

Entraîne-toi à lire le texte puis fais-toi chronométrer.

Le commissaire Nullos, prévenu immédiatement, se rendit sur les lieux avec ses hommes. Après un examen approfondi des empreintes laissées dans les quatre boutiques, il n'y eut plus aucun doute possible : durant la nuit, un tigre s'était promené dans la ville et avait dévalisé des pâtisseries... Évidemment, le fauve aurait dû s'attaquer à de la viande plutôt qu'à des gâteaux, mais Nullos laissa de côté cet aspect du problème. Après tout, il avait vu bien d'autres choses biscornues au cours de ses enquêtes.

La Puce, détective rusé, Sarah Cohen-Solal,

DE TEMPS ? Lis ce texte en proposant une relecture expressive.

SCORE de LECTURE
88 mots lus en … secondes

La princesse au petit pois

Support : *La princesse au petit pois*, Hans-Christian Andersen, 1835.

Genre : Conte.

Thèmes : Princesse, sommeil.

Spécificités : Ce conte est ici présent dans son intégralité. On y retrouve les caractéristiques du genre par le biais d'un récit bref, présentant un enseignement moral qui se dessine dès la lecture du texte de fluence.

Temps : Imparfait et passé simple.

Vocabulaire : *

Éléments de contexte à faire identifier :

- Souligner les caractéristiques du conte : à savoir que c'est un récit bref, relatant des faits imaginaires et symboliques et proposant une morale.
- Relever et expliquer la ruse employée par la vieille reine.
- Éventuellement, échanger autour de l'enseignement moral du conte : il ne faut pas se fier aux apparences, la princesse dans son accoutrement reste toujours une princesse, ce que l'on exprime également par l'expression « l'habit ne fait pas le moine ».

Éléments de compréhension à relever :

- Le narrateur donne une image contraire à celle que l'on se fait d'une princesse par la description de son personnage. Elle est habillée comme une mendiante cherchant un toit pour la nuit : elle est toute mouillée et de l'eau s'écoule de ses chaussures trouées.
- Le narrateur amplifie la superposition des matelas et édredons pour permettre de dissimuler la présence du petit pois, qui semble alors impossible à détecter. Seule une princesse, habituée à dormir dans de la literie confortable, pourrait sentir cet élément.
- La dimension morale de l'histoire repose alors sur l'élément du petit pois que la princesse a bien ressenti : cela prouve que la princesse est bien celle qu'elle prétend être malgré son accoutrement au début du texte.

Résumé :

Un prince souhaitait se marier avec une « vraie » princesse. Il parcourut le monde mais n'en trouva aucune. Par une nuit d'orage, une jeune femme trempée et défaite, se présenta au château comme étant une véritable princesse demandant l'hospitalité. Son état étant affreux au premier regard, un doute s'installa.

Passage précédant le texte de fluence :

<u>L'enseignant lit ce texte à haute voix et de manière expressive en préalable de la lecture du texte de fluence.</u>

Il était une fois un prince qui voulait épouser une princesse, mais une vraie princesse. Il fit le tour de la Terre pour en trouver une mais il y avait toujours quelque chose qui clochait [...] toujours une chose ou l'autre ne lui semblait pas parfaite. Il rentra chez lui tout triste, il aurait tant voulu avoir une véritable princesse.

Un soir par un temps affreux, éclairs et tonnerre, cascades de pluie que c'en était effrayant, on frappa à la porte de la ville et le vieux roi lui-même alla ouvrir. C'était une princesse qui était là, dehors. Mais grands dieux ! de quoi avait-elle l'air dans cette pluie, par ce temps !

La princesse au petit pois, Hans-Christian Andersen, 1835.

Nom : ....

Texte de fluence

La princesse au petit pois

1 min

L'eau coulait de ses cheveux et de ses vêtements, 10
entrait par la pointe de ses chaussures et ressortait 19
par le talon... et elle prétendait être une véritable 28
princesse ! 29
– Nous allons bien voir çà, pensait la vieille reine, 38
mais elle ne dit rien. 43
Elle alla dans la chambre à coucher, retira toute la 53
literie et mit un petit pois au fond du lit ; elle prit 65
ensuite vingt matelas qu'elle empila sur le petit pois et, 76
par-dessus, elle mit encore vingt édredons en plumes. 85
C'est là-dessus que la princesse devait coucher cette 95
nuit-là. 97
Au matin, on lui demanda comment elle avait dormi. 106
– Affreusement mal, répondit-elle, je n'ai presque pas 115
fermé l'œil de la nuit. Dieu sait ce qu'il y avait dans 129
ce lit. J'étais couchée sur quelque chose de si dur que 141
j'en ai des bleus sur tout le corps ! C'est terrible ! 153

La princesse au petit pois, Hans-Christian Andersen, 1835.

SCORE de LECTURE
Nombre de mots lus en **1 min** :

N° 1	N° 2	N° 3
Date :	Date :	Date : ....

Nom : .... Date : ....

1 Fluence : lire des mots du texte

La princesse au petit pois

1 Les graphies des sons complexes

Dis le nom de chaque dessin. Puis relie-le à la graphie du son qu'il contient.

oi •
ei •
au •
en •

• ou
• on
• in
• eu

Entoure des mots du texte qui contiennent l'une de ces graphies de son.

2 Les syllabes

Lis chaque ligne de syllabes 5 fois.

*	li	vé	ma	te	da	ta	ri	ta	de	en
**	rie	mes	veux	ssus	che	lon	vin	tin	tais	man
***	plu	cor	ble	par	trait	j'é	pri			

3 Des syllabes aux mots

Lis ces mots du texte de fluence avec précision 3 fois.

la literie	plumes	le talon	le pois	
le corps	des bleus	matelas	ses cheveux	matin
petit	vingt	véritable	par-dessus	là-dessus
entrait	j'étais	elle avait	on demanda	elle prit

Retrouve les différents mots dans le texte et entoure-les.

4 Le carré des mots outils

Lis ces mots 3 fois puis chronomètre-toi.

SCORE de LECTURE

N° 1 .... secondes

N° 2 .... secondes

comment bien çà rien
• au fond • par-dessus
encore là-dessus ensuite
presque quelque cette

Recopie plusieurs mots outils de ton choix avec puis sans modèle.

Nom : .... Date : .... **Module 8**

2 Fluence : lire des mots et des phrases

La princesse au petit pois

1 Les sons complexes

Lis 5 fois rapidement ces mots contenant des sons complexes.

tr	pr	br	dr	pl	bl	eil	oin
ê**tr**e	**pr**it	cham**br**e	é**dr**edons	**pl**umes	vérita**bl**e	vi**eil**le	p**oin**te
en**tr**ait	**pr**esque				**bl**eus		
	princesse				terri**bl**e		

2 Des lettres et leurs mots

Lis ces mots 3 fois en suivant le chemin de chaque son.

- Trois chemins de son de la lettre S

s = z
s = s
s muet

poi**s** — cho**s**e — **s**ait — pen**s**ait — corp**s** — de**ss**us — matela**s** — vêtement**s** — re**ss**ortait — affreu**s**ement

- Trois chemins de son de la lettre E

e muet
e = è
e = e

êtr**e** — d**e**ssus — p**e**tit — f**e**rmé — chambr**e** — véritabl**e** — pr**e**sque — princ**e**sse — vêt**e**ment — édr**e**dons — d**e**manda — **e**st — liteři**e**

3 Le carré des mots

Lis rapidement ces 30 mots du texte.

SCORE de LECTURE
30 mots lus en ...

N° 1 .... secondes

N° 2 .... secondes

cheveux véritable çà ressortait
vingt vêtements là-dessus dur
vieille encore pointe petit si
alla comment mal chaussures
empila ensuite princesse bien
reine presque rien literie
terrible pois quelque demanda
par-dessus

4 Les verbes et leurs temps

Lis ces phrases aux différents temps.

Elle **met** un petit pois.
Elle **a mis** un petit pois.
Elle **mit** un petit pois.

Elle **prend** ensuite vingt matelas.
Elle **a pris** ensuite vingt matelas.
Elle **prit** ensuite vingt matelas.

Surligne le bon verbe dans le texte de fluence.

3 Fluidité : bien lire des phrases et des extraits

La princesse au petit pois

1 Les mots unis

Lis 5 fois d'une seule traite ces groupes de mots du texte.

- par la pointe de ses chaussures
- mais elle ne dit rien
- Dieu sait ce qu'il y avait
- au fond du lit
- fermé l'œil de la nuit
- dans la chambre à coucher

Surligne ces groupes de mots dans le texte.

2 Les liaisons

Lis 3 fois ces groupes de mots en étant attentif aux liaisons.

Nous allons
mais elle ne dit rien
elle mit un petit pois
elle mit encore
vingt édredons en plumes

Marque les liaisons avec des arcs de cercle dans le texte de fluence.

3 Les pronoms

Lis 3 fois ces phrases. Écris le nom du personnage qui désigne le pronom dans chaque phrase.

la princesse - la reine

mais elle ne dit rien → ....

Au matin, on lui demanda → ....

– Affreusement mal, répondit-elle → ....

4 Les mots retirés

Lis ce texte en replaçant les mots qui ont été retirés.
Procède ainsi 3 fois en regardant de moins en moins les mots placés dans la marge.

– Nous allons bien voir ■,	■ çà
pensait la ● reine,	● vieille
mais elle ne dit ■.	■ rien
Elle alla dans la chambre ●,	● à coucher
retira ■ la literie	■ toute
et mit un petit pois au fond ● ;	● du lit
elle prit ensuite ■ matelas	■ vingt
qu'elle empila sur le ● pois	● petit
et, par-dessus, elle mit encore vingt ■ en plumes.	■ édredons

Nom : .... Date : ....

Module 8

4 Fluidité : lire de manière expressive

La princesse au petit pois

Lecture expressive

Entraîne-toi à lire le texte en suivant les indications proposées pour moduler ta voix.

ton dégoûté	L'eau coulait de ses cheveux et de ses vêtements, entrait par la pointe de ses chaussures et ressortait par le talon...
ton exclamatif	et elle prétendait être une véritable princesse !
ton malicieux	– Nous allons bien voir çà,
ton neutre	pensait la vieille reine,
ton rusé	mais elle ne dit rien.
ton neutre	Au matin, on lui demanda comment elle avait dormi.
ton horrifié	– Affreusement mal,
ton neutre	répondit-elle,
ton horrifié	je n'ai presque pas fermé l'œil de la nuit. Dieu sait ce qu'il y avait dans ce lit. J'étais couchée sur quelque chose de si dur que j'en ai des bleus sur tout le corps !
ton fâché	C'est terrible !

Défi lecture

Entraîne-toi à lire le texte puis fais-toi chronométrer.

Alors ils reconnurent que c'était une vraie princesse puisque, à travers les vingt matelas et les vingt édredons en plumes, elle avait senti le petit pois. Une peau aussi sensible ne pouvait être que celle d'une authentique princesse.

Le prince la prit donc pour femme, sûr maintenant d'avoir une vraie princesse et le petit pois fut exposé dans le cabinet des trésors d'art, où on peut encore le voir si personne ne l'a emporté. Et ceci est une vraie histoire.

La princesse au petit pois, Hans-Christian Andersen, 1835.

Lis ce texte en proposant une relecture expressive.

SCORE de LECTURE
85 mots lus en ... secondes

Le chien perdu

Support : « Le chien perdu », in *Une drôle de vache et autres sketches*, François Fontaine, © Retz, 2001.

Genre : Pièce de théâtre.

Thème : déposition au commissariat, enquête.

Spécificité : Ce texte vise à être représentatif du genre théâtral. On cherchera donc à garder tout ce qui en fait les spécificités (voir « Éléments de contexte à faire identifier »). Ce module propose la totalité de cette pièce de théâtre. Ont été gardés les didascalies et le nom des personnages qui seront lus en lecture fluente.

Temps : Présent.

Vocabulaire : *

Éléments de contexte à faire identifier :

- Observer les spécificités du théâtre : cartouche introductif (présentation des personnages, lieu, matériel nécessaire à la mise en espace), mise en page (nom des personnages en capitales, répliques sous forme de dialogues, didascalies apportant des éléments de mise en scène). Ils seront lus en lecture fluente mais, lors des activités visant l'expressivité (fiches 3 et 4), seules les répliques seront gardées.
- Comprendre la dimension loufoque de la saynète.
- Au besoin, expliquer la chute.

Éléments de compréhension à relever :

- La situation devient de plus en plus extravagante lorsque la propriétaire développe la description du chien, qui progressivement n'a que trois pattes, une oreille en moins, un œil crevé, une queue coupée.
- Le comique de répétition renforce la dimension loufoque de la situation : « la pauvre bête ! C'est tout ? »

Résumé :

Au commissariat, une dame déclare à l'agent qu'elle a perdu son chien. Afin de l'identifier, l'agent lui demande une description. Il s'avère que ce chien est porteur de tous les maux de la Terre. Et pourtant, paradoxalement, son nom est LUCKY, qui signifie « veinard ».

Passage précédant le texte de fluence :

L'enseignant lit ce texte à haute voix et de manière expressive en préalable de la lecture du texte de fluence.

Personnages : la dame, l'agent.

Accessoires : 1 bureau, 1 chaise, 1 machine à écrire, 2 feuilles de papier.

La scène se passe dans un commissariat de police.

LA DAME : Monsieur l'agent, j'ai perdu mon chien !

L'AGENT : Bon, on va lancer un avis de recherche.

« Le chien perdu », in *Une drôle de vache et autres sketches*, François Fontaine, © Retz, 2011.

Nom : ....

Module 9

Texte de fluence

Le chien perdu

1 min

LA DAME : Vous allez le retrouver ? 6
L'AGENT, *plaçant une nouvelle feuille dans sa machine :* On va essayer. 18
Il est comment ce chien ? 23
LA DAME : Il est assez petit, avec des poils noirs. 33
L'AGENT, *commençant à taper la description du chien :* Assez petit... 44
noir... c'est tout ? 48
LA DAME : Non, il n'a que trois pattes. 57
L'AGENT, *tapant :* Trois pattes... la pauvre bête ! C'est tout ? 68
LA DAME : Et aussi, il lui manque une oreille. 77
L'AGENT, *tapant :* Une oreille qui manque... la pauvre bête ! 87
C'est tout ? 90
LA DAME : Non, il a aussi un œil crevé. 99
L'AGENT, *tapant :* Un œil crevé... la pauvre bête ! C'est 110
tout ? 111
LA DAME : Non, il a aussi le bout de la queue coupé. 123

« Le chien perdu », in *Une drôle de vache et autres sketches*, François Fontaine, © Retz, 2011.

SCORE de LECTURE
Nombre de mots lus en **1 min** :

N° 1	N° 2	N° 3
Date :	Date :	Date : ....

Nom : .... Date : ....

1 Fluence : lire des mots du texte

Le chien perdu

1 La graphie des sons complexes

Dis le nom de chaque dessin. Puis relie-le à la graphie du son qu'il contient.

oi •
ou •
tion •

2+2=?

• eu
• au
• eil

Entoure des mots du texte qui contiennent l'une de ces graphies de son.

2 Les syllabes

Lis chaque ligne de syllabes 5 fois.

*	ma	vé	nou	ne	pau	noi	tou	poi	ta	re
**	chi	gent	bout	que	pant	man	llez	ver		
***	poils	noir	feuill	reill	velle	queue	vre	cre	trou	

3 Des syllabes aux mots

Lis 3 fois ces mots du texte de fluence.

sa machine	l'agent	un œil	une feuille	des pattes
une oreille	ce chien	le bout	des poils	la queue
petit	noir	nouvelle	pauvre	crevé
il manque	retrouver	tapant	vous allez	on va

Retrouve les différents mots dans le texte et entoure-les.

4 Le carré des mots outils

Lis ces mots 3 fois puis chronomètre-toi.

SCORE de LECTURE

N° 1 .... secondes

N° 2 .... secondes

Vous	dans	comment		
assez	un	avec	c'est	
il	tout	Non	que	Et
aussi	qui	une	lui	

Recopie plusieurs mots outils de ton choix avec puis sans modèle.

Nom : .... Date : ....

2 Fluence : lire des mots et des phrases

Le chien perdu

1 Les sons complexes

Lis 5 fois rapidement ces mots contenant des sons complexes.

tr	cr	vr	pl	s	euil
trois	**cr**evé	pau**vr**e	**pl**açant	pla**ç**ant	**œil**
	des**cr**iption			commen**ç**ant	f**euil**le

2 Le carré des mots

Lis rapidement ces 30 mots du texte.

SCORE de LECTURE
30 mots lus en ...

N° 1 .... secondes

N° 2 .... secondes

DAME allez AGENT retrouver
comment plaçant feuille nouvelle
machine essayer chien petit poils
assez noirs commençant description
trois œil aussi pattes tapant
pauvre bête avec manque oreille
crevé queue coupé

3 Les mots unis

Lis 5 fois d'une seule traite ces groupes de mots du texte.

- Il est comment ?
- Et aussi
- Assez petit
- c'est tout ?
- il n'a que trois pattes.
- la pauvre bête !

Surligne ces groupes de mots dans le texte.

4 Les synonymes et les mots de sens proche

Lis ces mots ou groupes de mots et le sens qu'ils ont dans le texte de fluence.

- il lui manque → il n'a pas
- taper → écrire à l'aide d'un clavier, dactylographier
- plaçant → mettant, posant
- pauvre bête → bête malheureuse, victime
- machine → machine à écrire
- essayer → tenter, s'efforcer
- nouvelle feuille → une feuille neuve, une feuille jamais utilisée
- crevé → percé, troué
- commençant → démarrant, débutant, amorçant

Nom : .... Date : ....

3 Fluidité : bien lire des phrases et des extraits

Le chien perdu

1 Les liaisons

Lis 3 fois ces groupes de mots en étant attentif aux liaisons.

- Vous‿allez le retrouver ?
- Il est‿assez petit

Indique les liaisons par des arcs de cercle dans le texte de fluence.

2 Les petits mots riches

Complète les phrases avec ces adjectifs. Puis vérifie dans le texte.

pauvre – nouvelle – noirs – petit – trois

L'agent, plaçant une .... feuille dans sa machine.
Il est assez ...., avec des poils ....
Non, il n'a que .... pattes.
La .... bête !

3 Les phrases proches

Lis 3 fois les phrases qui ont la même construction.

- Non, il n'a que trois pattes.
- Non, il a aussi un œil crevé.
- Non, il a aussi le bout de la queue coupé.

- Trois pattes... la pauvre bête ! C'est tout ?
- Une oreille qui manque... la pauvre bête ! C'est tout ?
- Un œil crevé... la pauvre bête ! C'est tout ?

4 Les mots retirés

Lis ce texte en replaçant les mots qui ont été retirés.
Procède ainsi 3 fois en regardant de moins en moins les mots placés dans la marge.

LA DAME : Vous allez le ●?	● retrouver
L'AGENT : On va ■. Il est comment ce chien ?	■ essayer
LA DAME : Il est assez petit, avec des ● noirs.	● poils
L'AGENT : Assez petit... noir... c'est ■?	■ tout
LA DAME : Non, il n'a que trois ●.	● pattes
L'AGENT : Trois pattes... la pauvre ■! C'est tout ?	■ bête
LA DAME : Et aussi, il lui ● une oreille.	● manque
L'AGENT : Une ■ qui manque... la pauvre bête ! C'est tout ?	■ oreille
LA DAME : Non, il a aussi un œil ●.	● crevé

Nom : .... Date : ....

Module 9

4 Fluidité : lire de manière expressive

Le chien perdu

Lecture expressive

Entraîne-toi à lire le texte de manières différentes en utilisant les aides proposées.
Puis fais des essais de lecture qui passent d'un ton à l'autre.

Parcours n° 1 La dame s'applique à bien expliquer. L'agent a de la pitié.			Parcours n° 2 La dame est inquiète. L'agent écoute à peine.
ton affolée	LA DAME	– Vous allez le retrouver ?	*inquiète*
ton incertain	L'AGENT	– On va essayer. Il est comment ce chien ?	*distrait*
précise	LA DAME	– Il est assez petit, avec des poils noirs.	*tonique*
ton appliqué	L'AGENT	– Assez petit… noir… c'est tout ?	*peu attentif*
ton tonique	LA DAME	– Non, il n'a que trois pattes.	*avec force*
avec pitié	L'AGENT	– Trois pattes… la pauvre bête ! C'est tout ?	*hypocrite*
précise	LA DAME	– Et aussi, il lui manque une oreille.	*cherche à émouvoir*
avec pitié	L'AGENT	– Une oreille qui manque… la pauvre bête ! C'est tout ?	*hypocrite*
précise	LA DAME	– Non, il a aussi un œil crevé.	*s'agace*
avec pitié	L'AGENT	– Un œil crevé… la pauvre bête ! C'est tout ?	*écoute à peine*
précise	LA DAME	– Non, il a aussi le bout de la queue coupé.	*énervée*

Défi lecture

Entraîne-toi à lire le texte puis fais-toi chronométrer.

L'AGENT, *tapant :* Le bout de la queue coupé… Bon. Et comment il s'appelle ?
LA DAME : Il s'appelle « Lucky », *épelant,* L-U-C-K-Y.
L'AGENT, *tapant :* « Lucky » ? Quel drôle de nom.
LA DAME : C'est de l'anglais… Ça veut dire « veinard » !

« Le chien perdu », in *Une drôle de vache et autres sketches*,
François Fontaine, © Retz, 2011.

DE TEMPS ? Lis ce texte en proposant une relecture expressive.

SCORE de LECTURE
46 mots lus en … .... secondes

Un petit lutin

Support : *Un petit lutin*, Joël Olivier, droits réservés.

Genre : Poème.

Thèmes : Monde des contes, jeux de mots, humour.

Spécificités : Ce poème présente les caractéristiques classiques de ce genre, à savoir des vers et des rimes. Il évoque le monde des contes par ses personnages et présente des jeux de mots.

Temps : Majoritairement au passé simple.

Vocabulaire : **

Éléments de contexte à faire identifier :

- Identifier des caractéristiques : poème écrit en vers et présentant des rimes croisées (ABAB).
- Souligner que ce poème a pour thème le monde des contes à travers le personnage d'un petit lutin qui vit dans les bois.
- Préciser que les invraisemblances relèvent des spécificités du langage poétique, c'est-à-dire des images, des sonorités et des jeux d'associations qui peuvent s'éloigner du monde sage de la réalité.

Éléments de compréhension à relever :

- Le poème est conçu comme un conte, un conte étant un récit court, pouvant être écrit en vers, et présentant l'univers du merveilleux et du fantastique. Les personnages du lutin, de la fée, d'un serpent rose y participent donc.
- Des expressions et jeux de langue peuvent être relevés pour comprendre l'état d'esprit du lutin et ses caractéristiques : serpentin, vipère, conte/compte, petit bois/petit boa.
- Un débat pourra éventuellement avoir lieu sur la morale du poème, en s'appuyant notamment sur le défi lecture qui met en évidence la naïveté du lutin, et la prudence à adopter face à la réalité masquée par le merveilleux.

Résumé :

C'est un poème contant l'histoire d'un petit lutin qui se promène joyeusement. Il croise alors un joli serpent coloré mais il fait attention car il craint d'être mangé. Il raconte à son père ce qu'il a vu. Son père pense qu'il s'agit une fée métamorphosée. Alors moins inquiet, le lutin va à la rencontre du joli serpent et se fait avaler.

Passage précédant le texte de fluence :

L'enseignant lit ce texte à haute voix et de manière expressive en préalable de la lecture du texte de fluence.

Un petit lutin
dans un petit bois
par un beau matin
était tout en joie.

Nom : ....

Module 10

Texte de fluence

1 min

Un petit lutin

Il était 2
haut comme trois pommes 6
et gambadait 8
par un jour d'automne. 13
Il vit un serpent 17
coloré en rose. 20
Dieu que c'est marrant 25
il en était tout chose. 30
Mais prudemment 32
se dit le lutin : 36
C'est sûrement 39
un serpent teint. 42
Il raconta à son père 47
ce qui lui arriva : 51
Mais je le vis, père 56
comme je vous vois. 60
Le père en courroux 64
avait deviné, 66
il vit dans ce coup 71
l'œuvre d'une fée. 76
Tout compte fait, 79
se dit le lutin, 83
je m'en vais aller 88
la voir ce matin. 92
Il la rencontra, 95
mais finalement 97
elle le mangea. 100

Un petit lutin, Joël Olivier, droits réservés.

SCORE de LECTURE
Nombre de mots lus en **1 min** :

N° 1	N° 2	N° 3
Date :	Date :	Date : ....

Nom : .... Date : ....

1 Fluence : lire des mots du texte

Un petit lutin

1 La graphie des sons complexes

Dis le nom de chaque dessin. Puis relie-le à la graphie du son qu'il contient.

ou •
on •
œu •

 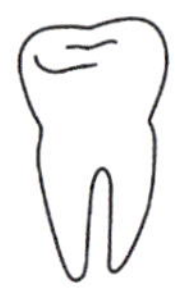    

• ai
• en
• in

Entoure des mots du texte qui contiennent l'une de ces graphies de son.

2 Les syllabes

Lis chaque ligne de syllabes 5 fois.

*	lu	pè	po	ma	ne	sû	ba	ra	ta	re	
**	œu	au	cou	man	gea	gam	con	ren	tin		
***	ment	tom	coup	dait	haut	mmes	rrant	rroux	tra	jour	vre

3 Des syllabes aux mots

Lis 3 fois ces mots du texte de fluence.

le lutin	son père	une fée	ce coup	des pommes
un jour	ce matin	l'œuvre	l'automne	un serpent
coloré	marrant	haut	courroux	sûrement
il gambadait	il raconta	il rencontra	elle mangea	je vois

Retrouve les différents mots dans le texte et entoure-les.

4 Le carré des mots outils

Lis ces mots 3 fois puis chronomètre-toi..

SCORE de LECTURE

N° 1 .... secondes

N° 2 .... secondes

Comme par et en que
c'est lui • ce qui • mais
vous dans tout finalement
sûrement je

Recopie plusieurs mots outils de ton choix avec puis sans modèle.

Nom : .... Date : ....

2 Fluence : lire des mots et des phrases

Un petit lutin

1 Les sons complexes

Prends le temps de bien lire ces mots contenant des sons complexes, étranges, ou des écritures particulières.

o - to - ne	pru - da - men	di - ieu
automne	prudemment	Dieu

Retrouve les différents mots dans le texte de fluence et entoure-les.

2 Les synonymes et les mots de sens proche

Lis ces listes de mots qui ont le même sens ou un sens proche.

- calmement – avec précaution – précautionneusement – **prudemment**
- il bondissait avec joie – il sautait avec joie – il sautillait avec joie – il **gambadait**
- énervé – en colère – en fureur – en rage – en **courroux**

3 Les verbes et leurs temps

Lis ces phrases aux différents temps.

Maintenant, il **raconte** à son père.
Hier, il **a raconté** à son père.
Hier, il **racontait** à son père.
Hier, il **raconta** à son père.

Maintenant, le père en courroux **devine**.
Hier, le père en courroux **devinait**.
Hier, le père en courroux **a deviné**.
Hier, le père en courroux **avait deviné**.

Maintenant, il la **rencontre**, mais finalement elle le **mange**.
Hier, il la **rencontrait**, mais finalement elle le **mangeait**.
Hier, il la **rencontra**, mais finalement elle le **mangea**.

Surligne le verbe utilisé dans le texte de fluence.

4 Le carré des mots

Lis rapidement ces 30 mots du texte.

SCORE de LECTURE
30 mots lus en ...

N° 1 ...... secondes

N° 2 ...... secondes

comme pommes teint gambadait
courroux par jour vit finalement œuvre
automne marrant rencontra coloré fée
deviné mais serpent sûrement matin
tout lutin haut prudemment père aller
trois coup mangea rose

Nom : .... Date : ....

3 Fluidité : bien lire des phrases et des extraits

Un petit lutin

1 Le sens des expressions

Lis ces groupes de mots, puis relie-les à leurs sens dans la colonne de droite.

haut comme trois pommes •	• comme c'est drôle
Dieu que c'est marrant •	• cela le perturbait
il en était tout chose •	• de très petite taille
dans ce coup •	• dans cet acte
l'œuvre d'une fée •	• En y repensant bien
Tout compte fait •	• l'action d'une fée

Surligne dans le texte les expressions de la colonne de gauche.

2 Les jeux de mots

Découvre puis lis ces jeux de mots.

un serpent teint → un serpentin
(je le) vis, père → vipère
(Tout) compte (fait) → conte de fée

3 Identifier les personnages

Écris sur les pointillés l'initiale du nom de celui parle ou raconte l'histoire dans la colonne.
Tu peux surligner leurs phrases de deux couleurs différentes.

Le narrateur : N **Le lutin : L**

Puis lis ce texte de manière expressive.

....	Il était haut comme trois pommes et gambadait par un jour d'automne.	....	Mais je le vis, père comme je vous vois.
....	Il vit un serpent coloré en rose. Dieu que c'est marrant il en était tout chose. Mais prudemment se dit le lutin :	....	Le père en courroux avait deviné, il vit dans ce coup l'œuvre d'une fée.
....	C'est sûrement un serpent teint.	....	Tout compte fait, se dit le lutin, je m'en vais aller la voir ce matin.
....	Il raconta à son père ce qui lui arriva :	....	Il la rencontra, mais finalement elle le mangea.

Nom : .... Date : ....

4 Fluidité : lire de manière expressive

Un petit lutin

La lecture rythmée par pieds

Lis 5 fois le texte en respectant le nombre de pieds de ces vers de poésie écrit en début de ligne.

3 : Il / é / tait
5 : haut / com / me / trois / pommes
4 : et / gam / ba / dait
5 : par / un / jour / d'au / tomne.

5 : Il / vit / un / ser / pent
5 : co / lo / ré / en / rose.
5 : Dieu / que / c'est / ma / rrant
6 : il / en / é / tait / tout / chose.
4 : Mais / pru / dem / ment
5 : se / dit / le / lu / tin :
4 : C'est / sû / re / ment
4 : un / ser / pent / teint.

7 : Il / ra / con / ta / à / son / père
6 : ce / qui / lui / a / rri / va :
5 : Mais / je / le / vis, / père
5 : com / me / je / vous / vois.

5 : Le / père / en / cou / rroux
5 : a / vait / de / vi / né,
5 : il / vit / dans / ce / coup
5 : l'œu / vre / d'u / ne / fée.

4 : Tout / com / pte / fait,
5 : se / dit / le / lu / tin,
5 : je / m'en / vais / a / ller
5 : la / voir / ce / ma / tin.

5 : Il / la / ren / con / tra,
5 : mais / fi / na / le / ment
4 : elle / le / man / gea.

Défi lecture

Entraîne-toi à lire le texte puis fais-toi chronométrer.

Mais l'histoire, elle,
ne changea pas :
c'était un lutin
dans un petit boa.

Un petit lutin, Joël Olivier, droits réservés.

Lis ce texte en proposant une relecture expressive.

SCORE de LECTURE
15 mots lus en ... secondes

Le 11 novembre

Support : « La vraie histoire du 11 novembre », in *Espace temps CE2*, Elsa Bouteville, coll. Comprendre le monde, © Retz, 2018.

Genre : Documentaire.

Thème : Histoire, commémoration, mémoire.

Spécificité : Ce documentaire relate un fait historique en y précisant des dates.

Temps : Passé composé, passé simple et imparfait.

Vocabulaire : **

Éléments de contexte à faire identifier :

- Expliquer que le 11 novembre marque la fin de la Première Guerre mondiale par la signature de l'armistice entre la France et l'Allemagne.
- Aborder le devoir de mémoire : saisir les conséquences humaines de cette guerre et l'intérêt du choix d'un jour férié dans ce cadre.

Éléments de compréhension à relever :

- Ce documentaire explique sous forme de récit comment le 11 novembre 1918, jour de l'armistice de la Première Guerre mondiale, est devenu un jour de commémoration alors qu'il ne s'est pas imposé comme tel après la Grande Guerre.
- À la demande des anciens combattants, le 11 novembre permet de commémorer l'arrêt des combats et d'honorer les millions de morts et de blessés. La date a été maintenue chaque année et est devenue un jour férié après que les anciens combattants ont refusé qu'elle soit décalée un dimanche.

Résumé :

Le 11 novembre est un jour férié annuel permettant de commémorer la fin de la Première Guerre mondiale et la paix. Si le 11 novembre est désormais une journée nationale annuelle dédiée aux commémorations de cette guerre, elle a résulté d'une exigence des anciens combattants.

Passage précédant le texte de fluence :

L'enseignant lit ce texte à haute voix et de manière expressive en préalable de la lecture du texte de fluence.

Chaque année, le 11 novembre, l'école est fermée et aussi beaucoup de magasins. Les Français célèbrent ainsi la fin de la Première Guerre mondiale, qui s'est déroulée de 1914 à 1918. Cette guerre, qui à l'époque était la plus terrible des guerres, s'est terminée très exactement le 11 novembre 1918, quand l'armistice a été signé par la France et l'Allemagne.

« La vraie histoire du 11 novembre », in *Espace temps CE2*, Elsa Bouteville,
© Retz, coll. Comprendre le monde, 2018.

Texte de fluence

Le 11 novembre

1 min

Cette guerre a fait des millions de morts, des millions 10
de blessés et de mutilés [...]. Pourtant, après la guerre, 19
le 11 novembre 1919 n'était pas encore férié. Beaucoup 29
d'associations d'anciens combattants et de blessés de 38
guerre voulaient que le gouvernement français décide 45
de faire du 11 novembre une journée nationale pour 54
que tous les Français puissent honorer les morts et les 64
survivants. En 1921, le gouvernement proposa alors, 71
pour répondre aux anciens combattants, d'organiser 78
une journée nationale. Mais comme le 11 novembre 86
1921 tombait un vendredi, le ministre des Anciens 94
Combattants décida de repousser la célébration au 101
dimanche 13 novembre, pour éviter de supprimer une 109
journée de travail dans les usines et dans les bureaux. 119
Les anciens combattants furent si mécontents qu'ils 127
décidèrent de ne pas participer à cette cérémonie en 136
disant que la fin de la guerre c'était le 11 novembre 148
et pas le 13 ! 152

« La vraie histoire du 11 novembre », in *Espace temps CE2*, Elsa Bouteville,

SCORE de LECTURE
Nombre de mots lus en **1 min** :

N° 1 — Date : ....
N° 2 — Date : ....
N° 3 — Date : ....

Nom : .... Date : ....

Module 11

1 Fluence : lire des mots du texte

Le 11 novembre

1 La graphie des sons complexes

Dis le nom de chaque dessin. Puis relie-le à la graphie du son qu'il contient.

an •
eau •

2 + 2 = ?

• ai
• tion

Entoure des mots du texte qui contiennent l'une de ces graphies de son.

2 Les syllabes

Lis chaque ligne de syllabes 5 fois.

*	vi	cé	na	lé	fu	mé	dè	le	ci	dé
**	vants	sso	con	bait	tents	vou	lai	tom		
***	mor	cia	tio	tion	çais	bra	fran	ciens		

3 Des syllabes aux mots

Lis 3 fois ces mots du texte de fluence.

morts	survivants	novembre	associations	célébration
millions	mécontents	Anciens	français	nationale
tombait	voulaient	furent	décidèrent	décida

Retrouve les différents mots dans le texte et entoure-les.

4 Les pyramides de nombres

Lis ces groupes de mots désignant des nombres, qui se rallongent.

neuf
dix-neuf
cent-dix-neuf
neuf-cent-dix-neuf
mille-neuf-cent-dix-neuf
1919

un
vingt-et-un
cent-vingt-et-un
neuf-cent-vingt-et-un
mille-neuf-cent-vingt-et-un
1921

5 Le carré des mots outils

Lis ces mots 3 fois puis chronomètre-toi.

SCORE de LECTURE

N° 1	N° 2
secondes	secondes

Cette	Pourtant	après	
encore	Beaucoup	et	
de	que	pour	tous
En	alors	Mais	comme
dans	si	pas	

Recopie plusieurs mots outils de ton choix avec puis sans modèle.

Nom : .... Date : ....

2 Fluence : lire des mots et des phrases

Le 11 novembre

1 Les branches des sons

Lis 3 fois ces mots en suivant les branches, chaque branche utilisant un même son.

s : **si** – nationale – français – repousser – associations – décide – célébration – anciens – cérémonie

è : après – décidèrent – voulaient – mais – était – guerre – blessés – gouvernement

z : onze – treize – usines – proposa – organiser

Retrouve les différents mots dans le texte de fluence et entoure-les.

2 Le carré des mots

Lis rapidement ces 30 mots du texte.

SCORE de LECTURE
30 mots lus en ...

N° 1 .... secondes

N° 2 .... secondes

guerre	millions	Pourtant	combattants
faire	mutilés	férié	encore	journée
1919	puissent	Beaucoup	honorer
morts	anciens	novembre	survivants
tombait	mais	travail	éviter	comme
ministre	mécontents	dimanche	
1921	vendredi	décidèrent	bureaux
• en disant •			

3 Les verbes

Relie chaque phrase au présent à sa phrase au passé.
Lis chaque duo de phrases 3 fois.

Aujourd'hui		Hier
Le gouvernement **propose**.	• •	Les associations **voulaient**.
Les associations **veulent**.	• •	Les combattants **furent** si mécontents.
Les combattants **sont** si mécontents	• •	Le gouvernement **proposa**.
Ils **décident**.	• •	Le ministre **décida**.
Le ministre **décide**.	• •	Ils **décidèrent**.

Surligne les verbes au passé dans le texte.

Nom : .... Date : ....

3 Fluidité : bien lire des phrases et des extraits

Le 11 novembre

1 Les mots unis

Lis 5 fois d'une seule traite ces groupes de mots du texte.

- une journée nationale
- blessés de guerre
- anciens combattants
- des millions de morts
- si mécontents
- en disant que

Surligne ces groupes de mots dans le texte de fluence.

2 Les liaisons

Lis 3 fois ces groupes de mots en étant attentif aux liaisons.

aux anciens combattants — pour éviter — n'était pas encore férié

Indique les liaisons par des arcs de cercle dans le texte de fluence.

3 Les mots retirés

Lis ce texte en replaçant les mots qui ont été retirés.
Procède ainsi 3 fois en regardant de moins en moins les mots placés dans la marge.

Beaucoup d'associations d'anciens ●	● combattants
et de blessés de ■	■ guerre
voulaient que le gouvernement ●	● français
décide de faire du ■ novembre	■ 11
une journée nationale pour que tous les ●	● Français
puissent honorer les morts et les ■ .	■ survivants
En 1921, le gouvernement ● alors,	● proposa
pour répondre aux ■ combattants,	■ anciens
d'organiser une ● nationale.	● journée

4 La pyramide de mots

Lis 3 fois ces groupes de mots qui se rallongent.

le 11 novembre 1921 tombait un vendredi

Mais comme le 11 novembre 1921 tombait un vendredi, **le ministre décida de repousser la célébration.**

Mais comme le 11 novembre 1921 tombait un vendredi, le ministre décida de repousser la célébration **au dimanche 13 novembre.**

Mais comme le 11 novembre 1921 tombait un vendredi, le ministre **des Anciens Combattants** décida de repousser la célébration au dimanche 13 novembre.

Mais comme le 11 novembre 1921 tombait un vendredi, le ministre des Anciens Combattants décida de repousser la célébration au dimanche 13 novembre, **pour éviter de supprimer une journée de travail.**

Mais comme le 11 novembre 1921 tombait un vendredi, le ministre des Anciens Combattants décida de repousser la célébration au dimanche 13 novembre, pour éviter de supprimer une journée de travail **dans les usines et dans les bureaux.**

Nom : .... Date : ....

4 Fluidité : lire de manière expressive

Le 11 novembre

Les groupes de souffle

Un texte documentaire doit être lu de manière neutre. La phrase soulignée comporte un point d'exclamation qui t'indique qu'elle nécessite d'être lue de manière expressive.

Cette guerre a fait des millions de morts,
des millions de blessés et de mutilés [...].
Pourtant,
après la guerre,
le 11 novembre 1919 n'était pas encore férié.
Beaucoup d'associations d'anciens combattants et de blessés de guerre
voulaient que le gouvernement français
décide de faire du 11 novembre
une journée nationale
pour que tous les Français
puissent honorer les morts et les survivants.
En 1921,
le gouvernement proposa alors,
pour répondre aux anciens combattants,
d'organiser une journée nationale.
Mais comme le 11 novembre 1921 tombait un vendredi,
le ministre des Anciens Combattants
décida de repousser la célébration au dimanche 13 novembre,
pour éviter de supprimer une journée de travail
dans les usines et dans les bureaux.
Les anciens combattants furent si mécontents
qu'ils décidèrent de ne pas participer à cette cérémonie
en disant que la fin de la guerre
c'était le 11 novembre et pas le 13 !

Défi lecture

Entraîne-toi à lire le texte puis fais-toi chronométrer.

Et c'est ainsi que, l'année d'après, en 1922, le gouvernement fut obligé, poussé par les associations des soldats et des familles, de faire du 11 novembre une journée fériée pour tout le monde, et pour les écoliers également.

« La vraie histoire du 11 novembre »,
in *Espace temps CE2*, Elsa Bouteville,
© Retz, coll. Comprendre le monde, 2018.

De temps ? Lis ce texte en proposant une relecture expressive.

SCORE de LECTURE
41 mots lus en ... secondes

L'école de Tibi

Support : *L'école de Tibi*, Zidrou, coll. Premiers romans, © Nathan, 2013.

Genre : Récit de vie.

Thèmes : L'école, l'Afrique, l'entraide entre enfants.

Spécificité : Ce récit dépeint une école au cœur de l'Afrique où le matériel scolaire est distribué avec parcimonie, d'où l'entraide entre les élèves qui pourra apparaître excessive aux yeux des élèves de France.

Temps : Majoritairement le présent.

Vocabulaire : *

Éléments de contexte à faire identifier :

- Présenter quelques particularités des écoles de brousse en Afrique : éloignement des habitations des élèves, nombre très important d'élèves par classe, tables-bancs, manque de moyens, pauvreté.

Éléments de compréhension à relever :

- Souligner le fait que ces enfants n'ont pas le matériel scolaire dont ils ont besoin.
- Observer que Tibi se dessaisit par étapes de son propre matériel et relever les émotions successives que cela suscite chez lui.

Résumé :

Tibi va à l'école pour la première fois. Après avoir longuement marché pour atteindre son école, il doit partager son matériel scolaire avec ses camarades plus démunis que lui. Ce qu'il fera de bonne grâce.

Passage précédant le texte de fluence :

L'enseignant lit ce texte à haute voix et de manière expressive en préalable de la lecture du texte de fluence.

C'est aujourd'hui ! C'est le grand jour !

Pour la première fois de sa vie, Tibi va aller à l'école.

Il a dormi avec son nouveau stylo et son nouveau cahier.

Le stylo compte quatre couleurs.

Et dans le cahier, il y a plein de feuilles blanches.

Avec des petits carrés bleus. […]

Tibi est tout content d'aller à l'école, parce que plus tard il veut devenir joueur de football professionnel. Et pour être joueur de football, il faut savoir lire pour comprendre les contrats, savoir calculer, pour compter les millions que l'on gagne, et savoir écrire, pour signer tout plein d'autographes. […]

Pour arriver à l'école, il faut marcher des kilomètres et des kilomètres sur un chemin tout dur, plein de cailloux qui font mal aux pieds. […]

L'école de Tibi, Zidrou, © Nathan Jeunesse, coll. Premiers romans, 2013.

Nom : ....

Module 12

Texte de fluence

L'école de Tibi

1 min

L'école, enfin ! [...] 3
Tibi a sorti son stylo quatre couleurs et son gros cahier. 14
Il est très fier. La jolie petite fille assise à sa droite n'a 28
pas apporté de cahier, elle a juste un vieux crayon et 39
un petit morceau de gomme. Elle regarde tristement Tibi 48
écrire dans son beau cahier. [...] 53
Alors, Tibi déchire une feuille de son cahier et la donne 64
à la petite fille. 68
Tibi copie ce que la maîtresse écrit au tableau. Mais un 79
doigt tape sur son épaule. C'est le garçon assis à sa 91
gauche. Il n'a pas de cahier, et pas de quoi écrire non 104
plus. Alors, Tibi déchire une autre feuille de son cahier 114
et la donne au petit garçon, qui le remercie d'un grand 126
sourire. [...] Une feuille de papier, c'est bien joli, mais 136
quand on n'a rien pour écrire dessus... Alors, Tibi dévisse 147
son stylo quatre couleurs, il sort une des cartouches (la 157
verte) et la tend au garçon. Ça y est ! Tibi et ses deux 170
voisins peuvent travailler maintenant. 174

L'école de Tibi, Zidrou, © Nathan Jeunesse, coll. Premiers romans, 2013.

SCORE de LECTURE
Nombre de mots lus en **1 min** :

N° 1	N° 2	N° 3
Date :	Date :	Date : ....

Nom : .... Date : ....

1 Fluence : lire des mots du texte

L'école de Tibi

1 La graphie des sons complexes

Dis le nom de chaque dessin. Puis relie-le à la graphie du son qu'il contient.

ou •
eur •
oi •
euil •

• an
• eau
• ai
• ier

Entoure des mots du texte qui contiennent l'une de ces graphies de son.

2 Les syllabes

Lis chaque ligne de syllabes 5 fois.

*	ca	le	te	jo	de	li	ta	pe	dé	lo	re	é
**	hier	chi	cou	maî	tou	qua	ches	tit	pau	beau	tend	
***	sty	bleau	leurs	car	droi	tresse	grand	tre	gar	crit		

3 Des syllabes aux mots

Lis 3 fois ces mots du texte de fluence.

son cahier	des couleurs	son stylo	au tableau	au garçon
son épaule	un sourire	des cartouches	sa droite	la maîtresse
quatre	petit	joli	beau	grand
Elle regarde	Elle écrit	Il déchire	Il tend	Elle est assise

Retrouve les différents mots dans le texte et entoure-les.

4 Le carré des mots outils

Lis ces mots 3 fois puis chronomètre-toi.

SCORE de LECTURE

N° 1
.... secondes

N° 2
.... secondes

enfin	très	juste	Alors	dans
Mais	C'est	quoi	plus	autre
bien	quand	rien	dessus	
des	une	deux	maintenant	
et	pas	non	sur	son
quatre	Il	qui	d'un	pour
• Ça y est •				

Recopie plusieurs mots outils de ton choix avec puis sans modèle.

Nom : .... Date : ....

Module 12

2 Fluence : lire des mots et des phrases

L'école de Tibi

1 Des lettres et leurs mots

Lis 3 fois ces mots en suivant le chemin de chaque son.

- Trois chemins de son de la lettre C.

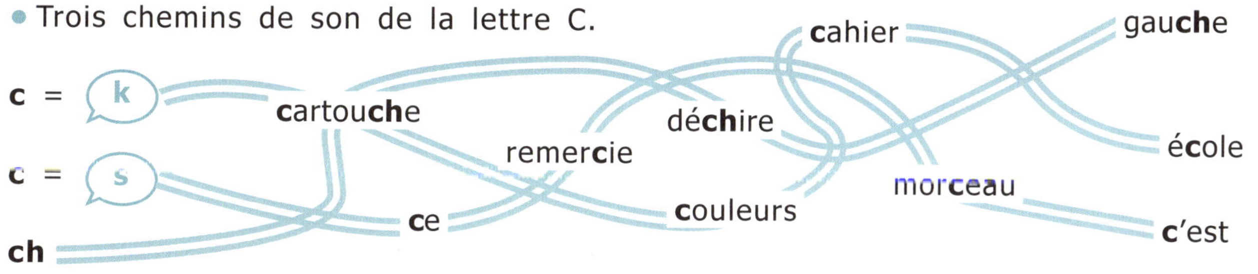

Retrouve les différents mots dans le texte et entoure-les.

2 Le carré des mots

Lis rapidement ces 40 mots du texte.

SCORE de LECTURE
40 mots lus en ...

N° 1
secondes

N° 2
secondes

école	Tibi	• a sorti •	stylo	
quatre	couleurs	gros	écrire	
cahier	jolie	droite	assise	juste
gomme	morceau	regarde	épaule	
déchire	feuille	beau	copie	
tableau	doigt	tape	remercie	fier
assis	gauche	maîtresse	autre	
donne	tristement	papier	sourire	
grand	dévisse	cartouches	verte	
deux	travailler			

3 Les pyramides de mots

Lis 3 fois ces groupes de mots qui se rallongent.

La fille n'a pas apporté de cahier.
La **jolie petite** fille n'a pas apporté de cahier.
La jolie petite fille **assise à sa droite** n'a pas apporté de cahier.

Elle regarde Tibi.
Elle regarde Tibi **écrire**.
Elle regarde **tristement** Tibi écrire.
Elle regarde tristement Tibi écrire **dans son cahier**.
Elle regarde tristement Tibi écrire dans son **beau** cahier.

Tibi déchire une feuille.
Tibi déchire une feuille **de son cahier**.
Tibi déchire une feuille de son cahier **et la donne à la fille**.
Tibi déchire une feuille de son cahier et la donne à la **petite** fille.
Alors, Tibi déchire une feuille de son cahier et la donne à la petite fille.

Nom : .... Date : ....

3 Fluidité : bien lire des phrases et des extraits

L'école de Tibi

1 Les mots unis

Lis 5 fois d'une seule traite ces groupes du texte.

- et pas de quoi
- non plus
- Ça y est
- quand on n'a rien
- c'est bien joli
- stylo quatre couleurs
- la jolie petite fille
- d'un grand sourire
- dans son beau cahier
- il n'a pas de cahier

Surligne ces groupes de mots dans le texte de fluence.

2 Les petits mots riches

Complète les phrases avec ces petits mots. Puis vérifie dans le texte.

bien – grand – autre – dessus – petit

Alors, Tibi déchire une .... feuille de son cahier et la donne au .... garçon, qui le remercie d'un .... sourire.

Une feuille de papier, c'est .... joli,

Mais quand on n'a rien pour écrire ....

3 Les mots retirés

Lis ce texte en replaçant les mots qui ont été retirés.

Procède ainsi 3 fois en regardant de moins en moins les mots placés dans la marge.

Tibi a sorti son stylo quatre ●
et son gros ■.
Il est très ●.
La jolie petite ■ assise à sa droite
n'a pas ● de cahier,
elle a juste un vieux ■
et un petit morceau de ●.
Elle regarde tristement ■ écrire dans beau son cahier. [...]
Alors, Tibi déchire une ● de son cahier
et la ■ à la petite fille.

● couleurs
■ cahier
● fier
■ fille
● apporté
■ crayon
● gomme
■ Tibi
● feuille
■ donne

Nom : .... Date : ....

4 Fluidité : lire de manière expressive

L'école de Tibi

Lecture expressive

Entraîne-toi à lire le texte en utilisant les aides proposées pour une lecture expressive.

ton réjoui	L'école, enfin ! [...]
ton explicatif	Tibi a sorti son stylo quatre couleurs et son gros cahier.
ton réjoui	Il est très fier. [...]
ton explicatif	Tibi copie ce que la maîtresse écrit au tableau.
ton étonné	Mais un doigt tape sur son épaule.
ton exclamatif	C'est le garçon assis à sa gauche.
ton inquiet	Il n'a pas de cahier, et pas de quoi écrire non plus.
ton explicatif	Alors, Tibi déchire une autre feuille de son cahier et la donne au petit garçon, qui le remercie d'un grand sourire. [...]
ton inquiet	Une feuille de papier, c'est bien joli, mais quand on n'a rien pour écrire dessus...
ton explicatif	Alors, Tibi dévisse son stylo quatre couleurs, il sort une des cartouches (la verte) et la tend au garçon.
ton réjoui	Ça y est ! Tibi et ses deux voisins peuvent travailler maintenant.

Défi lecture

Entraîne-toi à lire le texte puis fais-toi chronométrer.

Ah non, pas encore... Car une main tape sur l'épaule de Tibi. [...]
– Tu veux bien me donner une feuille ?
– Et à moi aussi ?
Il dévisse son stylo trois couleurs, donne la cartouche rouge [...] et la bleue.
Tibi est un peu triste. Son stylo quatre couleurs n'écrit plus qu'en noir et son gros cahier est devenu tout mince.

L'école de Tibi, Zidrou,
© Nathan Jeunesse, coll. Premiers romans, 2013.

DE TEMPS ? Lis ce texte en proposant une relecture expressive.

SCORE de LECTURE
60 mots lus en ... secondes

La nuit de la Joconde

Support : *La nuit de la Joconde*, Mymi Doinet, © Nathan, coll. Premiers romans, 2022.

Genre : Nouvelle fantastique.

Thèmes : Œuvre d'art, le fantastique.

Spécificité : Ce récit présente un aspect fantastique permettant de découvrir le chef-d'œuvre de Léonard de Vinci. Prenant vie, la Joconde, ou Mona Lisa, revient sur une question qu'un spectateur peut se poser, à savoir ce qui se cache derrière son sourire énigmatique.

Temps : Présent et passé composé.

Vocabulaire : **

Éléments de contexte à faire identifier :

- Découvrir le tableau peint par Léonard de Vinci et savoir qu'il est possible de le contempler au musée du Louvre.
- Exposer les mystères qui entourent le tableau, notamment le sourire énigmatique de la Joconde.
- Saisir la dimension fantastique du récit : la Joconde parle et sort de son tableau.

Éléments de compréhension à relever :

- Le narrateur interne est la Joconde, qui explique dans un premier temps ce qui se cache derrière son sourire énigmatique et ce qu'elle ressent en étant immobile, comme si elle était humaine.
- À la fin du texte, la Joconde explique comment elle est sortie de son cadre, renforçant la dimension fantastique du récit, lui permettant de s'exprimer et non pas juste à être dotée de pensée comme la première partie du texte le suggère.

Résumé :

Par une nuit de pleine lune, alors que le musée du Louvre est vide, le célèbre tableau de Léonard de Vinci prend vie. La Joconde, ou Mona Lisa, sort alors de son cadre pour arpenter les allées du musée et partager quelques réflexions et aventures.

Passage précédant le texte de fluence :

L'enseignant lit ce texte à haute voix et de manière expressive en préalable de la lecture du texte de fluence.

Plus de cinq-cents ans que Léonard de Vinci m'a peinte dans le plus beau des tableaux.

Voilà moins de trois minutes que j'en suis sortie. [...]

C'est extraordinaire ! Je peux enfin répondre à votre question : que cache mon sourire si énigmatique ? [...]

La nuit de la Joconde, Mymi Doinet © Nathan Jeunesse, coll. Premiers romans, 2022.

Nom : ....

Module 13

Texte de fluence

La nuit de la Joconde

1 min

J'avoue : si je souris sans cesse, c'est que je me 12
retiens de rire en imaginant les délirantes grimaces 20
que je pourrais faire. Car jusqu'à ce soir, impossible 30
pour moi de loucher, ou de tirer la langue ! 39
J'ai d'ailleurs une autre drôle de confidence à vous 50
faire : après être restée assise durant des siècles, 58
même si vous ne voyez pas mes genoux, j'ai fini par 70
avoir des fourmis partout dans les jambes. 77
Or, aujourd'hui à vingt heures, après le départ des 86
derniers visiteurs puis des gardiens du musée du Louvre, 95
c'est à peine croyable : mes yeux ont cligné, mes mains 106
jointes se sont écartées, mes bras jusqu'alors posés 115
sur des accoudoirs se sont tendus. Je me suis levée 125
de mon siège, ma robe a émis un léger bruissement 135
et, bravant les caméras de sécurité sans en affoler 144
une seule, je suis sortie de mon cadre... Oui, sortie 154
de mon cadre ! 157

La nuit de la Joconde, Mymi Doinet © Nathan Jeunesse, coll. Premiers romans, 2022.

SCORE de LECTURE
Nombre de mots lus en **1 min** :

N° 1	N° 2	N° 3
Date :	Date :	Date : ....

Nom : .... Date : ....

1 Fluence : lire des mots du texte

La nuit de la Joconde

1 La graphie des sons complexes

Dis le nom de chaque dessin. Puis relie-le à la graphie du son qu'il contient.

ou • oi • eur •

• an • ai • ien

Entoure des mots du texte qui contiennent l'une de ces graphies de son.

2 Les syllabes

Lis chaque ligne de syllabes 5 fois.

*	é	ma	fi	ca	dé	le	tes	ces	lé	li	ce	ris	dus	tées
**	ten	con	ran	ger	sou	den	gné							
***	gri	gar	diens	join	dre	drô	cli	car						

3 Des syllabes aux mots

Lis 3 fois ces mots du texte de fluence.

les grimaces · des fourmis · une confidence · des gardiens · mon cadre

délirantes · drôle · derniers · léger · jointes

je souris · ils ont cligné · ils se sont tendus · elles se sont écartées

Retrouve les différents mots dans le texte et entoure-les.

4 Les mots complexes

Relie chaque mot à son dessin.

Vingt • loucher • la langue •

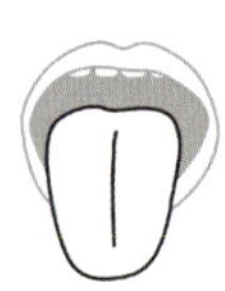

5 Le carré des mots outils

Lis ces mots 3 fois puis chronomètre-toi.

SCORE de LECTURE

N° 1	N° 2
secondes	secondes

Recopie plusieurs mots outils de ton choix avec puis sans modèle.

si	sans	c'est	que	je	Car
ce	jusqu'à	pour	moi	ou	de
une	autre	vingt	durant	puis	
partout	Or	aujourd'hui	après		
jusqu'alors	sans	en	mon	oui	

Nom : .... Date : ....

2 Fluence : lire des mots et des phrases

La nuit de la Joconde

1 Les branches des sons

Lis 3 fois ces mots en suivant les branches, chaque branche utilisant un même son.

s : si – seule – impossible – bruissement – cesse
seule – grimaces – confidence
si – sécurité – siècles – sortie – souris

z : posés – musée – visiteurs
musée – assise

y : yeux – voyez – croyable

2 Les familles de mots

Lis 5 fois chaque colonne de mots qui sont de la même famille.

confiance	coude	bruit
se confier	s'accouder	bruisser
confidence	**accoudoirs**	**bruissement**

3 Le carré des mots

Lis rapidement ces 40 mots du texte.

SCORE de LECTURE
40 mots lus en ...

N° 1 .... secondes

N° 2 .... secondes

genoux • sans cesse • langue car
délirantes grimaces • me retiens •
confidence après siècles d'ailleurs
bruissement affoler fourmis croyable
• en imaginant • autre drôle jambes
partout heures aujourd'hui loucher
durant départ derniers visiteurs puis
gardiens jointes yeux • ont cligné •
mains jusqu'à accoudoirs léger siège
• musée du Louvre • à peine • vingt

4 Les synonymes et les mots de sens proche

Lis ces listes de mots qui ont le même sens ou un sens proche.
Pour chaque série, entoure le mot en gras dans le texte de fluence.

- bizarres – folles – farfelues – saugrenues – **délirantes**
- faire peur – épouvanter – effrayer – terrifier – **affoler**
- faisant face – défiant – affrontant – **bravant**
- rapprochées – réunies – rassemblées – **jointes**

Nom : .... Date : ....

3 Fluidité : bien lire des phrases et des extraits

La nuit de la Joconde

1 La signification d'expressions

Lis ces groupes de mots, puis relie-les à leur sens dans la colonne de droite.

sans cesse •	• incroyable
avoir des fourmis dans les jambes •	• tout le temps
sans en affoler •	• avoir des picotements dans les jambes
à peine croyable •	• en laissant tranquille

DE TEMPS ? Surligne dans le texte de fluence les expressions de la colonne de gauche.

2 Les liaisons

Lis 3 fois ces groupes de mots en étant attentif aux liaisons.

- en imaginant
- après être restée
- vingt heures
- mes yeux
- des accoudoirs
- sans en affoler

DE TEMPS ? Indique les liaisons par des arcs de cercle dans le texte de fluence.

3 Les mots retirés

Lis ce texte en replaçant les mots qui ont été retirés.

Procède ainsi 3 fois en regardant de moins en moins les mots placés dans la marge.

J'avoue : si je souris ■,
c'est que je me retiens de ●
en imaginant les ■ grimaces que je pourrais faire.
Car jusqu'à ce soir, ● pour moi de loucher,
ou de ■ la langue !
J'ai ●
une autre drôle de ■ à vous faire :
après être restée assise durant des ●,
même si vous ne voyez pas mes ■,
j'ai fini par avoir des fourmis ● dans les jambes.

■ sans cesse
● rire
■ délirantes
● impossible
■ tirer
● d'ailleurs
■ confidence
● siècles
■ genoux
● partout

4 La pyramide de mots

Lis 3 fois ces groupes de mots qui se rallongent.

mes yeux ont cligné,
mes yeux ont cligné, **mes mains se sont écartées**
mes yeux ont cligné, mes mains **jointes** se sont écartées
mes yeux ont cligné, mes mains jointes se sont écartées, **mes bras se sont tendus.**
mes yeux ont cligné, mes mains jointes se sont écartées, mes bras **jusqu'alors posés sur des accoudoirs** se sont tendus.

Nom : ……………………………… Date : ………………… Module 13

4 Fluidité : lire de manière expressive

La nuit de la Joconde

1 Des modulations de voix

Entraîne-toi à lire le texte en suivant les aides proposées puis en choisissant tes propres modulations.

voix forte	J'avoue :
en riant	si je souris sans cesse, c'est que je me retiens de rire en imaginant les délirantes grimaces que je pourrais faire.
en chuchotant	Car jusqu'à ce soir,
de plus en plus fort	impossible pour moi de loucher, ou de tirer la langue !
en chuchotant	J'ai d'ailleurs une autre drôle de confidence à vous faire :
en bâillant	après être restée assise durant des siècles,
en riant	même si vous ne voyez pas mes genoux,
voix forte	j'ai fini par avoir des fourmis partout dans les jambes.

2 Lecture expressive

Entraîne-toi à lire le texte sur un ton enchanté et surpris en utilisant la ponctuation mise en gras pour moduler ta voix.

Or **!**, aujourd'hui à vingt heures**...**, après le départ des derniers visiteurs puis des gardiens du musée du Louvre, c'est à peine croyable **!!** : mes yeux ont cligné **!**, mes mains jointes se sont écartées **!**, mes bras jusqu'alors posés sur des accoudoirs se sont tendus **!** Je me suis levée de mon siège **!!**, ma robe a émis un léger bruissement **!!** et, bravant les caméras de sécurité**...** sans en affoler une seule**...**, je suis sortie de mon cadre**...** Oui, sortie de mon cadre **!!!**

Défi lecture

Entraîne-toi à lire le texte puis fais-toi chronométrer.

Ensuite, un pas, deux foulées, quatre enjambées, j'ai pu marcher : fantastico !
Je rejoins l'entrée du musée, éclairé par un rayon de lune. Cependant, ayant de vieilles chaussures, j'appréhende de glisser sur le sol lisse et puis mes pieds butent sur quelque chose. Il s'agit d'un épais paquet de feuilles. Sur la première, je reconnais un dessin extrêmement réussi… mon visage !
Je suis curieuse d'en savoir plus. Est-ce une esquisse d'un des nombreux étudiants des Beaux-Arts venus s'exercer à dessiner dans les salles du musée ?

La nuit de la Joconde, Mymi Doinet © Nathan Jeunesse, coll. Premiers romans, 2022.

DE TEMPS ? Lis ce texte en proposant une relecture expressive.

SCORE de LECTURE 94 mots lus en … secondes

Les tapisseries de la Dame à la licorne

Support : *Qui a découvert la Dame à la licorne ?*, Claudine Aubrun, © Syros, coll. Mini Syros Polar, 2019.

Genre : Roman policier.

Thèmes : Œuvre d'Art, visite de musée, sortie scolaire, jalousie, Moyen Âge.

Spécificité : Ce récit se veut didactique, apportant des éléments encyclopédiques sur l'origine des licornes et sur les tapisseries du musée de Cluny. Pour autant, il se fait narratif lorsqu'il montre la tension qui agite le jeune narrateur habitué jusqu'alors à être le seul « monsieur je sais tout » de sa classe.

Temps : Présent majoritaire.

Vocabulaire : *

Éléments de contexte à faire identifier :

- Montrer des images des tapisseries de la Dame à la licorne du musée de Cluny est un bon départ qui contextualisera le propos : https://www.musee-moyenage.fr/collection/oeuvre/la-dame-a-la-licorne.html
- Le texte du Défi lecture donne des éléments explicatifs sur l'origine des licornes, ce qui permettra d'initier un débat autour de l'existence de ces fameux animaux légendaires.
- Faire identifier le ton agacé du jeune narrateur, voire son arrogance.

Éléments de compréhension à relever :

- Le narrateur interne est un jeune élève qui adopte un ton assez arrogant : il a une bonne culture générale et a l'habitude de répondre à toutes les questions, expliquant au lecteur pourquoi il sait répondre à la question du professeur.
- Cette arrogance provoque chez lui de l'agacement lorsque la nouvelle élève lui vole la vedette en répondant avant lui. Il ressent la frustration de ne pas avoir pu répondre.

Résumé :

Lors d'une sortie scolaire dans la Creuse, les élèves sont amenés à exprimer leurs connaissances sur la Dame à la licorne, personnage iconique des fameuses tapisseries médiévales. Alors que le narrateur, bon élève de la classe, va fièrement dire ce qu'il en sait, une autre élève le fait à sa place. Le jeune narrateur ne peut pas réprimer son agacement.

Passage précédant le texte de fluence :

L'enseignant lit ce texte à haute voix et de manière expressive en préalable de la lecture du texte de fluence.

Tandis que les autres parents donnent des conseils à leur enfant, maman se tamponne le nez et les yeux avec un mouchoir. Elle prétend qu'elle a un rhume. Mais moi je sais qu'elle a du chagrin. Son fils chéri (moi) part pour une classe verte dans la Creuse, un département pile au centre de la France. Après avoir promis de donner des nouvelles, j'embarque dans le car. Pendant le voyage, nous chantons des chansons idiotes, certains enfants vomissent, d'autres jouent aux cartes. Enfin, nous arrivons au manoir où nous allons loger. [...]

Qui a découvert la Dame à la licorne ?, Claudine Aubrun,
© Syros, coll. Mini Syros Polar, 2019.

Nom : ....

Texte de fluence

Les tapisseries de la Dame à la licorne

1 min

Une fois que nous sommes installés, monsieur Rollin, notre 9
maître, nous annonce le programme de demain : 16
– Départ à neuf heures, les enfants ! Nous commencerons 24
par une visite au château de Boussac. Savez-vous ce qu'on 36
y a découvert ? 39
Je sais ce qu'on a trouvé dans ce château, ce sont six 52
tapisseries, des sortes de grands tapis magnifiques qui 60
datent du Moyen Âge. Je les ai même admirées avec mamy 71
Sylvette au musée de Cluny, à Paris. Je vais répondre 81
quand Eugénie, la nouvelle de la classe, me devance. 90
– Ce sont les tapisseries de la Dame à la licorne, dit- 101
elle. Elles représentent les cinq sens : la vue, l'odorat, 111
l'ouïe, le toucher, le goût. La sixième s'appelle *À mon* 123
seul désir. C'est George Sand, une célèbre écrivaine, qui 133
les a découvertes au château de Boussac au XIXe siècle. 143
Je suis sans voix ! D'habitude, dans la classe, c'est moi 155
qui réponds à toutes les questions d'histoire. 163

Qui a découvert la Dame à la licorne ?, Claudine Aubrun, © Syros, coll. Mini Syros Polar, 2019.

SCORE de LECTURE
Nombre de mots lus en **1 min** :

N° 1	N° 2	N° 3
Date :	Date :	Date : ....

Nom : .... Date : ....

1 Fluence : lire des mots du texte

Les tapisseries de la Dame à la licorne

1 La graphie des sons complexes

Dis le nom de chaque dessin. Puis relie-le à la graphie du son qu'il contient.

oi •
elle •

• eau
• ette

Entoure des mots du texte qui contiennent l'une de ces graphies de son.

2 Les syllabes

Lis chaque ligne de syllabes 5 fois.

*	ne	ta	sse	ma	fi	cé	nnon	de	ré	ce	lè	ries	pi
**	maî	châ	vai	nou	vette	gni	que	velle	teau	van	ponds		
***	cri	Syl	bre	tre									

3 Des syllabes aux mots

Lis 3 fois ces mots du texte de fluence.

notre maître	au château	une écrivaine	des tapis	les tapisseries
nouvelle	Sylvette	grands	magnifiques	célèbre
il annonce	elle me devance	elle s'appelle	je réponds	

Retrouve les différents mots dans le texte et entoure-les.

4 Les mots complexes

Relie chaque mot à son dessin.

la vue
l'odorat
l'ouïe
le toucher
le goût

5 Le carré des mots outils

Lis ces mots 3 fois puis chronomètre-toi.

Une	notre	nous	Je	les
même	avec	quand	Elles	sans
D'habitude	dans	c'est	qui	
toutes				

SCORE de LECTURE

N° 1	N° 2
secondes	secondes

Recopie plusieurs mots outils de ton choix avec puis sans modèle.

Nom : .... Date : .... Module 14

2 Fluence : lire des mots et des phrases

Les tapisseries de la Dame à la licorne

1 Les sons complexes

Prends le temps de bien lire ces mots contenant des sons complexes, étranges ou des écritures particulières.

meu - sieu	si - zièm	moi - yèn - aj	ou - i	sand	diz - neuv - yèm	v
monsieur	sixième	Moyen Âge	ouïe	Sand	XIXe	Neuf heures

Retrouve les différents mots dans le texte de fluence et entoure-les.

2 Les noms propres

Lis avec précision et plusieurs fois ces noms propres en t'aidant des indices.

l	k	i	i	.	j	jo / d
Rollin	Boussac	Sylvette	Cluny	Paris	Eugénie	George Sand

3 Le carré des mots

Lis rapidement ces 40 mots du texte.

SCORE de LECTURE
40 mots lus en ...

N° 1 ...... secondes

N° 2 ...... secondes

monsieur maître annonce programme
Départ demain heures enfants
commencerons visite château six
découvert tapisseries sortes tapis
devance musée magnifiques nouvelle
sixième classe licorne cinq vue
odorat répondre ouïe toucher goût
s'appelle désir écrivaine célèbre
siècle voix D'habitude questions
histoire • Moyen Âge •

4 Les pyramides de mots

Lis 3 fois ces groupes de mots qui se rallongent.

c'est moi qui réponds
dans la classe, c'est moi qui réponds
D'habitude, dans la classe, c'est moi qui réponds
D'habitude, dans la classe, c'est moi qui réponds
à toutes les questions d'histoire.

monsieur Rollin nous annonce le programme
monsieur Rollin nous annonce le programme **de demain :**
monsieur Rollin, **notre maître**, nous annonce le programme de demain :
Une fois que nous sommes installés, monsieur Rollin, notre maître,
nous annonce le programme de demain :

Nom : .... Date : ....

3 Fluidité : bien lire des phrases et des extraits

Les tapisseries de la Dame à la licorne

1 Les mots unis

Lis 5 fois d'une seule traite ces groupes de mots du texte.

- Une fois que
- Savez-vous
- Je les ai même admirées
- Je suis sans voix !
- Départ à neuf heures
- ce qu'on a trouvé
- la nouvelle de la classe
- À mon seul désir

DE TEMPS ? Surligne ces groupes de mots dans le texte de fluence.

2 Les groupes de souffle

Lis ce texte au rythme des retours à la ligne.

Une fois que nous sommes installés,
monsieur Rollin,
notre maître,
nous annonce le programme de demain : [...]

Je sais ce qu'on a trouvé dans ce château,
ce sont six tapisseries,
des sortes de grands tapis magnifiques
qui datent du Moyen Âge.

Je les ai même admirées avec mamy Sylvette
au musée de Cluny,
à Paris.

Je vais répondre
quand Eugénie,
la nouvelle de la classe,
me devance.

3 La pyramide de mots

Lis 3 fois ces groupes de mots qui se rallongent.

C'est George Sand
C'est George Sand **qui les a découvertes**
C'est George Sand, **une célèbre écrivaine**, qui les a découvertes
C'est George Sand, une célèbre écrivaine,
qui les a découvertes **au château de Boussac**
C'est George Sand, une célèbre écrivaine,
qui les a découvertes au château de Boussac **au XIXe siècle.**

Nom : .... Date : ....

Module 14

4 Fluidité : lire de manière expressive

Les tapisseries de la Dame à la licorne

Lecture expressive

Entraîne-toi à lire le texte en utilisant les aides proposées pour moduler ta voix.

ton enjoué et exclamatif	– Départ à neuf heures, les enfants !
ton neutre	Nous commencerons par une visite au château de Boussac.
ton interrogatif	Savez-vous ce qu'on y a découvert ? [...]
ton enjoué	Je vais répondre...
ton grognon	quand Eugénie, la nouvelle de la classe, me devance.
fièrement	– Ce sont les tapisseries de la Dame à la licorne [...]
comme un professeur	Elles représentent les cinq sens : la vue, l'odorat, l'ouïe, le toucher, le goût. La sixième s'appelle À mon seul désir. C'est George Sand, une célèbre écrivaine, qui les a découvertes au château de Boussac au XIXe siècle.
ton grognon et exclamatif	Je suis sans voix !
ton grognon	D'habitude, dans la classe, c'est moi qui réponds à toutes les questions d'histoire...

Défi lecture

Entraîne-toi à lire le texte puis fais-toi chronométrer.

Alors lorsque Lola, une fille qui se balade toujours avec un doudou dans son sac à dos, s'exclame :

– Je savais bien que les licornes existaient ! La preuve.

Là, je rétorque :

– Mais non, Lola, ce sont des craques. Au Moyen Âge, des aventuriers ont prétendu avoir croisé des sortes de chevaux avec une seule corne, très longue et très pointue. Pour prouver l'existence de ces bêtes imaginaires, ils ont rapporté de leur voyage des dents de Narval, un énorme poisson qui vit dans les mers du Nord, et ont fait croire qu'elles appartenaient à des licornes.

Bien sûr, après, Lola me fait la tête. De son côté, Eugénie continue de parler avec notre maître. C'est fou ce que cette fille m'agace.

Qui a découvert la Dame à la licorne ?, Claudine Aubrun,

Lis ce texte en proposant une relecture expressive.

SCORE de LECTURE
125 mots lus en ... secondes

La forêt des lilas

Support : « Histoire de Blondine, de Bonne-Biche et de Beau-Minon », *Nouveaux contes de fées pour les petits enfants*, La comtesse de Ségur, 1896.

Genre : Conte.

Thèmes : Princesse, peur.

Spécificité : Ce conte réunit les éléments d'un conte traditionnel en présentant le personnage d'une princesse, qui se retrouve perdue dans un forêt.

Temps : Passé simple et imparfait dans le récit, présent et futur dans le dialogue.

Vocabulaire : **

Éléments de contexte à faire identifier :

- Identifier que l'on se situe dans un conte : lieu, temps et personnages archétypaux.
- Il pourra être intéressant d'effectuer une comparaison avec la situation initiale de Blanche-Neige : il est question de princesses, qui ont perdu leur mère et dont les pères sont remariés avec des marâtres. Les deux reines malveillantes souhaitent se débarrasser des princesses, l'une en demandant à un chasseur de tuer Blanche-Neige dans la forêt, l'autre en demandant au page de perdre Blondine dans la forêt. On peut également s'intéresser aux noms des princesses : Blanche-Neige en référence à sa peau, Blondine en référence à ses cheveux.

Éléments de compréhension à relever :

- La princesse ne s'inquiète pas immédiatement de sa situation. Le narrateur omniscient explique qu'elle finit par basculer dans la peur. Les phrases courtes, interrogatives et exclamatives traduisent le sentiment d'insécurité et de peur de la princesse en introduisant un rythme rapide et expressif.
- On peut noter que la princesse de ce conte a bon cœur et s'inquiète pour son page alors même qu'elle se rend compte qu'elle est perdue.

Résumé :

Blondine est une princesse aux cheveux blonds, dont la mère est morte lorsqu'elle était jeune. Son père se remarie avec une reine qui déteste rapidement Blondine. Elle pousse Gourmandinet, le page de Blondine, à abandonner cette dernière dans la forêt des lilas où elle va rencontrer de nouveaux amis mais aussi faire face à de nombreux dangers.

Passage précédant le texte de fluence :

L'enseignant lit ce texte à haute voix et de manière expressive en préalable de la lecture du texte de fluence.

Quand Blondine fut entrée dans la forêt, elle se mit à cueillir de belles branches de lilas, se réjouissant d'en avoir autant et qui sentaient si bon.

À mesure qu'elle en cueillait, elle en voyait de plus beaux ; alors elle vidait son tablier et son chapeau qui en étaient pleins, et elle les remplissait encore.

Il y avait plus d'une heure que Blondine était ainsi occupée ; elle avait chaud ; elle commençait à se sentir fatiguée ; les lilas étaient lourds à porter, et elle pensa qu'il était temps de retourner au palais. Elle se retourna et se vit entourée de lilas ; elle appela Gourmandinet : personne ne lui répondit.

« Histoire de Blondine, de Bonne-Biche et de Beau-Minon »,
Nouveaux contes de fées pour les petits enfants, La comtesse de Ségur, 1896.

Nom : ....

Texte de fluence

La forêt des lilas

1 min

– Il paraît que j'ai été plus loin que je ne croyais, dit 13
Blondine : je vais retourner sur mes pas, quoique je sois 23
un peu fatiguée, et Gourmandinet m'entendra et viendra 32
au-devant de moi. 36
Elle marcha pendant quelque temps, mais elle n'apercevait 45
pas la fin de la forêt. Bien des fois elle appela Gourmandinet, 57
personne ne lui répondait. 61
Enfin elle commença à s'effrayer. 67
– Que vais-je devenir dans cette forêt toute seule ? Que 77
va penser mon pauvre papa de ne pas me voir revenir ? 88
Et le pauvre Gourmandinet, comment osera-t-il rentrer au 98
palais sans moi ? Il va être grondé, battu peut-être, et 109
tout cela par ma faute, parce que j'ai voulu descendre et 121
cueillir ces lilas ! Malheureuse que je suis ! je vais mourir 131
de faim et de soif dans cette forêt, si encore les loups 143
ne me mangent pas cette nuit. 149

« Histoire de Blondine, de Bonne-Biche et de Beau-Minon »,
Nouveaux contes de fées pour les petits enfants, La comtesse de Ségur, 1896.

SCORE de LECTURE
Nombre de mots lus en **1 min** :

N° 1	N° 2	N° 3
Date :	Date :	Date : ....

Nom : .... Date : ....

1 Fluence : lire des mots du texte

La forêt des lilas

1 La graphie des sons complexes

Dis le nom de chaque dessin. Puis relie-le à la graphie du son qu'il contient.

au •
en •

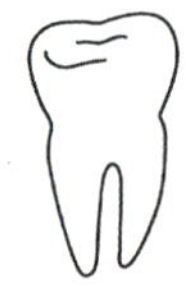

• qu
• ien

Entoure des mots du texte qui contiennent l'une de ces graphies de son.

2 Les syllabes

Lis chaque ligne de syllabes 5 fois.

*	fo	te	li	di	fa	ne	las	ti	en	co
**	pau	dra	fau	vais	que	vre	ça	ten	cha	mar
***	rêt	Blon	quoi	nuit	guée	bien	m'en	vien	mmen	

3 Des syllabes aux mots

Lis 3 fois ces mots du texte de fluence.

la forêt	Blondine	cette nuit	ma faute	ces lilas
pauvre	fatiguée	quoique	bien	des fois
elle marcha	elle commença	je vais	il viendra	il m'entendra

Retrouve les différents mots dans le texte et entoure-les.

4 Les mots complexes

Relie chaque mot à son dessin.

pas • palais • loup •

5 Le carré des mots outils

Lis ces mots 3 fois puis chronomètre-toi..

SCORE de LECTURE

N° 1	N° 2
secondes	secondes

Recopie plusieurs mots outils de ton choix avec puis sans modèle.

peut-être au-devant plus
quoique pendant quelques mais
personne Enfin • et tout cela •
comment • parce que • si que
• Bien des fois • encore un peu •
• sans moi •

Nom : .... Date : ....

2 Fluence : lire des mots et des phrases

La forêt des lilas

1 Les branches d'un son

Lis 3 fois ces mots en suivant les branches, chaque branche utilisant un même son.

è

- forêt — être — peut-être
- Gourmandinet
- j'ai — mais — vais — palais — paraît — répondait — apercevait
- elle — quelque — personne — apercevait

Retrouve les différents mots dans le texte et entoure-les.

2 Les sons complexes

Prends le temps de bien lire ces mots contenant des sons complexes, étranges, ou des écritures particulières.

croi - iais	sé - frai - ier	ma - leu - reu - ze	ke - y - iir
croyais	s'effrayer	Malheureuse	cueillir

Retrouve les différents mots dans le texte et entoure-les.

3 Le carré des mots

Lis rapidement ces 40 mots du texte.

SCORE de LECTURE
40 mots lus en ...

N° 1 .... secondes

N° 2 .... secondes

loin Gourmandinet croyais fatiguée pas
quoique Blondine sois palais osera forêt
au-devant viendra pauvre pendant faute
apercevait peut-être grondé quelques
temps appela cela seule battu Bien
fin répondait parce que soif descendre
Enfin lilas commença Malheureuse
cueillir comment faim s'effrayer loups

4 Les mots unis

Lis 5 fois d'une seule traite ces groupes de mots du texte.

- toute seule
- et tout cela
- quoique je sois fatiguée
- mourir de faim et de soif
- au-devant de moi
- sans moi
- plus loin que
- Bien des fois
- pendant quelque temps
- Malheureuse que je suis !

Nom : .... Date : ....

3 Fluidité : bien lire des phrases et des extraits

La forêt des lilas

1 Le sens des expressions

Lis ces groupes de mots, puis relie-les à leur sens dans la colonne de droite.

Il paraît que •	• à cause de moi
Bien des fois •	• On voit que
retourner sur mes pas •	• revenir après m'être éloigné
par ma faute •	• souvent

+ DE TEMPS ? Surligne dans le texte les expressions de la colonne de gauche.

2 Les pyramides de mots

Lis 3 fois ces groupes de mots qui se rallongent.

j'ai été loin
Il paraît que j'ai été loin
Il paraît que j'ai été **plus** loin
Il paraît que j'ai été plus loin **que je ne croyais**

Je vais retourner sur mes pas
je vais retourner sur mes pas, **et Gourmandinet m'entendra**
je vais retourner sur mes pas, et Gourmandinet m'entendra **et viendra au-devant de moi.**

3 Les groupes de souffle

Lis ce texte au rythme des retours à la ligne.

– Que vais-je devenir dans cette forêt toute seule ?
Que va penser mon pauvre papa de ne pas me voir revenir ?
Et le pauvre Gourmandinet,
comment osera-t-il rentrer au palais sans moi ?
Il va être grondé,
battu peut-être,
et tout cela par ma faute,
parce que j'ai voulu descendre
et cueillir ces lilas !
Malheureuse que je suis !
je vais mourir de faim et de soif dans cette forêt,
si encore les loups ne me mangent pas cette nuit.

Nom : ………………………… Date : ………………… Module 15

4 Fluidité : lire de manière expressive

La forêt des lilas

Lecture expressive

Entraîne-toi à lire le texte en utilisant les aides proposées pour moduler ta voix.

Blondine : inquiète – sûre d'elle – étonnée – en détresse.

Blondine ………………………	– Il paraît que j'ai été plus loin que je ne croyais,
Narrateur (ton neutre)	dit Blondine :
Blondine ………………………	je vais retourner sur mes pas, quoique je sois un peu fatiguée, et Gourmandinet m'entendra et viendra au-devant de moi.
Narrateur (ton neutre)	Elle marcha pendant quelque temps, mais elle n'apercevait pas la fin de la forêt. Bien des fois elle appela Gourmandinet, personne ne lui répondait. Enfin elle commença à s'effrayer.
Blondine ………………………	– Que vais-je devenir dans cette forêt toute seule ? Que va penser mon pauvre papa de ne pas me voir revenir ? Et le pauvre Gourmandinet, comment osera-t-il rentrer au palais sans moi ?
Blondine ………………………	Il va être grondé, battu peut-être, et tout cela par ma faute, parce que j'ai voulu descendre et cueillir ces lilas ! Malheureuse que je suis ! je vais mourir de faim et de soif dans cette forêt, si encore les loups ne me mangent pas cette nuit.

Défi lecture

Entraîne-toi à lire le texte puis fais-toi chronométrer.

Et Blondine tomba par terre au pied d'un gros arbre et se mit à pleurer amèrement. Elle pleura longtemps ; enfin la fatigue l'emporta sur le chagrin ; elle posa sa tête sur sa botte de lilas et s'endormit.

Blondine dormit toute la nuit ; aucune bête féroce ne vint troubler son sommeil ; le froid ne se fit pas sentir ; elle se réveilla le lendemain assez tard ; elle se frotta les yeux, très surprise de se voir entourée d'arbres, au lieu de se trouver dans sa chambre et dans son lit.

« Histoire de Blondine, de Bonne-Biche et de Beau-Minon »,
Nouveaux contes de fées pour les petits enfants, La comtesse de Ségur, 1896.

DE TEMPS ? Lis ce texte en proposant une relecture expressive.

SCORE de LECTURE
92 mots lus en … secondes

Les épreuves du petit sorcier

Support : *J'adore le jus de rat*, Christian Lamblin, © Nathan, 2003.

Genre : Conte.

Thèmes : Une école de sorciers, des épreuves initiatiques, l'amour, un dilemme.

Spécificité : Ce conte est composé en grande partie de dialogues et de phrases courtes et grammaticalement simples.

Temps : Présent.

Vocabulaire : *

Éléments de contexte à faire identifier :

- Rapprocher cette école de sorciers des aventures d'Harry Potter, sans doute connues des élèves.
- Au besoin, prendre le temps de séparer le récit des nombreuses paroles rapportées et d'associer celles-ci à chacun des personnages.

Éléments de compréhension à relever :

- Le récit et le dialogue se mêlent, pouvant créer une certaine confusion. Au début du texte, le maître explique à Milo quelle est la deuxième épreuve. Milo s'envole ensuite, probablement sur un balai, vers la montagne pour récupérer un œuf de dragon. Ce dernier refuse et Milo l'assomme. Le maître est satisfait et lui explique quelle est la troisième épreuve. Milo se rend alors au château. Ne se rappelant plus de la formule, la princesse lui demande s'il veut devenir son prince charmant.
- À la fin du texte, Milo se trouve face à un dilemme : accomplir l'ultime épreuve qui consiste à transformer la princesse en grenouille ou devenir le prince charmant de la princesse qui l'embrasse.

Résumé :

Comme tout bon sorcier, Milo adore le jus de rat. Mais ça ne suffit pas pour obtenir son diplôme de sorcier. À l'école, son maître lui demande de surmonter trois épreuves. Il s'acquitte promptement des deux premières, mais se trouve bien embêté lorsqu'il doit transformer une princesse en grenouille. En effet, la princesse est jolie et lui fait un bisou. Milo se retrouve face à un dilemme : réussir son dernier défi pour être sorcier ou devenir le prince charmant de la princesse. Heureusement, la princesse aussi aime le jus de rat…

Passage précédant le texte de fluence :

L'enseignant lit ce texte à haute voix et de manière expressive en préalable de la lecture du texte de fluence.

Milo est un jeune sorcier. […]

Au petit déjeuner, Milo déguste des limaces trempées dans une potion de jus de rat.

– J'adore le jus de rat ! […]

Puis Milo s'en va à l'école des sorciers. […]

Le maître explique à Milo :

– Pour devenir un grand sorcier, tu dois passer trois épreuves. Voici la première : monte sur ce balai et va décrocher une étoile.

– Facile !

– Sois prudent, ajoute le maître. C'est un balai sauvage !

Milo boit un peu de potion de rat pour prendre des forces. Puis il monte sur le balai qui se met à gigoter dans tous les sens.

– Pas si vite !

Soudain, le balai perce le plafond et Milo s'envole dans le ciel. En un éclair, il est de retour. […]

J'adore le jus de rat, Christian Lamblin, © Nathan Jeunesse, coll. Premières lectures, 2003.

Nom : ....

Texte de fluence

Les épreuves du petit sorcier

1 min

– Bravo ! dit le maître. Maintenant, la deuxième épreuve. 8
Tu dois voler l'œuf du dragon de la montagne. 18
Milo s'envole vers la montagne. Il se pose devant le dragon 30
et lui demande son œuf. 35
– Tu me le donnes ? 39
Le dragon refuse. Et Milo doit se battre. 47
– Tu vas avoir une jolie bosse sur la tête ! 56
Milo assomme le monstre et lui prend son œuf. [...] 64
– Excellent, dit le maître. 69
La troisième épreuve est la plus difficile. Tu dois transformer 79
la princesse Amicie en grenouille. 84
– Dans une minute, c'est fini ! 90
Milo arrive dans le château de la princesse. [...] 98
– Comme tu es belle ! 102
– Est-ce que tu veux un bisou ? interroge Amicie. 111
Milo essaie aussitôt une formule magique pour l'arrêter. 120
– Ratata ... Ratoto ... Ratiti.... 123
Mais il a tout oublié ! 128
– Arrête de dire n'importe quoi, dit la princesse. Veux-tu 139
être mon prince charmant ? 143
Et elle lui fait un gros bisou. [...] 150

J'adore le jus de rat, Christian Lamblin, © Nathan Jeunesse, coll. Premières lectures, 2003.

SCORE de LECTURE
Nombre de mots lus en **1 min** :

N° 1	N° 2	N° 3
Date :	Date :	Date : ....

Nom : .... Date : .... Module 16

1 Fluence : lire des mots du texte

Les épreuves du petit sorcier

1 La graphie des sons complexes

Dis le nom de chaque dessin. Puis relie-le à la graphie du son qu'il contient.

esse •
ouill •

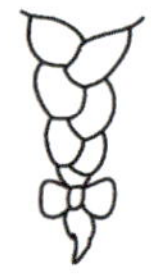

• eau
• gn

Entoure des mots du texte qui contiennent l'une de ces graphies de son.

2 Les syllabes

Lis chaque ligne de syllabes 5 fois.

*	ta	ma	di	ci	ba	a	Mi	gi	lo	ce	vo	le
**	châ	mon	ffi	que	sso	rrê	mer	ter	mant	gne	mme	teau
***	prin	mons	char	Bra	trans	tre	for	ttre				

3 Des syllabes aux mots

Lis 3 fois ces mots du texte de fluence.

le prince	la princesse	le château	la montagne	le monstre	Milo
difficile	gros	magique	charmant	Bravo	
se battre	transformer	arrêter	il s'envole	il assomme	

Retrouve les différents mots dans le texte et entoure-les.

4 Les mots complexes

Relie chaque mot à son dessin.

bisou • œuf • deuxième •

5 Le carré des mots outils

Lis ces mots 3 fois puis chronomètre-toi.

Maintenant	vers	devant	lui	Et
sur	plus	Dans	c'est	Comme
aussitôt	pour	Mais	tout	quoi

SCORE de LECTURE

N° 1 ...... secondes
N° 2 ...... secondes

Recopie plusieurs mots outils de ton choix avec puis sans modèle.

Nom : .... Date : .... **Module 16**

2 Fluence : lire des mots et des phrases

Les épreuves du petit sorcier

1 Les 4 lettres en « miroir »

Lis les mots pour chaque chemin. Sois attentif à l'orientation des lettres car elle se ressemblent.

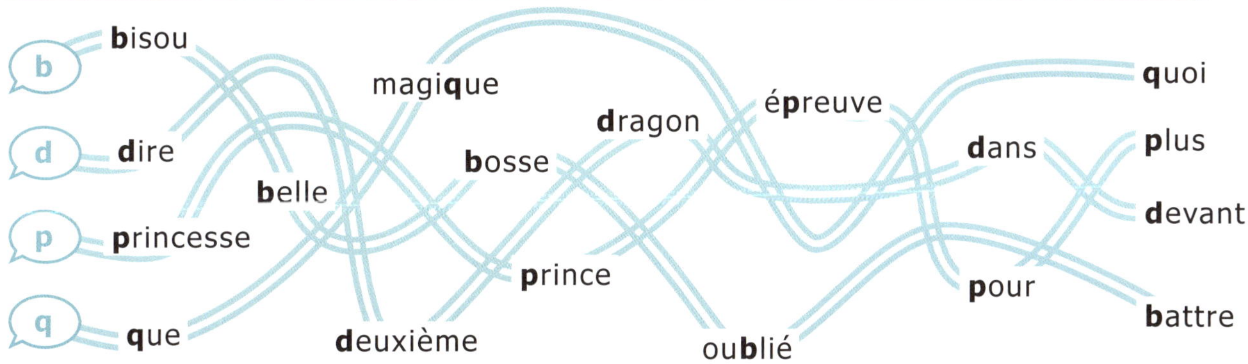

2 Les lettres et leurs sons

Lis plusieurs fois ces listes de mots classés selon leurs sons communs.

Avec la lettre **c**			Avec la lettre **g**		
c = s	c = k	ch	g = g	g = j	gn
prin**c**esse diffi**c**ile ex**c**ellent	**C**omme	**ch**armant **ch**âteau	**g**ros dra**g**on **g**renouille	ma**g**ique interro**g**e	monta**gn**e

3 Le carré des mots

Lis rapidement ces 40 mots du texte.

SCORE de LECTURE
40 mots lus en ...

N° 1
secondes

N° 2
secondes

Bravo	maître	s'envole	épreuve
œuf	deuxième	dragon	demande
montagne	difficile	Milo	refuse
bosse	comme	tête	assomme
gros	monstre	Excellent	princesse
veux	grenouille	troisième	minute
transformer	Maintenant	château	
c'est	essaie	belle	bisou	aussitôt
interroge	formule	magique	Mais
l'arrêter	prince	charmant	devant

4 Les mots unis

Lis 5 fois d'une seule traite ces groupes de mots du texte.

- la deuxième épreuve
- Est-ce que
- Comme tu es belle !
- Arrête de dire n'importe quoi
- La troisième épreuve
- c'est fini !
- il a tout oublié !
- Veux-tu être mon prince charmant ?

Nom : .... Date : ....

3 Fluidité : bien lire des phrases et des extraits

Les épreuves du petit sorcier

1 Les petites phrases

Lis 3 à 5 fois ces petites phrases issues du texte de fluence avec toujours plus de fluidité.

– Bravo ! dit le maître. [...]
Tu dois voler l'œuf du dragon de la montagne.
Milo s'envole vers la montagne. [...]
– Tu me le donnes ?
Le dragon refuse.
Et Milo doit se battre.

– Excellent, dit le maître.
La troisième épreuve est la plus difficile.
Tu dois transformer la princesse Amicie en grenouille.
– Dans une minute, c'est fini !

Milo arrive dans le château de la princesse. [...]
– Comme tu es belle !
– Est-ce que tu veux un bisou ? [...]
Veux-tu être mon prince charmant ?
Et elle lui fait un gros bisou.

2 Le ton des phrases

Lis ces phrases en mettant le ton adapté :

Phrases interrogatives

- Tu me le donnes ?
- Est-ce que tu veux un bisou ?
- Veux-tu être mon prince charmant ?

Phrases exclamatives

- Tu vas avoir une jolie bosse sur la tête !
- Comme tu es belle !
- Mais il a tout oublié !

3 Les mots retirés

Lis ce texte en replaçant les mots qui ont été retirés.
Procède ainsi 3 fois en regardant de moins en moins les mots placés dans la marge.

Maintenant, la deuxième ● .
Il se pose devant le ■
et lui demande son ● .
Milo assomme le ■
et lui prend son ● .
Tu dois transformer la ■ Amicie en ● .
Milo arrive dans le ■ de la princesse.
Milo essaie aussitôt une formule ● pour l'arrêter.
– Arrête de dire n'importe quoi, dit la ■ .

● épreuve
■ dragon
● œuf
■ monstre
● œuf
■ princesse ● grenouille
■ château
● magique
■ princesse

Nom : .... Date : ....

4 Fluidité : lire de manière expressive

Les épreuves du petit sorcier

Identifier les personnages pour une lecture expressive

Écris l'initiale du nom de celui parle ou raconte l'histoire dans la colonne de gauche sur les pointillés. Tu peux surligner leurs phrases de 4 couleurs différentes.

Le narrateur : N   Milo : M   le (maître) professeur : P   Amicie : A

Puis lis ce texte de manière expressive.

....	– Bravo ! dit le maître. Maintenant, la deuxième épreuve. Tu dois voler l'œuf du dragon de la montagne.
	Milo s'envole vers la montagne. Il se pose devant le dragon et lui demande son œuf.
....	– Tu me le donnes ?
	Le dragon refuse. Et Milo doit se battre.
....	– Tu vas avoir une jolie bosse sur la tête !
	Milo assomme le monstre et lui prend son œuf. [...]
....	– Excellent, dit le maître.
	La troisième épreuve est la plus difficile. Tu dois transformer la princesse Amicie en grenouille.
....	– Dans une minute, c'est fini !
	Milo arrive dans le château de la princesse. [...]
....	– Comme tu es belle !
....	– Est-ce que tu veux un bisou ? interroge Amicie.
	Milo essaie aussitôt une formule magique pour l'arrêter.
....	– Ratata ... Ratoto ... Ratiti....
	Mais il a tout oublié !
....	– Arrête de dire n'importe quoi, dit la princesse. Veux-tu être mon prince charmant ?
	Et elle lui fait un gros bisou.

J'adore le jus de rat, Christian Lamblin,
© Nathan Jeunesse, coll. Premières lectures, 2003.

Défi lecture

Entraîne-toi à lire le texte puis fais-toi chronométrer.

Milo n'a plus envie d'être un sorcier extra fort et très méchant. Il veut devenir le prince charmant d'Amicie. Il met l'étoile dans les cheveux de la princesse et prépare une grosse omelette avec l'œuf du dragon.
Amicie l'embrasse et lui demande avec malice :
– As-tu du jus de rat ? J'adore ça !

Lis ce texte en proposant une relecture expressive.

SCORE de LECTURE
59 mots lus en ... secondes

Méphisto, mon chat sorcier

Support : *Pas de whisky pour Méphisto*, Paul Thiès, © Syros, 2007.

Genre : Roman policier.

Thèmes : Les qualités supposées des chats, les difficultés scolaires.

Spécificité : Ce récit est rédigé au présent et présente un narrateur interne. Le narrateur utilise un langage imagé, des comparaisons pour donner du relief aux qualités qu'il projette chez son chat et son ami en contraste avec ses propres défauts.

Temps : Présent.

Vocabulaire : *

Éléments de contexte à faire identifier :

- Identifier la présence d'un narrateur interne : ici, un enfant.
- Identifier à l'inverse les qualités qu'il prête à son chat, mais aussi à son copain Miloud.
- Observer les deux descriptions réalisées par le narrateur : celle du chat, celle de lui-même.
- Éventuellement expliquer l'origine du nom Méphisto : diminutif de Méphistophélès, puissance démoniaque et parfois le diable lui-même, tentateur du docteur Faust (Goethe). Cependant, dans l'extrait de ce petit polar, aucun rapprochement ne peut être fait entre l'attitude du chat et ce diable.

Éléments de compréhension à relever :

- Le narrateur interne est un enfant qui va à l'école.
- Il se décrit comme un enfant qui n'a pas de bon résultat en mathématiques, « ennuis-zéros ». Il se déprécie encore plus en se comparant à son copain Miloud qui a la « bosse des mathématiques » c'est-à-dire de bons résultats contrairement à lui. Il se qualifie également de « Microbe », dépréciant son physique.
- Si le narrateur a une piètre image de lui-même, ce sentiment est renforcé par la description de son chat qu'il compare à un sorcier déguisé en chat, donc qui a de grandes compétences, comme lire dans ses pensées.

Résumé :

Un enfant se nommant lui-même Microbe a des difficultés scolaires. Heureusement son ami Miloud lui vient en aide. Mais son plus fort soutien, c'est son chat Méphisto dont les caresses réussissent à lui rendre la joie. Aussi, l'enfant voit en son chat un sorcier.

Passage précédant le texte de fluence :

L'enseignant lit ce texte à haute voix et de manière expressive en préalable de la lecture du texte de fluence.

Méphisto c'est mon chat, et il est noir, mais noir ! Noir comme le charbon, noir comme le chagrin, beaucoup plus noir que le fond du plus profond des chapeaux, avec une longue queue recourbée, très chaude et très douce.

Pas de whisky pour Méphisto, Paul Thiès, © Syros, 2007.

Nom : ....

Texte de fluence

Méphisto, mon chat sorcier

1 min

Parfois, je suis triste, j'ai envie de pleurer, ça arrive. 11
Alors Méphisto saute sur mes genoux, puis sur la table. 21
[...] Il ronronne et me caresse le bout du nez du bout de 33
la queue, et ça me console. 39
Méphisto, c'est sûrement un sorcier déguisé en chat. 48
Il a des yeux scintillants comme des étoiles, une voix 58
qui monte et descend plus vite que celle d'un violon. 69
Il vagabonde sur les toits gris et froids, traverse 78
silencieusement la nuit, renifle le lapin dans la cocotte- 87
minute et le lait chaud dans la casserole... et il devine 98
toujours ce que je pense. 103
Moi, c'est Microbe. Bonjour ! 108
J'ai les cheveux blonds, les yeux bleus, cinq taches de 119
rousseur, pas plus, plus deux sur le nez, et de gros ennuis 131
en calcul. 133
Des ennuis horrrribles, avec des tas de zéros. Ennuis- 142
zéros, ennuis-cauchemars... 145
Heureusement, il y a Miloud, mon meilleur copain, un 154
grand, la tête pleine de chiffres et une bosse des maths 165
plus grosse que sa tête. 170

Pas de whisky pour Méphisto, Paul Thiès, © Syros, 2007.

SCORE de LECTURE
Nombre de mots lus en 1 min :

N° 1	N° 2	N° 3
Date :	Date :	Date : ....

Nom : .... Date : ....

1 Fluence : lire des mots du texte

Méphisto, mon chat sorcier

1 La graphie des sons complexes

Lis ces sons composés de 2 consonnes. Puis, lis plusieurs fois les mots qui les contiennent.

- tr → **tr**iste – **tr**averse
- fr → **fr**oids – chi**ffr**es
- cr → Mi**cr**obe
- gr → **gr**is – **gr**ands – **gr**os – **gr**osse
- pl → **pl**eurer – **pl**us – **pl**eine
- bl → ta**bl**e – **bl**onds – **bl**eus
- fl → reni**fl**e

2 Les syllabes

Lis chaque ligne de syllabes 5 fois.

*	Mé	ta	Mi	rer	ni	sau	te	re	chi	be	to
**	ble	fle	pleu	blonds	gris	cro	ffres	froids	phis	tris	

3 Des syllabes aux mots

Lis 3 fois ces mots du texte de fluence.

des étoiles	Méphisto	la table	chiffres	Microbe
gris	gros	triste	blonds	froids
pleurer	il saute	il devine	il renifle	elle monte

Retrouve les différents mots dans le texte et entoure-les.

4 Les mots complexes

Relie chaque mot à son dessin.

un sorcier • il ronronne • une cocotte-minute •

5 Le carré des mots outils

Lis ces mots 3 fois puis chronomètre-toi.

SCORE de LECTURE

N° 1 .... secondes

N° 2 .... secondes

Parfois	ça	Alors	sur	mes
puis	et	c'est	sûrement	comme
qui	plus	celle	dans	toujours
que	pas	avec	cinq	

Recopie plusieurs mots outils de ton choix avec puis sans modèle.

Nom : .... Date : ....

2 Fluence : lire des mots et des phrases

Méphisto, mon chat sorcier

1 Les 4 lettres « miroir »

Lis les mots pour chaque chemin. Sois attentif à l'orientation des lettres car elle se ressemblent.

b d p q

plus Microbe déguisé cinq

qui pleurer pleine lapin

des puis deux

bosse bleus descend

pense queue bout table

2 Les branches d'un son

Lis 3 fois ces mots en suivant les branches, chaque branche utilisant un même son.

s

saute — sûrement — plus — triste — console — pense

douce — cinq — sorcier — c'est — silencieusement

rousseur — casserole — caresse

descend — scintillants

Retrouve les différents mots dans le texte et entoure-les.

3 Le carré des mots

Lis rapidement ces 40 mots du texte.

SCORE de LECTURE
40 mots lus en ...

N° 1 ..... secondes

N° 2 ..... secondes

envie pleurer genoux meilleur
ronronne pleine caresse chiffres
maths console sûrement sorcier
déguisé yeux bleus étoiles
voix descend violon vagabonde
toits gris queue silencieusement
nuit tête renifle cocotte-minute
blonds casserole Microbe Bonjour
cheveux rousseur arrive ennuis
scintillants calcul Heureusement
traverse

4 Les mots unis

Lis 5 fois d'une seule traite ces groupes de mots du texte.

- j'ai envie de pleurer
- le bout du nez
- mon meilleur copain
- ça arrive
- taches de rousseur
- bosse des maths

Nom : .... Date : ....

3 Fluidité : bien lire des phrases et des extraits

Méphisto, mon chat sorcier

1 Les groupes de souffle

Lis ce texte au rythme des retours à la ligne.

Méphisto,
c'est sûrement un sorcier
déguisé en chat.

Il a des yeux scintillants
comme des étoiles,
une voix qui monte et descend
plus vite que celle d'un violon.

Il vagabonde sur les toits gris et froids,
traverse silencieusement la nuit,
renifle le lapin dans la cocotte-minute
et le lait chaud dans la casserole...
et il devine toujours ce que je pense.

2 Les pyramides de mots

Lis 3 fois ces groupes de mots qui se rallongent.

Il ronronne
Il ronronne **et me caresse**
Il ronronne et me caresse **le bout du nez**
Il ronronne et me caresse le bout du nez **du bout de la queue**
Il ronronne et me caresse le bout du nez du bout de la queue, **et ça me console.**

J'ai les cheveux blonds
J'ai les cheveux blonds, **les yeux bleus**
J'ai les cheveux blonds, les yeux bleus, **cinq taches de rousseur**
J'ai les cheveux blonds, les yeux bleus, cinq taches de rousseur, **pas plus,**
J'ai les cheveux blonds, les yeux bleus, cinq taches de rousseur, pas plus, **plus deux sur le nez**
J'ai les cheveux blonds, les yeux bleus, cinq taches de rousseur, pas plus, plus deux sur le nez, **et de gros ennuis en calcul.**

Heureusement, il y a Miloud
Heureusement, il y a Miloud, **mon meilleur copain**
Heureusement, il y a Miloud, mon meilleur copain, **un grand**
Heureusement, il y a Miloud, mon meilleur copain, un grand, **la tête pleine de chiffres**
Heureusement, il y a Miloud, mon meilleur copain, un grand, la tête pleine de chiffres **et une bosse des maths**
Heureusement, il y a Miloud, mon meilleur copain, un grand, la tête pleine de chiffres et une bosse des maths **plus grosse que sa tête.**

4 Fluidité : lire de manière expressive

Méphisto, mon chat sorcier

Lecture expressive

Entraîne-toi à lire le texte en utilisant les aides proposées pour moduler ta voix.

ton triste	Parfois, je suis triste, j'ai envie de pleurer, ça arrive.
ton joyeux	Alors Méphisto saute sur mes genoux, puis sur la table. [...]
ton amusé	Il ronronne et me caresse le bout du nez du bout de la queue, et ça me console.
ton mystérieux	Méphisto, c'est sûrement un sorcier déguisé en chat.
ton admiratif	Il a des yeux scintillants comme des étoiles, une voix qui monte et descend plus vite que celle d'un violon. Il vagabonde sur les toits gris et froids, traverse silencieusement la nuit, renifle le lapin dans la cocotte-minute et le lait chaud dans la casserole...
ton ému	et il devine toujours ce que je pense.
ton exclamatif	Moi, c'est Microbe. Bonjour !
ton neutre	J'ai les cheveux blonds, les yeux bleus, cinq taches de rousseur, pas plus, plus deux sur le nez,
ton triste	et de gros ennuis en calcul. Des ennuis horrrribles, avec des tas de zéros. Ennuis-zéros, ennuis-cauchemars...
ton joyeux	Heureusement, il y a Miloud, mon meilleur copain, un grand, la tête pleine de chiffres et une bosse des maths plus grosse que sa tête.

Défi lecture

Entraîne-toi à lire le texte puis fais-toi chronométrer.

Miloud adore compter et recompter, soustraire, additionner des choux, des carottes et des robinets de baignoire. Il m'aide pour mes devoirs. Mais parfois, la prof déclenche une interro écrite atomique. Alors, catastrophe, je récolte un plein panier de zéros. Et Méphisto me console. Il saute sur mon épaule, se frotte contre ma joue, me raconte des histoires gentilles, et j'oublie les problèmes, et mes problèmes. Un vrai sorcier !

Pas de whisky pour Méphisto, Paul Thiès, © Syros, 2007.

DE TEMPS ? Lis ce texte en proposant une relecture expressive.

SCORE de LECTURE
70 mots lus en ... secondes

Le premier vol de Maraboubou

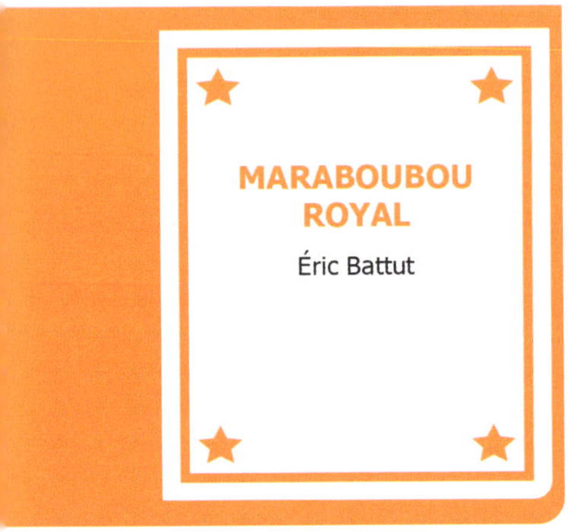

Support : *Maraboubou royal*, Éric Battut, droits réservés, 2023.

Genre : Récit initiatique animalier.

Thèmes : L'innocence, la naïveté, l'humour, la tromperie, la savane.

Spécificité : Ce récit animalier utilise parfois un langage soutenu qui vient renforcer la malice du propos pris entre la naïve innocence de l'oiseau et la méchanceté du crocodile rusé. L'écriture en alexandrins du début du texte de fluence apporte un rythme original à ce récit humoristique. Fortement dans le non-dit, sa compréhension passe par des inférences.

Temps : Présent majoritaire dans la partie dialoguée.

Vocabulaire : **

Éléments de contexte à faire identifier :

- Expliquer ce qu'est un marabout, grand échassier d'Afrique subsaharienne au long bec ayant la réputation d'être pataud et disgracieux.
- Donner des éléments sur la savane, son climat, sa végétation, sa faune.
- Comprendre que le jeune marabout sort pour la première fois de son nid. Il ne connaît du monde que ce que son père lui a expliqué, d'où le quiproquo avec le crocodile.
- Identifier la naïveté aimable du marabout et la malice perfide du crocodile.

Éléments de compréhension à relever :

- Il s'agit de la première tentative de vol du petit Marabout. Il confond le crocodile et le lion car il n'en a jamais vu et ne s'appuie que sur les informations que son père lui avait données.
- Dès lors, on comprend qu'il ne soit pas effrayé par le crocodile dont il ne connaît pas la dangerosité.
- L'oiseau prend le crocodile pour un lion, car ils ont une caractéristique commune : des dents pointues.
- À la fin, l'oiseau a des doutes et il s'en ouvre au crocodile.

Résumé :

Un jeune marabout lassé de demeurer dans son nid décide de s'envoler voir le monde. Peu habile, il se retrouve dans un marigot où il est sauvé par un crocodile menaçant. Ne connaissant rien du monde, le jeune marabout confond le crocodile avec le lion dont il sait qu'il est le noble roi des animaux. Le crocodile saisit l'occasion de ce quiproquo pour tâcher de se venger du lion.

Passage précédant le texte de fluence :

L'enseignant lit ce texte à haute voix et de manière expressive en préalable de la lecture du texte de fluence.

Maraboubou, bébé marabout au bec d'or et d'argent, s'était lassé d'attendre dans son nid que son duvet devienne plumes et merveilles.

Depuis de longs mois « patati patata », son papa lui racontait la vie « c'est comme ci, c'est comme ça ». Si bien que l'oisillon croyait qu'il savait tout avant de n'avoir rien vu.

« Mais à quoi peut bien servir tout cet immense savoir si on ne peut jamais aller soi-même y voir… ? » se disait-il parfois, en penchant son joli bec au-dessus du nid.

Dans ces moments-là, il soupirait de langueur, car tout ce qu'il entrapercevait au travers des branches de sa maison baobab lui semblait beau et désirable, mais... inatteignable.

Donc, ce matin, profitant de l'absence des grands occupés à mille machins choses, il se posta bien droit sur le rebord du nid et déploya ses ailes.

Puis, après avoir pris son élan, il se jeta dans les airs… et retomba à pic dans un marécage bouillonnant. Alors bien sûr, on entendit « glou-glou ».

Maraboubou royal, Éric Battut, 2016, droits réservés, 2023.

Nom : ....

Texte de fluence

Le premier vol de Maraboubou

1 min

Repêché illico par un beau crocodile, Maraboubou reprit 9
connaissance entre deux crocs vernis. 13
Pas du tout effrayé, le voilà qui s'exprime, tout content 24
de croiser une bête jolie. 29
– Coucou monsieur le Lion aux grandes dents pointues. 37
Moi je t'ai reconnu ! Car c'est bien toi le roi de la savane, 52
n'est-ce pas ? 56
– Ben non, je ne suis pas le roi de la savane, répondit 68
l'animal sans desserrer les dents. Mais... je suis moi 78
aussi un roi puissant. Car si le Lion domine un peu sur la 91
croûte terrestre, je règne pour ma part sur cette chose qui 102
mouille et qui noie, qu'on appelle marigot. Aussi, fais-moi 113
plaisir, ne m'appelle plus Lion, car ça me rend nerveux. 124
Appelle-moi plutôt Croc-Croc, car c'est mon nom. Oui, 135
Croc-Croc 1er... Roi des marigots. 141
– Comme c'est étrange, mon père ne m'a jamais parlé de 153
toi. Bien qu'à mieux y regarder, tu ressembles un peu à un 166
crocodile. Mais tu ne peux pas être un crocodile, puisque 176
mon père dit toujours que les crocodiles sont idiots. 185

Maraboubou royal, Éric Battut, 2016, droits réservés, 2023.

SCORE de LECTURE
Nombre de mots lus en **1 min** :

N° 1	N° 2	N° 3
Date :	Date :	Date : ....

Nom : .... Date : ....

1 Fluence : lire des mots du texte

Le premier vol de Maraboubou

❶ La graphie des sons complexes

Dis le nom de chaque dessin. Puis relie-le à la graphie du son qu'il contient.

oin •
ion •

• ui
• ien

Entoure des mots du texte qui contiennent l'une de ces graphies de son.

❷ Les syllabes

Lis chaque ligne de syllabes 5 fois.

*	di	ma	ré	te	co	le	re	ce	pê	ri	co
**	nnai	ché	ssem	gots	tues	dit	des	pon	ssan		
***	cro	gran	poin	croû	prit	bles					

❸ Des syllabes aux mots

Lis 3 fois ces mots du texte de fluence.

un crocodile	des marigots	la savane	la croûte	connaissance
jolie	grandes	repêché	pointues	idiots
elle noie	il répondit	il reprit	il dit	tu ressembles

Retrouve les différents mots dans le texte et entoure-les.

❹ Les mots importants

Entoure les 4 mots qui évoquent le milieu de vie de l'oiseau : l'Afrique.

le marigot	le père	le crocodile	le Roi
les dents	monsieur	la savane	le lion

❺ Le carré des mots outils

Lis ces mots 3 fois puis chronomètre-toi.

SCORE de LECTURE

N° 1	N° 2
secondes	secondes

entre	tout	voilà	qui	aux	Car
c'est	bien	sans	Mais	aussi	
pour	cette	et	ça	plutôt	Oui
• un peu •	Comme	jamais	qu'à		
mieux	puisque	toujours	que		

Recopie plusieurs mots outils de ton choix avec puis sans modèle.

Nom : .... Date : ....

2 Fluence : lire des mots et des phrases

Le premier vol de Maraboubou

1 Les sons complexes

Prends le temps de bien lire ces mots contenant des sons complexes.

é	è r	è s	è l	è t	è f	è x
crois**er**	v**er**nis	d**es**serrer	app**el**le	c**et**te	**ef**frayé	s'**ex**prime
regard**er**	dess**er**rer	terr**es**tre				
1er	n**er**veux					
et	t**er**restre					
desserr**er**						

Retrouve les différents mots dans le texte et entoure-les.

2 Les lettres muettes

Lis rapidement ces mots sans prononcer la lettre finale. Puis recommence 3 fois.

croc	dent	puissant	part	marigot	nerveux
idiot	plutôt	jamais	mieux	toujours	peux

3 Le carré des mots

Lis rapidement ces 40 mots du texte.

SCORE de LECTURE
40 mots lus en ...

N° 1 .... secondes

N° 2 .... secondes

crocodile Repêché illico reprit vernis
dents effrayé monsieur s'exprime
jolie comme marigot répondit crocs
étrange connaissance desserrer mais
puissant Lion domine croûte règne
chose mouille savane appelle plaisir
noie nerveux père content Croc-Croc
regarder terrestre nom ressembles
pointues aussi idiots

4 Les mots unis

Lis 5 fois d'une seule traite ces groupes de mots du texte.

- c'est bien toi
- le voilà
- ben non
- pas du tout
- tout content
- je ne suis pas
- pour ma part
- n'est-ce pas ?
- fais-moi plaisir

4 Les synonymes et les mots de sens proches

Lis ces listes de mots qui ont le même sens ou un sens proche.
Pour chaque série, entoure celui qui est le plus proche du sens du texte.

- immédiatement – rapidement – sans délai – **illico**
- revint à lui – redevint conscient – retrouva ses esprits – **reprit connaissance**
- apeuré – affolé – terrifié – terrorisé – **effrayé**
- mare – étang – marais – marécage – **marigot**

Nom : .... Date : ....

3 Fluidité : bien lire des phrases et des extraits

Le premier vol de Maraboubou

1 Les mots unis

Lis 5 fois ces groupes de mots du texte.

- Moi je t'ai reconnu !
- Appelle-moi plutôt Croc-Croc
- Mais tu ne peux pas être un crocodile
- Mais... je suis moi aussi un roi puissant.
- Bien qu'à mieux y regarder
- Car c'est bien toi le roi
- je ne suis pas le roi
- il reprit connaissance

2 Les pyramides de mots

Lis 3 fois ces groupes de mots qui se rallongent.

il reprit connaissance

il reprit connaissance **entre deux crocs vernis.**

Repêché illico, il reprit connaissance entre deux crocs vernis.

Repêché illico **par un beau crocodile**, il reprit connaissance entre deux crocs vernis.

le voilà qui s'exprime

Pas du tout effrayé, le voilà qui s'exprime

Pas du tout effrayé, le voilà qui s'exprime, **tout content**

Pas du tout effrayé, le voilà qui s'exprime, tout content **de croiser une bête jolie.**

3 Les groupes de souffle

Lis plusieurs fois ces textes au rythme des retours à la ligne de manière toujours plus fluide.

Ben non,
je ne suis pas le roi de la savane,
répondit l'animal
sans desserrer les dents.
Mais...
je suis
moi aussi
un roi puissant.
Car si le Lion domine un peu
sur la croûte terrestre,
je règne pour ma part
sur cette chose qui mouille
et qui noie,
qu'on appelle marigot.
Aussi,
fais-moi plaisir,
ne m'appelle plus Lion,
car ça me rend nerveux.

Appelle-moi plutôt Croc-Croc,
car c'est mon nom.
Oui, Croc-Croc 1er...
Roi des marigots.

Comme c'est étrange,
mon père ne m'a jamais parlé de toi.
Bien qu'à mieux y regarder,
tu ressembles un peu à un crocodile.
Mais
tu ne peux pas être un crocodile,
puisque mon père dit toujours
que les crocodiles sont idiots.

Nom : .... Date : .... Module 18

4 Fluidité : lire de manière expressive

Le premier vol de Maraboubou

1 Lecture rythmée

Cette phrase fonctionne volontairement comme une poésie : au rythme de groupes de 6 syllabes (pieds). Entraîne-toi à lire en respectant ces segmentations.

Re / pê / ché / il / li / co	par / un / beau / cro / co / dile,
il / re / prit / co / nnai / ssance	en / tre / deux / crocs / ver / nis.

Repêché illico par un beau crocodile, il reprit connaissance entre deux crocs vernis.

2 Lecture expressive

Entraîne-toi à lire de manière expressive les phrases prononcées par le petit Maraboubou en t'aidant des propositions.

ton joyeux	– Coucou monsieur le Lion aux grandes dents pointues.
fanfaronnant	Moi je t'ai reconnu !
dans le doute, questionnant	Car c'est bien toi le roi de la savane, n'est-ce pas ? [...]
ton surpris	– Comme c'est étrange, mon père ne m'a jamais parlé de toi.
dans le doute, étonné	Bien qu'à mieux y regarder, tu ressembles un peu à un crocodile.
sûr de lui	Mais tu ne peux pas être un crocodile, puisque mon père dit toujours que les crocodiles sont idiots.

Défi lecture

Entraîne-toi à lire le texte puis fais-toi chronométrer.

Ce crocodile n'était pas bête, mais il était méchant. Immédiatement, il comprit comment se venger du petit animal.

– Puisque le Lion t'intéresse, je te propose une noble mission. Voudrais-tu devenir mon pigeon voyageur et aller transmettre mes amitiés à ce très cher Lion ?

Maraboubou n'en revenait pas. Quel honneur… Mais que ce monde était beau !

– Et pour te montrer que j'ai confiance en toi, je te donne en secret le mot de passe qu'entre rois nous utilisons pour communiquer. Dès que tu rencontreras le Lion, pense à lui dire ces quelques mots sans lesquels il ne t'ouvrirait pas sa porte : « Grosse face de babouin ».

Maraboubou répéta :

– Grosse… face… de … babouin. Facile, c'est facile, je les retiendrai sans problème.

– Parfait, dit le crocodile, esquissant un sourire. Dis-lui bien fort surtout, car les lions, tu le sais sans doute, sont un peu durs d'oreille.

Maraboubou royal, Éric Battut, 2016, droits réservés, 2023.

DE TEMPS ? Lis ce texte en proposant une relecture expressive.

SCORE de LECTURE
152 mots lus en … secondes

Du nouveau en classe

Support : *Voilà comment je suis devenu un héros !*, Anne-Laure Bondoux, © Syros, 2017.

Genre : Roman, récit de vie.

Thèmes : École, harcèlement.

Spécificités : Ce récit entremêle à la fois la narration du personnage principal et le dialogue de ses camarades. Le langage y est familier.

Temps : Passé composé et imparfait dans le récit, présent dans le dialogue.

Vocabulaire : **

Éléments de contexte à faire identifier :

- Identifier que la situation se passe dans une école, le narrateur étant un élève de CM1. Il fait face à la fois à un coup de foudre pour la nouvelle élève et au conflit qui l'oppose à un autre élève par le jeu des regards. Le harcèlement se manifeste par les moqueries répétées d'un élève envers le narrateur. Les autres élèves lui emboitent le pas.
- Éventuellement, débattre sur le thème du harcèlement.

Éléments de compréhension à relever :

- Le narrateur est un jeune élève qui est confronté à un élève qui se moque de lui et de son amour pour Magalie, la nouvelle élève. L'emploi du « je » et les paroles rapportées le confirment.
- Philibert prend une place importante au sein du groupe classe en utilisant la moquerie et en s'appuyant sur les autres, garçons et filles, qui sont incités à se moquer du narrateur. Ses moqueries répétées font de lui un harceleur : il poursuit en utilisant un dessin qu'il fait circuler dans la classe.
- Le narrateur est déstabilisé et ses actions le montrent. Il est mal à l'aise à la fois vis-à-vis de sa maîtresse et de Magalie.

Résumé :

Dans une classe de CM1, le jour de la rentrée, deux nouveaux élèves sont présentés : Magalie et Philibert. Le narrateur, un élève de la classe, tombe immédiatement amoureux de la nouvelle élève. Dans le même temps, il s'attire les foudres de Philibert. Le jeune garçon va raconter sa première expérience de harcèlement scolaire.

Passage précédant le texte de fluence :

L'enseignant lit ce texte à haute voix et de manière expressive en préalable de la lecture du texte de fluence.

Tout a commencé le jour de ma rentrée en CM1. Dans ma classe, il y avait deux nouveaux.

À droite de la maîtresse se tenait la fille la plus merveilleuse que j'aie jamais vue :

– Je vous présente Magalie Servin, a dit la maîtresse.

Magalie a souri timidement et ses yeux se sont arrêtés sur moi parce que j'étais au premier rang. Mon cœur a fait un looping dans ma poitrine : j'étais déjà amoureux.

– Et à ma gauche, Philibert Brock, a continué la maîtresse.

Philibert a promené un regard morne sur la classe, et son tour d'horizon s'est également arrêté sur moi. Sauf que cette fois, ce n'était pas le coup de foudre, si vous voyez ce que je veux dire.

Ces choses-là ne s'expliquent pas : en l'espace de deux minutes, j'avais gagné l'amour et une déclaration de guerre.

Du nouveau dans la classe…

Voilà comment je suis devenu un héros !, Anne-Laure Bondoux, © Syros, 2017.

Nom : ....

Module 19

Texte de fluence

Du nouveau en classe

1 min

Pourquoi moi ? 2
– J’aime pas les mecs à lunettes qui se mettent au premier 14
rang ! a déclaré Philibert dès la première récré en me 24
bousculant. 25
J’ai protesté. Si je suis au premier rang, c’est justement 37
parce que j’ai une mauvaise vue ! 44
– Menteur ! a ricané Philibert. Quand tu regardes Magalie, 52
t’as 10 sur 10 à chaque œil ! 60
D’autres garçons de ma classe ont rigolé. Et des filles ont 72
chantonné : « Oh l’amoureux, oh l’amoureux ! » C'était 81
fichu. 82
L’après-midi, Philibert a fait circuler une feuille entre 92
les rangées. Lorsque la feuille est arrivée sur ma table, 102
j’ai vu qu’il m’avait dessiné, avec des lunettes énormes 114
et des cœurs marqués « Romain + Magalie ». J'ai rougi 124
et j'ai chiffonné le dessin. Au premier rang, c'était pas 136
discret. La maîtresse a froncé les sourcils et m'a gardé 147
dans son collimateur pour le restant de la journée. J'étais 158
tellement mal à l'aise que je faisais tomber mes affaires, 169
je transpirais, je n’osais plus me tourner d’un côté ni de 182
l’autre. Je savais que Magalie était là, dans mon dos, et 194
qu’elle avait vu le dessin. 200

Voilà comment je suis devenu un héros !, Anne-Laure Bondoux, © Syros, 2017.

SCORE de LECTURE
Nombre de mots lus en 1 min :

N° 1	N° 2	N° 3
Date :	Date :	Date : ....

1 Fluence : lire des mots du texte

Du nouveau en classe

1 La graphie des sons complexes

Dis le nom de chaque dessin. Puis relie-le à la graphie du son qu'il contient.

ai •
au •
en •

 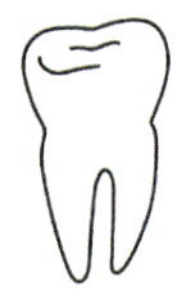    

• qu
• eur
• euil

Entoure des mots du texte qui contiennent l'une de ces graphies de son.

2 Les syllabes

Lis chaque ligne de syllabes 5 fois.

*	sse	ta	res	dé	to	ré	nné	mes	te	dos	cu
**	Men	qués	lant	ffai	chan	ment	quoi				
***	ble	cla	Pour	teur	nor	bous	jus	mar			

3 Des syllabes aux mots

Lis 3 fois ces mots du texte de fluence.

ma table — ma classe — mes affaires — Magalie — Menteur — mon dos

énormes — marqués — premier — Pourquoi — justement

il a déclaré — elles ont chantonné — je savais — en bousculant

Retrouve les différents mots dans le texte et entoure-les.

4 Les mots importants

Entoure les 4 mots qui évoquent l'univers de l'école.

œil	la classe	l'amoureux	la récré
rigolé	la maîtresse	le rang	les filles

5 Le carré des mots outils

Lis ces mots 3 fois puis chronomètre-toi.

SCORE de LECTURE

N° 1 .... secondes

N° 2 .... secondes

Pourquoi	moi	pas	qui
dès	si	c'est	• parce que •
quand	chaque	D'autres	Et
c'était	entre	Lorsque	avec
pour	plus	• ni de l'autre •	

Recopie plusieurs mots outils de ton choix avec puis sans modèle.

Nom : .... Date : ....

2 Fluence : lire des mots et des phrases

Du nouveau en classe

1 Les lettres et leurs sons

Lis plusieurs fois ces listes de mots classés selon leurs sons communs.

Avec la lettre **c**				Avec la lettre **g**	
c = s	c = k		ch	g = g	g = j
c'est	dé**c**laré	**c**lasse	**ch**aque	re**g**ardes	ran**gé**es
par**ce** que	ré**c**ré	**c**œurs	**ch**antonné	**g**arçons	rou**gi**
fron**cé**	bous**c**ulant	dis**c**ret	fi**ch**u	Ma**g**alie	
sour**ci**ls	ri**c**ané	**c**ollimateur	**ch**iffonné	**g**ardé	
	côté				

2 Les sons complexes

Prends le temps de bien lire ces mots contenant des sons complexes.

e = è : m**ec**s – av**ec** – lun**ett**es – prot**e**sté – m**ett**ent – d**e**ssin – r**e**stant – maîtr**e**sse – t**e**llement – **ai**se – Philib**er**t

fe-zè : f**ai**s**ai**t

3 Le carré des mots

Lis rapidement ces 40 mots du texte.

SCORE de LECTURE
40 mots lus en ...

N° 1 .... secondes

N° 2 .... secondes

lunettes Pourquoi se mettent
premier mecs Philibert dès faisait
mauvaise récré ricané feuille
• parce que • vue première œil
chantonné énormes Romain marqués
garçons chaque rigolé filles discret
amoureux plus dessiné après-midi
fichu Magalie circuler rangées
transpirais cœurs D'autres osais
justement collimateur Quand

4 Les synonymes et les mots de sens proche

Lis ces listes de mots qui ont le même sens ou un sens proche.

- j'ai contesté – je me suis opposé – j'ai désapprouvé – **j'ai protesté**
- il a ri – il s'est moqué – il a raillé – **il a ricané**
- j'ai mis en boule – j'ai froissé – **j'ai chiffonné**
- j'étais gêné – j'étais embarrassé – je me sentais mal – **j'étais mal à l'aise**

DE TEMPS ? Entoure le groupe de mots en gras dans le texte de fluence.

3 Fluidité : bien lire des phrases et des extraits

Du nouveau en classe

1 Le langage familier

Lis ces groupes de mots, puis relie-les à leur sens dans la colonne de droite.

J'aime pas les mecs •	• la première récréation
la première récré •	• tu vois très bien
t'as 10 sur 10 à chaque œil •	• Je n'aime pas les garçons
C'était fichu •	• surveillé
« Romain + Magalie » •	• C'était fini
gardé dans son collimateur •	• « Romain aime Magalie »

DE TEMPS ? Surligne dans le texte les expressions de la colonne de gauche.

2 La pyramide de mots

Lis 3 fois ces groupes de mots qui se rallongent.

j'ai vu qu'il m'avait dessiné

j'ai vu qu'il m'avait dessiné **avec des lunettes énormes**

j'ai vu qu'il m'avait dessiné, avec des lunettes énormes **et des cœurs**

j'ai vu qu'il m'avait dessiné, avec des lunettes énormes et des cœurs **marqués « Romain + Magalie »**

Lorsque la feuille est arrivée, j'ai vu qu'il m'avait dessiné, avec des lunettes énormes et des cœurs marqués « Romain + Magalie »

Lorsque la feuille est arrivée **sur ma table**, j'ai vu qu'il m'avait dessiné, avec des lunettes énormes et des cœurs marqués « Romain + Magalie ».

3 Les groupes de souffle

Lis ce texte au rythme des retours à la ligne.

J'ai rougi et j'ai chiffonné le dessin.
Au premier rang,
c'était pas discret.
La maîtresse a froncé les sourcils
et m'a gardé dans son collimateur pour le restant de la journée.
J'étais tellement mal à l'aise que je faisais tomber mes affaires,
je transpirais,
je n'osais plus me tourner d'un côté
ni de l'autre.
Je savais que Magalie était là,
dans mon dos,
et qu'elle avait vu le dessin.

Nom : .... Date : ....

4 Fluidité : lire de manière expressive

Du nouveau en classe

1 Identifier les personnages qui parlent

Écris l'initiale du nom de celui qui parle ou raconte. Tu peux surligner le texte avec 3 couleurs.

Le narrateur : N **Philibert : P** **Les filles : F**

Puis, lis ce texte de manière expressive.

....	Pourquoi moi ?
....	– J'aime pas les mecs à lunettes qui se mettent au premier rang !
....	J'ai protesté. Si je suis au premier rang, c'est justement parce que j'ai une mauvaise vue !
....	– Menteur !
....	Quand tu regardes Magalie, t'as 10 sur 10 à chaque œil !
....	D'autres garçons de ma classe ont rigolé. Et des filles ont chantonné : « Oh l'amoureux, oh l'amoureux ! »
....	C'était fichu.

2 Lecture expressive

Entraîne-toi à lire le texte en utilisant les aides proposées pour moduler ta voix.

ton neutre	L'après-midi, Philibert a fait circuler une feuille entre les rangées. Lorsque la feuille est arrivée sur ma table,
en colère	j'ai vu qu'il m'avait dessiné !, avec des lunettes énormes !! et des cœurs marqués « Romain + Magalie » !!!
ton embarrassé	J'ai rougi et j'ai chiffonné le dessin... Au premier rang, c'était pas discret... La maîtresse a froncé les sourcils... et m'a gardé dans son collimateur pour le restant de la journée...
ton terrifié	J'étais tellement mal à l'aise !!! que je faisais tomber mes affaires !!, je transpirais !!, je n'osais plus me tourner d'un côté ni de l'autre !!!. Je savais que Magalie était là, dans mon dos, et qu'elle avait vu le dessin !!!

Défi lecture

Entraîne-toi à lire le texte puis fais-toi chronométrer.

À quatre heures et demie, la maîtresse m'a fait venir à son bureau. Elle m'a parlé comme si j'étais malade, m'interrogeant sur mes vacances, ma famille, mes copains... Je lui ai répondu que tout allait bien. Je voulais juste rentrer chez moi et finir cette journée. La maîtresse a eu alors l'idée du siècle :
– Demain, je placerai Philibert à côté de toi. Il est nouveau ici. Tu pourras l'aider.

Voilà comment je suis devenu un héros !, Anne-Laure Bondoux, © Syros, 2017.

DE TEMPS ? Lis ce texte en proposant une relecture expressive.

SCORE de LECTURE
75 mots lus en ... . secondes

Garou-Garou a peur de tout

Support : *Le loup qui avait peur de tout*, Ann Rocard, © Nathan, coll. Première lune, 2014.

Genre : Récit parodique.

Thèmes : La peur, le loup, la solitude.

Spécificité : Ce récit parodique prend à contrepied l'archétype du loup. Ici le loup est peureux. Il a peur des autres, il a peur du noir.

Temps : Imparfait et passé simple.

Vocabulaire : *

Éléments de contexte à faire identifier :

- Rappeler les attributs du loup archétypal : solitaire, cruel, qui n'a peur de rien et affole tous ceux qui le croisent. À ce titre, un rappel du Petit Chaperon rouge donnera des éléments de contexte signifiants.
- Expliquer que tout le monde a peur du loup, il est donc isolé.

Éléments de compréhension à relever :

- Le loup fait face à différentes émotions : en premier lieu la surprise, la peur puis la surprise à nouveau.
- Il a peur des autres, de tout, donc il s'isole lui-même.
- Le loup a peur du noir mais ce dernier devient son allié lorsqu'il lui permet de ne pas être vu de la petite fille dont il a peur. Celle-ci, ne voyant pas le loup, lui parle et n'a pas peur.

Résumé :

Garou-Garou est un loup qui a peur de tout, du noir, mais surtout des autres. Ainsi, tout le monde le craint et lui vit reclus. Un jour une petite fille perdue dans la forêt toque à sa porte. Il la laisse entrer, mais en demeurant dans le noir pour qu'elle ne le reconnaisse pas. Oui, mais au matin le jour éclairera la maison et la petite le reconnaîtra…

Passage précédant le texte de fluence :

L'enseignant lit ce texte à haute voix et de manière expressive en préalable de la lecture du texte de fluence.

Il s'appelait Garou-Garou. Personne n'osait l'approcher. Personne ne se risquait à lui parler. Et tout le monde tremblait en chuchotant :

– Méfiez-vous ! Méfiez-vous ! C'est le plus féroce des loups ! […]

Les animaux terrifiés fermaient les yeux pour ne pas voir passer le terrible Garou-Garou.

Pourtant, l'énorme loup avait peur de tout : des serpents qui se dandinaient sur le sentier, des crapauds qui faisaient des bulles dans l'eau, des minuscules araignées et même des escargots ! Mais ce qu'il détestait par-dessus tout, c'était de se retrouver le soir dans le noir.

Le loup qui avait peur de tout, Ann Rocard, © Nathan Jeunesse, coll. Première lune, 2014.

Nom : ....

Texte de fluence

Garou-Garou a peur de tout

1 min

Une nuit, le loup n'arrivait pas à dormir. [...] Il se tournait et 13
se retournait dans son lit quand, tout à coup, quelqu'un frappa 25
à la porte de la caverne : toc, toc, toc ! 35
Ça alors ! Jamais personne n'avait osé venir chez lui. 45
Garou-Garou se mit à trembler et il chuchota : 54
– Qui... qui... qui est là ? 59
– Noémie ! répondit une voix très douce. [...] Je suis perdue 68
dans la forêt [...], j'ai peur aidez-moi s'il vous plaît ! 80
Très surpris, le loup toussota et demanda : 87
– Connais-tu Garou-Garou ? 91
– Garu-Gara-Garou ? Pas du tout ! dit Noémie. 99
Alors le loup eut une idée, une idée géniale. Il cacha sa lampe 112
de poche sous son matelas. Seule la veilleuse éclairait encore 122
la caverne... « Comme ça, la petite fille ne me verra pas... » 133
pensa-t-il. 136
Et il ouvrit la porte. [...] La petite fille ouvrit de grands yeux 148
et s'écria : 151
– Oh là là ! On n'y voit rien chez vous ! [...] Tant pis ! dit 164
Noémie, qui grimpa sur le lit en souriant et s'endormit aussitôt. 176
Garou-Garou n'en revenait pas. Pour la première fois de sa 188
vie, il avait parlé à quelqu'un... et quelqu'un lui avait répondu 201
sans se mettre à hurler de terreur. 208

Le loup qui avait peur de tout, Ann Rocard, © Nathan Jeunesse, coll. Première lune, 2014.

SCORE de LECTURE
Nombre de mots lus en **1 min** :

N° 1	N° 2	N° 3
Date :	Date :	Date : ....

Nom : .... Date : ....

1 Fluence : lire des mots du texte

Garou-Garou a peur de tout

1 La graphie des sons complexes

Dis le nom de chaque dessin. Puis relie-le à la graphie du son qu'il contient.

ill •
eil •

• ou
• eur

Entoure des mots du texte qui contiennent l'une de ces graphies de son.

2 Les syllabes

Lis chaque ligne de syllabes 5 fois.

*	te	Ga	pe	ta	ma	le	ce	fo	ti		
**	las	rêt	rou	seu	s'en	tou	cou	ler	sso	mit	dou
***	por	sur	pris	dor	hur	vre	trem	mir	bler		

3 Des syllabes aux mots

Lis 3 fois ces mots du texte de fluence.

le matelas	la fille	la forêt	la porte	Garou-Garou
petite	douce	surpris	seule	première
dormir	hurler	trembler	il cacha	il toussota	elle s'endormit

Retrouve les différents mots dans le texte et entoure-les.

4 Les mots complexes

Relie chaque mot à son dessin.

caverne • veilleuse • yeux •

5 Le carré des mots outils

Lis ces mots 3 fois puis chronomètre-toi.

SCORE de LECTURE

N° 1	N° 2
secondes	secondes

dans quand tout quelqu'un
Ça alors Jamais chez très
sans vous sous • Tant pis •
encore Comme Pour rien sur
• pas du tout • aussitôt

Recopie plusieurs mots outils de ton choix avec puis sans modèle.

Nom : .... Date : .... Module 20

2 Fluence : lire des mots et des phrases

Garou-Garou a peur de tout

1 Les sons complexes

Prends le temps de bien lire ces mots contenant des sons complexes, étranges ou des écritures particulières.

er = é

er = èr

caverne – terreur – trembler – hurler – personne – verra – perdue – parler

Retrouve les différents mots dans le texte et entoure-les.

2 Les lettres muettes

Lis plusieurs fois ces mots dont les lettres finales sont muettes.

la nuit
le loup
la voix
le lit
les yeux

Noémie
une idée

fois – alors – jamais – très – dans – sous – sans
quand – aussitôt – tant pis – tout à coup – Pas du tout

3 Le carré des mots

Lis rapidement ces 40 mots du texte.

SCORE de LECTURE
40 mots lus en ...

N° 1
secondes

N° 2
secondes

loup répondit caverne quand
peur dormir Garou-Garou géniale
• se tournait • personne forêt
• se retournait • surpris frappa
chuchota Noémie éclairait poche
aidez quelqu'un matelas grimpa
fille toussota première demanda
terreur cacha Jamais verra yeux
douce trembler Très ouvrit
veilleuse • en souriant • aussitôt
• se mettre • hurler

4 Les mots unis

Lis 5 fois ces groupes de mots du texte.

- tout à coup
- venir chez lui
- s'il vous plaît !
- Comme ça
- Tant pis !
- ça alors !
- qui est là ?
- Pas du tout !
- chez vous
- pour la première fois

Nom : .... Date : ....

3 Fluidité : bien lire des phrases et des extraits

Garou-Garou a peur de tout

1 Le temps des verbes

Compare les verbes de ces deux textes. Puis lis-les plusieurs fois.

Au présent	Au passé
Une nuit, le loup **n'arrive** pas à dormir.	Une nuit, le loup **n'arrivait** pas à dormir.
Il se **tourne** et se **retourne** dans son lit quand, tout à coup, quelqu'un **frappe** à la porte de la caverne : toc, toc, toc !	Il se **tournait** et se **retournait** dans son lit quand, tout à coup, quelqu'un **frappa** à la porte de la caverne : toc, toc, toc !
Garou-Garou se **met** à trembler et il **chuchote** : – Qui... qui... qui est là ?	Garou-Garou se **mit** à trembler et il **chuchota** : – Qui... qui... qui est là ?
Alors le loup **a** une idée, une idée géniale. Il **cache** sa lampe de poche sous son matelas.	Alors le loup **eut** une idée, une idée géniale. Il **cacha** sa lampe de poche sous son matelas.

2 Les liaisons

Lis 3 fois ces groupes de mots en étant attentif aux liaisons.

- le loup n'arrivait pas à dormir
- tout à coup
- Jamais personne n'avait osé
- le loup eut une idée
- Garou-Garou se mit à trembler
- répondit une voix très douce
- de grands yeux

Indique les liaisons par des arcs de cercle dans le texte de fluence.

3 La pyramide de mots

Lis 3 fois ces groupes de mots qui se rallongent.

il avait parlé

il avait parlé **à quelqu'un...**

Pour la première fois de sa vie, il avait parlé à quelqu'un...

Pour la première fois de sa vie, il avait parlé à quelqu'un... **et quelqu'un lui avait répondu**

Pour la première fois de sa vie, il avait parlé à quelqu'un... et quelqu'un lui avait répondu **sans se mettre à hurler de terreur.**

Nom : .... Date : .... Module 20

4 Fluidité : lire de manière expressive

Garou-Garou a peur de tout

Lecture expressive

Pour chaque personnage, écris les adjectifs sur les lignes qui conviennent.
Puis entraîne-toi à lire le texte en utilisant les aides proposées pour moduler ta voix.

G : Garou-Garou : **étonné – craintif – malin**

N : Noémie : **en détresse – exclamative – sûre d'elle – étonnée – interrogative**

	Tout à coup, quelqu'un frappa à la porte de la caverne : toc, toc, toc !
.... G	Ça alors ! Jamais personne n'avait osé venir chez lui.
	Garou-Garou se mit à trembler et il chuchota :
.... G	– Qui... qui... qui est là ?
	– Noémie ! répondit une voix très douce. [...]
.... N	Je suis perdue dans la forêt [...], j'ai peur aidez-moi s'il vous plaît !
	Très surpris, le loup toussota et demanda :
.... G	– Connais-tu Garou-Garou ?
.... N	– Garu-Gara-Garou ?
.... N	Pas du tout ! dit Noémie.
	Alors le loup eut une idée, une idée géniale. Il cacha sa lampe de poche sous son matelas. Seule la veilleuse éclairait encore la caverne...
.... G	« Comme ça, la petite fille ne me verra pas... »
	pensa-t-il. Et il ouvrit la porte. [...] La petite fille ouvrit de grands yeux et s'écria :
.... N	– Oh là là ! On n'y voit rien, chez vous ! [...] Tant pis !

Défi lecture

Entraîne-toi à lire le texte puis fais-toi chronométrer.

Pour la première fois de sa vie, on lui avait souri. Pour la première fois de sa vie, il aimait le noir qui cachait ses oreilles velues et ses longues dents pointues.
Le loup était si ému que deux petites larmes brillèrent au coin de ses yeux.
– Oui, mais demain... soupira-t-il. Demain, il fera jour ! Demain, Noémie s'enfuira et tout recommencera comme avant.

Le loup qui avait peur de tout, Ann Rocard,

Lis ce texte en proposant une relecture expressive.

SCORE de LECTURE
66 mots lus en ... secondes

Gros pépin pour une tomate

Support : « Gros pépin pour une tomate », *Pièces drôles pour les enfants - tome 2*, Michel Coulareau, © Retz, 2015.

Genre : Pièce de théâtre.

Thèmes : Humour, justice.

Spécificités : Ce texte est représentatif du genre théâtral : le lieu, la mise en page (nom des personnages, répliques) ainsi que la présence des didascalies. Lors de la lecture de fluence, le nom des personnages ainsi que les didascalies seront gardés sous silence.

Temps : Présent majoritairement, conditionnel présent et passé composé.

Vocabulaire : **

Éléments de contexte à faire identifier :

- Observer les spécificités du théâtre : présentation, répliques sous forme de dialogues, nom des personnages en capitales, didascalies.
- Éventuellement expliquer le titre de la pièce de théâtre : M. Bellepoire a « un gros pépin », c'est-à-dire de gros problèmes pour avoir jeté des tomates (qui contiennent des pépins) à la figure de son voisin.

Éléments de compréhension à relever :

- Les didascalies indiquent le ton et les gestes scéniques à adopter. Elles seront étudiées, mais ne seront pas lues pour le texte de fluence.
- Expliquer que la situation semble d'abord loufoque car M. Bellepoire est convoqué pour avoir jeté quelques tomates au visage du voisin. Progressivement, le lecteur comprend que le voisin a été gravement blessé. M. Bellepoire incrimine la qualité des tomates, ce qui crée une dimension humoristique.
- À la fin du texte, M. Bellepoire précise qu'il a oublié un petit détail pouvant expliquer l'état de son voisin : les tomates étaient dans une boîte de conserve, d'où les blessures de M. Tortillard. Éventuellement lire ou faire lire par un élève le texte du défi lecture de la fiche° 4 expliquant la chute de ce texte.

Résumé :

M. Bellepoire se retrouve devant un juge pour avoir jeté des tomates à la figure de son voisin, Ursule Tortillard. On apprend que ce dernier a alors été fortement blessé, ce qui demeure incompréhensible pour un jet de tomates. Or M. Bellepoire a omis quelques détails de ce jet de tomates.

Passage précédant le texte de fluence :

L'enseignant lit ce texte à haute voix et de manière expressive en préalable de la lecture du texte de fluence.

De son bureau, le juge interroge le prévenu, Monsieur Bellepoire, qui se trouve « à la barre ».

LE JUGE, autoritaire, donnant un coup de maillet : Monsieur Bellepoire ! Une bonne fois pour toutes, je vous demande de me dire la vérité ! C'est compris ? La vé-ri-té !

M. BELLEPOIRE : Mais je vous ai dit la vérité, Monsieur le juge !... (Levant la main droite.) Je vous le jure !

LE JUGE : Allons, Monsieur Bellepoire ! Ce n'est pas possible ! Votre histoire ne tient pas debout !

M. BELLEPOIRE : Pourtant, je vous assure que je vous ai raconté, exactement, ce qui s'est passé.

LE JUGE : Ainsi donc, vous persistez à affirmer que ce sont bien des tomates que vous avez lancées au visage de votre voisin, Monsieur... Monsieur comment, déjà ?

M. BELLEPOIRE : Tortillard... Ursule Tortillard.

LE JUGE : C'est cela : Ursule Tortillard.

« Gros pépin pour une tomate », in *Pièces drôles pour les enfants - tome 2*, Michel Coulareau, © Retz, 2015.

Texte de fluence

Gros pépin pour une tomate

1 min

M. BELLEPOIRE : J'ai juste lancé quelques tomates. 6
LE JUGE : Uniquement « quelques tomates » ? 9
M. BELLEPOIRE : Uniquement ! (Levant de nouveau la main droite.) 10
Je le jure sur la tête de Monsieur Tortillard ! 19
LE JUGE, outré : Je vous en prie, Monsieur Bellepoire ! La tête 27
de Monsieur Tortillard est suffisamment abîmée comme ça ! 35
M. BELLEPOIRE : Je vous le répète, Monsieur le juge : 42
simplement des tomates. 45
LE JUGE : Dans ce cas, comment expliquez-vous que ce pauvre 54
Monsieur Tortillard ait dû rester à la clinique pendant trois 64
semaines ? 65
M. BELLEPOIRE : Franchement, je ne comprends pas. 70
LE JUGE : Avec une double fracture du nez, quatre dents 78
cassées, un enfoncement de la mâchoire et dix points de 88
suture sur le menton ? Je vous écoute, Monsieur Bellepoire. 97
M. BELLEPOIRE : C'était, pourtant, de simples tomates, toutes 104
rouges et bien mûres. 108
LE JUGE : Mais enfin, de « simples tomates toutes rouges et 116
bien mûres » n'auraient jamais occasionné des blessures 124
pareilles ! 125
M. BELLEPOIRE, faussement confus : La preuve, Monsieur le juge ! 130
LE JUGE, d'un ton menaçant. : Dites-moi, mon ami... N'auriez-vous 137
pas, par hasard, omis de me fournir un petit détail ? 147
M. BELLEPOIRE, sursautant et cessant soudain de rire : Ah ! Ça y est ! 151
Ça me revient, Monsieur le juge... J'avais oublié un petit 162
détail... Mais vraiment tout petit... 167

« Gros pépin pour une tomate », *Pièces drôles pour les enfants - tome 2*, Michel Coulareau, © Retz, 2015.

SCORE de LECTURE
Nombre de mots lus en **1 min** :

N° 1	N° 2	N° 3
Date :	Date :	Date : ....

Nom : .... Date : ....

1 Fluence : lire des mots du texte

Gros pépin pour une tomate

1 La graphie des sons complexes

Dis le nom de chaque dessin. Puis relie-le à la graphie du son qu'il contient.

- oi •
- an •
- ou •

- • ill
- • ail
- • eil

Entoure des mots du texte qui contiennent l'une de ces graphies de son.

2 Les syllabes

Lis chaque ligne de syllabes 5 fois.

*	JU	en	pa	di	bî	ré	GE	pè	ou	te	ce	dé
**	fon	mée	tes	sau	tant	sim	ment	moi				
***	tail	points	tré	nir	ples	reilles	sur	four				

3 Des syllabes aux mots

Lis 3 fois ces mots du texte de fluence.

des tomates	LE JUGE	un détail	des points	un enfoncement
abîmée	outré	simples	petit	pareilles
j'écoute	je répète	dites-moi	fournir	sursautant

Retrouve les différents mots dans le texte et entoure-les.

4 Les mots importants

Relie ce qui va ensemble. Puis vérifie dans le texte.

double fracture •	• de la mâchoire
quatre dents •	• sur le menton
un enfoncement •	• cassées
dix points de suture •	• pareilles
des blessures •	• du nez

5 Le carré des mots outils

Lis ces mots 3 fois puis chronomètre-toi.

SCORE de LECTURE

N° 1
.... secondes

N° 2
.... secondes

juste	vous	pendant	trois
Avec	dix	quatre	c'était
pourtant	toutes	bien	Mais
enfin	jamais	Ça	soudain
• de nouveau	• quelques		

Recopie plusieurs mots outils de ton choix avec puis sans modèle.

Nom : .... Date : ....

2 Fluence : lire des mots et des phrases

Gros pépin pour une tomate

1 Les sons complexes

Prends le temps de bien lire ces mots contenant des sons complexes, étranges, ou des écritures particulières.

meu - sieu	meu - sieu	eks - pli - ké	Bè - le - poi - r	a - zar	o - ka - zio - né
Monsieur	M.	expliquez	Bellepoire	hasard	occasionné

2 Les familles des adverbes

Lis 5 fois chaque binôme de mots qui sont de la même famille.

unique	**uniquement**	simple	**simplement**	faux	**faussement**
suffisant	**suffisamment**	franc	**franchement**	vrai	**vraiment**

3 Le carré des mots

Lis rapidement ces 40 mots du texte.

SCORE de LECTURE
40 mots lus en ...

N° 1
secondes

N° 2
secondes

juste tomates lancé menton outré
quelques tête jure clinique pauvre
lancé Uniquement Monsieur expliquez
semaines cassées simplement confus
enfoncement comprends faussement
simples pendant suture cessant mûres
blessures rouges Franchement Tortillard
fournir preuve pourtant blessures détail
menaçant vraiment points Bellepoire
sursautant

4 Les mots unis

Lis 5 fois d'une seule traite ces groupes de mots du texte.

- J'ai juste lancé
- Dans ce cas
- Mais enfin
- Je vous en prie
- comment expliquez-vous que
- comme ça
- pendant trois semaines
- Ça y est !
- Je le jure sur la tête de
- Je vous le répète
- dix points de suture
- par hasard
- Ça me revient

5 Les synonymes et les mots de sens proche

Lis ces listes de mots qui ont le même sens ou un sens proche.

- furieux – offusqué – irrité – indigné – **outré**
- faussement vague – faussement embrouillé – faussement **confus**
- oublié de donner – ne pas mentionner – **omis de fournir**
- causé des blessures – provoqué des blessures – **occasionné** des blessures

DE TEMPS ?
Entoure le mot en gras dans le texte de fluence.

Nom : .... Date : ....

3 Fluidité : bien lire des phrases et des extraits

Gros pépin pour une tomate

1 Les liaisons

Lis 3 fois ces groupes de mots en étant attentif aux liaisons.

je vous en prie	suffisamment abîmée	je vous écoute
Mais enfin	mon ami	j'avais oublié

Marque les liaisons avec des arcs de cercle dans le texte de fluence.

2 Les petits mots riches

Complète ces phrases avec ces adjectifs. Puis vérifie dans le texte de fluence.

mûres – simples – rouges – pareilles

M. BELLEPOIRE : C'était, pourtant, de .... tomates, toutes .... et bien ....

LE JUGE : Mais enfin, de « .... tomates toutes .... et bien .... » n'auraient jamais occasionné des blessures ....

3 Les pyramides de mots

Lis 3 fois ces groupes de mots qui se rallongent.

La tête est abîmée

La tête **de Monsieur Tortillard** est abîmée

La tête de Monsieur Tortillard est **suffisamment** abîmée

La tête de Monsieur Tortillard est suffisamment abîmée **comme ça !**

expliquez-vous

comment expliquez-vous

comment expliquez-vous **que Monsieur Tortillard ait dû rester**

comment expliquez-vous que **ce pauvre** Monsieur Tortillard ait dû rester

comment expliquez-vous que ce pauvre Monsieur Tortillard ait dû rester **à la clinique**

4 Les mots retirés

Lis ce texte en replaçant les mots qui ont été retirés.
Procède ainsi 3 fois en regardant de moins en moins les mots placés dans la marge.

LE JUGE :	Mais enfin, de « simples ■ toutes rouges	■ tomates
	et bien ●	● mûres
	n'auraient jamais ■	■ occasionné
	des blessures ● !	● pareilles
MR BELLEPOIRE :	La preuve ! Monsieur le ■ !	■ juge
Le JUGE :	Dites-moi, mon ●...	● ami
	N'auriez-vous pas, ■,	■ par hasard
	omis de me ● un petit détail ?	● fournir

Nom : .... Date : ....

4 Fluidité : lire de manière expressive

Gros pépin pour une tomate

Lecture expressive

Entraîne-toi à lire le texte en utilisant les aides proposées. Attention, ne lis pas ce qui est grisé.

M. BELLEPOIRE	*faussement naïf*	J'ai juste lancé quelques tomates.
LE JUGE	*étonné*	Uniquement « quelques tomates » ?
M. BELLEPOIRE	*faussement sincère*	Uniquement !
	moqueur	*(Levant de nouveau la main droite)* Je le jure sur la tête de Monsieur Tortillard !
LE JUGE	*outré*	Je vous en prie, Monsieur Bellepoire ! La tête de Monsieur Tortillard est suffisamment abîmée comme ça !
M. BELLEPOIRE	*faussement sincère*	Je vous le répète, Monsieur le juge : simplement des tomates.
LE JUGE	*agacé*	Dans ce cas, comment expliquez-vous que ce pauvre Monsieur Tortillard ait dû rester à la clinique pendant trois semaines ?
M. BELLEPOIRE	*faussement étonné*	Franchement, je ne comprends pas.
LE JUGE	*très agacé*	Avec une double fracture du nez, quatre dents cassées, un enfoncement de la mâchoire et dix points de suture sur le menton ? Je vous écoute, Monsieur Bellepoire.
M. BELLEPOIRE	*faussement étonné*	C'était, pourtant, de simples tomates, toutes rouges et bien mûres.
LE JUGE	*très agacé, en colère*	Mais enfin, de « simples tomates toutes rouges et bien mûres » n'auraient jamais occasionné des blessures pareilles !
M. BELLEPOIRE	*faussement confus*	La preuve, Monsieur le juge !
LE JUGE	*d'un ton menaçant*	Dites-moi, mon ami… N'auriez-vous pas, par hasard, omis de me fournir un petit détail ?
M. BELLEPOIRE	*cessant soudain de rire*	Ah ! Ça y est ! Ça me revient, Monsieur le juge…
	prudent	J'avais oublié un petit détail… Mais vraiment tout petit…

Défi lecture

Entraîne-toi à lire le texte puis fais-toi chronométrer.

LE JUGE, réjoui : À la bonne heure ! Quel est-il donc, ce « tout petit détail » ?
M. BELLEPOIRE : Vous savez, mes tomates…
LE JUGE, s'impatientant : Oui ! Qu'est-ce qu'elles avaient, vos fichues tomates ?
M. BELLEPOIRE : Eh ben ! Elles étaient en conserve… Dans un bocal, gros comme ça, Monsieur le juge !
LE JUGE, levant les yeux aux ciel. : Monsieur Bellepoire ! Nous y voilà !

« Gros pépin pour une tomate », in *Pièces drôles pour les enfants - tome 2*, Michel Coulareau, © Retz, 2015.

Lis ce texte avec une lecture expressive en t'aidant des indications données didascalies.

SCORE de LECTURE
46 mots lus en … secondes

La souris près de mon bureau

Support : « La souris », *Histoires naturelles*, Jules Renard, 1896.

Genre : Poème en prose.

Thèmes : Animal, vie nocturne.

Spécificités : Ce texte est un poème dont la forme n'est pas la plus familière car il est écrit en prose. La souris y est décrite à travers ses caractéristiques, présentées sous forme d'images poétiques.

Temps : Présent.

Vocabulaire : **

Éléments de contexte à faire identifier :

- Observer que ce texte est écrit en prose, mais peut être considéré cependant comme un poème, parce qu'il appartient à un recueil de poésie, *Histoires naturelles*, et parce ce qu'il se caractérise par l'usage d'images poétiques.
- Comprendre que la souris sort de son abri, et harmonise le rythme de son expédition nocturne aux rythme et mouvements de la plume de l'auteur.

Éléments de compréhension à relever :

- Le narrateur est Jules Renard lui-même. Il s'exprime à la première personne. Il se raconte écrivant un poème : celui-ci ou un autre.
- Remarquer que l'auteur apprécie la présence de la souris et qu'écrire est un moyen de garder la souris près de lui.
- Noter le rythme du poème, marqué par la ponctuation, pour illustrer l'expédition entreprise par la souris qui sort de son abri. Le rythme de la sortie nocturne de la souris montre l'alternance entre la peur et le courage.

Résumé :

À la nuit tombée, l'auteur écrit, comme tous les soirs, tandis qu'une souris sort de son abri. La souris entreprend alors une expédition nocturne, marquée par sa peur et son courage en fonction du rythme de la plume de l'auteur.

Passage précédant le texte de fluence :

L'enseignant lit ce texte à haute voix et de manière expressive en préalable de la lecture du texte de fluence.

Comme, à la clarté d'une lampe, je fais ma quotidienne page d'écriture, j'entends un léger bruit. Si je m'arrête, il cesse. Il recommence, dès que je gratte le papier.

« La souris », *Histoires naturelles*, Jules Renard, 1896.

Nom : ....

Texte de fluence

1 min

La souris près de mon bureau

Je devine ses va-et-vient au bord du trou obscur où notre 13
servante met ses torchons et ses brosses. 20
Elle saute par terre et trotte sur les carreaux de la cuisine. 32
Elle passe près de la cheminée, sous l'évier, se perd dans 44
la vaisselle, et par une série de reconnaissances qu'elle 54
pousse de plus en plus loin, elle se rapproche de moi. 65
Chaque fois que je pose mon porte-plume, ce silence 75
l'inquiète. Chaque fois que je m'en sers, elle croit peut- 87
être qu'il y a une autre souris quelque part, et elle se 100
rassure. 101
Puis je ne la vois plus. Elle est sous ma table, dans mes 114
jambes. Elle circule d'un pied de chaise à l'autre. Elle 126
frôle mes sabots, en mordille le bois, ou hardiment, la 136
voilà dessus ! 138
Et il ne faut pas que je bouge la jambe, que je respire 151
trop fort : elle filerait. 155

« La souris », *Histoires naturelles*, Jules Renard, 1896.

SCORE de LECTURE
Nombre de mots lus en **1 min** :

N° 1	N° 2	N° 3
Date :	Date :	Date : ....

Nom : .... Date : ....

1 Fluence : lire des mots du texte

La souris près de mon bureau

1 La graphie des sons complexes

Dis le nom de chaque dessin. Puis relie-le à la graphie du son qu'il contient.

ai •
eau •
oin •

• ill
• eil
• ier

Entoure les mots du texte qui contiennent l'une de ces graphies de son.

2 Les syllabes

Lis chaque ligne de syllabes 5 fois.

*	mi	ca	re	ces	de	fi	s'é	le	di	co	née
**	che	nnai	ssus	ment	rait	ssan	mor	cur			
***	rreaux	har	obs	croit	loin	dille	veille				

3 Des syllabes aux mots

Lis 3 fois ces mots du texte de fluence.

une souris	la cheminée	les carreaux	des reconnaissances	le bois
dessus	loin	fort	hardiment	obscur
Je devine	elle filerait	elle mordille	elle s'éveille	elle croit

Retrouve les différents mots dans le texte et entoure-les.

4 Les mots complexes

Relie chaque mot à son dessin.

jambe • sabots • brosses •

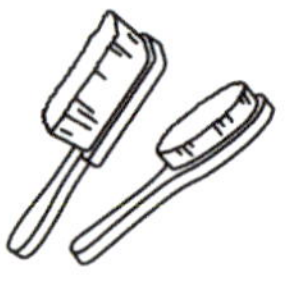

5 Le carré des mots outils

Lis ces mots 3 fois puis chronomètre-toi.

qui au notre par dans Puis et
plus moi trop Chaque dessus
autre • qu'il y a • quelque part •
• de plus en plus • peut-être voilà
• près de •

SCORE de LECTURE

N° 1	N° 2
secondes	secondes

Recopie plusieurs mots outils de ton choix avec puis sans modèle.

Nom : .... Date : ....

2 Fluence : lire des mots et des phrases

La souris près de mon bureau

1 Le labyrinthe des sons

Lis ces mots en suivant chaque chemin, les deux utilisant un son différent mais une même graphie.

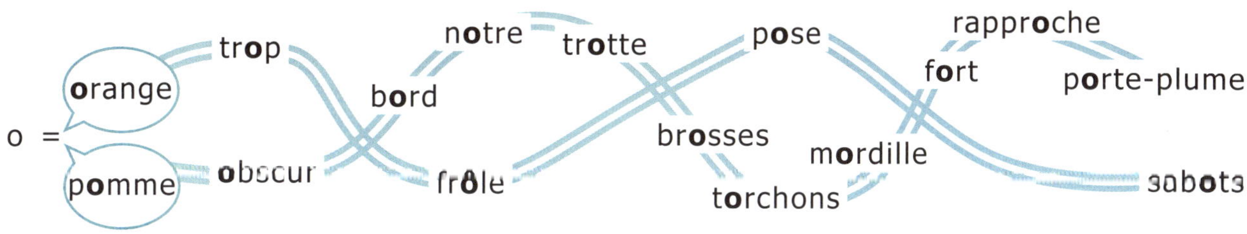

Retrouve les différents mots dans le texte et entoure-les.

2 Les lettres muettes

Lis plusieurs fois ces mots dont les lettres finales sont muettes.

é	è	è r	è l	è s
et	filerait	terre	vaisselle	respire
évier	reconnaissances	servante	quelque	
pied	peut-être	se perd		
ses	chaise	sers		

Retrouve les différents mots dans le texte et entoure-les.

3 Le carré des mots

Lis rapidement ces 40 mots du texte.

SCORE de LECTURE
40 mots lus en ...

N° 1 .... secondes

N° 2 .... secondes

souris • au bord • devine série fort
va-et-vient et met reconnaissances
loin trou Chaque passe table
obscur autre servante Puis saute
jambes • quelque part • torchons
• se perd • qui porte-plume pousse
carreaux • de plus en plus • frôle
pied dessus évier trop mordille
chaise hardiment vaisselle filerait
sabots peut-être

4 Les synonymes et les mots de sens proche

Lis ces listes de mots qui ont le même sens ou un sens proche.

- allers et retours – allées et venues – **va-et-vient**
- sans lumière – sombre – foncé – **obscur**
- elle marche rapidement à petit pas – elle trottine – elle **trotte**
- elle passe près de – elle rase – elle touche légèrement – elle **frôle**
- de repères – de prises d'informations – de **reconnaissances**
- cour ageusement – bravement – **hardiment**

Entoure le mot en gras dans le texte de fluence.

Nom : .... Date : ....

3 Fluidité : bien lire des phrases et des extraits

La souris près de mon bureau

1 Les liaisons

Lis 3 fois ces groupes de mots en étant attentif aux liaisons.

C'est‿une souris

ses torchons‿et ses brosses

par‿une série

de plus‿en plus

Marque les liaisons avec des arcs de cercle dans le texte de fluence.

2 Les pyramides de mots

Lis 3 fois ces groupes de mots qui se rallongent.

elle trotte

Elle **saute et** trotte

Elle saute **par terre** et trotte

Elle saute par terre et trotte **sur les carreaux**

Elle saute par terre et trotte sur les carreaux **de la cuisine**.

au bord du trou

au bord du trou **obscur**

au bord du trou obscur **où notre servante met ses torchons**

au bord du trou obscur où notre servante met ses torchons **et ses brosses**

3 La ponctuation

Lis ce texte 3 fois en respectant les pauses et les intonations indiquées par la ponctuation mise en gras.

Procède ainsi 3 fois puis lis le texte de fluence en respectant ce rythme.

Elle passe près de la cheminée**,** sous l'évier**,** se perd dans la vaisselle**,** et par une série de reconnaissances qu'elle pousse de plus en plus loin**,** elle se rapproche de moi**.**

Chaque fois que je pose mon porte-plume**,** ce silence l'inquiète**.** Chaque fois que je m'en sers**,** elle croit peut-être qu'il y a une autre souris quelque part**,** et elle se rassure**.**

Puis je ne la vois plus**.** Elle est sous ma table**,** dans mes jambes**.** Elle circule d'un pied de chaise à l'autre. Elle frôle mes sabots**,** en mordille le bois**,** ou hardiment**,** la voilà dessus **!**

Et il ne faut pas que je bouge la jambe**,** que je respire trop fort **:** elle filerait**.**

4 Fluidité : lire de manière expressive

La souris près de mon bureau

1 Lecture enchaînée

Enchaîne sans accroc la lecture de cette longue phrase.

Elle passe près de la cheminée, sous l'évier, se perd dans la vaisselle, et par une série de reconnaissances qu'elle pousse de plus en plus loin, elle se rapproche de moi.

2 Lecture expressive

Entraîne-toi à lire le texte qui retrace l'exploration nocturne de la souris en tenant compte de la ponctuation et des indications pour moduler ta voix.

rapide, ton calme	Je devine ses va-et-vient au bord du trou obscur où notre servante met ses torchons et ses brosses.
rapide, ton courageux	Elle saute par terre et trotte sur les carreaux de la cuisine. Elle passe près de la cheminée, sous l'évier, se perd dans la vaisselle, et par une série de reconnaissances qu'elle pousse de plus en plus loin, elle se rapproche de moi.
lent, ton angoissé	Chaque fois que je pose mon porte-plume, ce silence l'inquiète.
lent, ton calme	Chaque fois que je m'en sers, elle croit peut-être qu'il y a une autre souris quelque part, et elle se rassure.
de plus en plus rapide, ton courageux	Puis je ne la vois plus. Elle est sous ma table, dans mes jambes. Elle circule d'un pied de chaise à l'autre. Elle frôle mes sabots, en mordille le bois, ou hardiment, la voilà dessus !
lent, en chuchotant	Et il ne faut pas que je bouge la jambe, que je respire trop fort :
rapide, ton angoissé	elle filerait.

Défi lecture

Entraîne-toi à lire le texte puis fais-toi chronométrer.

Mais il faut que je continue d'écrire, et de peur qu'elle ne m'abandonne à mon ennui de solitaire, j'écris des signes, des riens, petitement, menu, menu, comme elle grignote.

« La souris », *Histoires naturelles*, Jules Renard, 1896.

DE TEMPS ? Lis ce texte en proposant une relecture expressive.

SCORE de LECTURE
33 mots lus en ... secondes

Hubert Ben Kemoun, racontez-nous votre métier d'auteur jeunesse

Support : « Entretien avec Hubert Ben Kemoun », réalisé par des élèves d'une classe de CE2, 2003.

Genre : Interview.

Thèmes : Interview, livres jeunesse, les raisons de devenir auteur.

Spécificité : Ce texte présente les caractéristiques d'un entretien retranscrit sous forme de questions et de réponses. Il y traite de ce qui pousse cet auteur à écrire des histoires jeunesse.

Temps : Présent.

Vocabulaire : *

Éléments de contexte à faire identifier :

- Faire identifier les caractéristiques d'un entretien, à savoir la présence d'un locuteur qui pose les questions (les élèves) et d'un interlocuteur qui y répond (l'auteur Hubert Ben Kemoun).
- Souligner l'emploi d'un langage parlé retranscrit.
- Donner éventuellement des éléments sur Hubert Ben Kemoun, un auteur jeunesse, ayant écrit notamment la collection de romans pour enfants « Samuel » (éditions Nathan Jeunesse).

Éléments de sens à relever :

- Il peut être utile de caractériser le genre fantastique qui fait surgir du surnaturel dans le réel, venant bousculer l'ordre des choses. Ce genre permet à un auteur de dépasser le strict cadre du réel.
- L'idée de mensonge évoquée par l'auteur est à rapprocher du genre fantastique, mais aussi à tout écrit fictionnel : mensonge est ici plutôt synonyme d'invention.
- H. Ben Kemoun explique qu'une fiction doit susciter de l'émotion, chez le lecteur, mais aussi chez l'auteur.
- Il évoque à sa manière l'une des fonctions de l'écrit : on n'écrit pas pour soi, mais pour les autres, dans l'intention d'être lu.

Résumé :

L'auteur jeunesse Hubert Ben Kemoun répond aux questions d'élèves au sujet de son métier et de son rapport aux livres et aux histoires.

Passage précédant le texte de fluence :

L'enseignant lit ce texte à haute voix et de manière expressive en préalable de la lecture du texte de fluence.

Quand vous aviez notre âge, lisiez-vous des livres ?

Pour être tout à fait honnête, je n'aimais pas beaucoup lire. C'est plus tard, au collège que j'ai découvert ce secret incroyable : j'étais dans les livres ! C'est-à-dire que les personnages que je croisais dans les pages se posaient les mêmes questions que moi, vis-à-vis de leurs parents, de la vie, des filles, des copains..., exactement les mêmes questions ! À partir de là, je me suis mis à dévorer les bouquins, toutes sortes de bouquins, des romans, des pièces de théâtre, des recueils de poésie...

Et vos maîtres d'école, vous racontaient-ils des histoires ?

Mes maîtres d'école et ma grande sœur, et notamment une maîtresse d'école plus importante que les autres, m'ont lu des contes, tous les classiques et beaucoup d'autres histoires encore. Il serait trop long de les citer tous. Ah oui, cette maîtresse très importante... c'était ma maman.

« Entretien avec Hubert Ben Kemoun », réalisé par des élèves d'une classe de CE2, 2003.

Nom : ....

Texte de fluence

1 min

Hubert Ben Kemoun, racontez-nous votre métier d'auteur jeunesse

Pourquoi aimez-vous raconter des histoires 6
fantastiques et qui font peur ? 11
Certaines de mes histoires s'inscrivent dans ce genre appelé 20
fantastique au sens où, elles commencent dans un univers 29
quotidien et basculent dans le « mensonge total ». J'adore 38
ça, raconter des mensonges. Pas vous ? Moi je crois que 48
vous aimez ces choses-là comme moi. 55

Est-ce que vous vous faites peur quand vous écrivez 65
des histoires qui font peur ? 70
Lorsque j'écris, il faut que l'histoire me procure des 81
émotions, des peurs, des plaisirs, pour que lorsque vous 90
la lirez elle vous procure des sentiments semblables. Si 99
cela ne me fait rien, le texte va direct à la poubelle ! J'ai 113
la particularité de toujours savoir comment une histoire 121
va finir quand je commence à l'écrire. Toujours ! 130

Pourquoi écrivez-vous des histoires pour les petits 138
alors que vous n'êtes plus petit ? 145
J'écris pour les enfants, et j'adore ça, parce que quand 157
on écrit pour des enfants, on est obligé de raconter une 168
histoire, de fabriquer des événements, d'inventer des actions 177
et de ne pas passer son temps à faire des descriptions 188
de cent-cinquante kilomètres (je déteste les descriptions 196
trop longues). 198

« Entretien avec Hubert Ben Kemoun », réalisé par des élèves d'une classe de CE2, 2003.

SCORE de LECTURE
Nombre de mots lus en 1 min :

N° 1	N° 2	N° 3
Date :	Date :	Date : ....

Nom : .... Date : ....

1 Fluence : lire des mots du texte

Hubert Ben Kemoun, racontez-nous votre métier d'auteur jeunesse

1 Les branches des sons

Lis 3 fois ces syllabes en suivant les branches, chaque branche utilisant un même son.

s — sa — ce — cen — cin — tion
sa — son — sener — his — tas — bas — ins
sa — ça

k — ki — cu — co — cou — cri — croi — clou — clan
ki — que — quo — quan

Retrouve les différents mots dans le texte et entoure-les.

2 Les syllabes

Lis chaque ligne de syllabes 5 fois.

*	ti	pe	cu	re	tit	res	ac	his				
**	sen	pou	toi	lon	ments	tas	gues	pro	bas	fan	que	
***	belle	peur	tions	lent								

3 Des syllabes aux mots

Lis 3 fois ces mots du texte de fluence.

peur	la poubelle	des actions	des histoires	des sentiments
petit	longues	fantastique	elle procure	elles basculent

Retrouve les différents mots dans le texte et entoure-les.

4 Les mots importants

Entoure les 4 mots qui évoquent ce que procurent les histoires.

des peurs	un univers	le mensonge	des plaisirs
des enfants	des émotions	le texte	des sentiments

5 Le carré des mots outils

Lis ces mots 3 fois puis chronomètre-toi.

SCORE de LECTURE

N° 1 ...... secondes

N° 2 ...... secondes

Pourquoi votre vous et qui
que certaines mes dans moi
comme lorsque • pour que •
cela rien toujours comment
quand • parce que • trop

Recopie plusieurs mots outils de ton choix avec puis sans modèle.

Nom : .... Date : ....

2 Fluence : lire des mots et des phrases

Hubert Ben Kemoun,
racontez-nous votre métier d'auteur jeunesse

1 Les mots complexes

Lis les syllabes puis les mots 5 fois et de plus en plus rapidement.

u / ni / vers → uni / vers → univers
di / rec / t → di / rect → direct
sem / bla / bles → sembla / bles → semblables
par / ti / cu / la / ri / té → par / ticula / rité → particularité
fan / tas / ti / que → fantas / tique → fantastique
des / crip / tions → des / criptions → descriptions
é / vé / ne / ments → évé / nements → événements

Surligne ces mots dans le texte de fluence.

2 Le carré des mots

Lis rapidement ces 40 mots du texte.

SCORE de LECTURE
40 mots lus en ...

N° 1 .... secondes

N° 2 .... secondes

Pourquoi	peur	quotidien	choses
comme	histoires	fantastiques	certaines
univers	raconter	mensonge	écrivez
lorsque	sentiments	semblables	rien
texte	toujours	émotions	direct
poubelle	• me procure •	particularité	
• parce que •	plaisirs	faire	enfants
total	événements	cent-cinquante	
inventer	kilomètres	fabriquer	quand
trop	descriptions	longues	actions
comment	temps		

3 Les verbes en rime

Lis 5 fois ces verbes dont la terminaison rime.

raconter — vous écrivez — fabriquer — inventer
vous aimez — passer — vous la lirez

Entoure ces verbes dans le texte de fluence.

4 Les mots unis

Lis 5 fois d'une seule traite ces groupes de mots du texte.

- Certaines de mes histoires
- Lorsque j'écris
- lorsque vous la lirez
- au sens où
- Pas vous ?
- J'adore ça
- direct à la poubelle
- de toujours savoir comment
- de ne pas passer son temps à

Surligne ces groupes de mots dans le texte.

3 Fluidité : bien lire des phrases et des extraits

Hubert Ben Kemoun, racontez-nous votre métier d'auteur jeunesse

1 Les liaisons

Lis 3 fois ces groupes de mots en étant attentif aux liaisons.

- certaines de mes histoires
- quand vous écrivez des histoires
- quand (t) on écrit
- on est obligé
- dans un univers
- des actions
- des émotions
- des événements
- pour les enfants
- pour des enfants

Indique les liaisons par des arcs de cercle dans le texte de fluence.

2 Le choix des mots

Lis chaque phrase en choisissant un des extraits, puis en choisissant les autres extraits.

il faut que l'histoire me procure
- « des peurs ..... »
- « des émotions ..... »
- « des plaisirs ..... »

on est obligé
- « de raconter une histoire ..... »
- « d'inventer des actions ..... »
- « de fabriquer des événements ..... »
- « de ne pas passer son temps à faire des descriptions ..... »

Numérote les différents extraits dans l'ordre du texte de fluence puis lis-les.

3 Les pyramides de mots

Lis 3 fois ces groupes de mots qui se rallongent.

le texte va à la poubelle
le texte va **direct** à la poubelle
Si cela ne me fait rien, le texte va direct à la poubelle !

vous aimez ces choses-là
je crois que vous aimez ces choses-là
je crois que vous aimez ces choses-là **comme moi**.
Moi je crois que vous aimez ces choses-là comme moi.

comment une histoire va finir
de toujours savoir comment une histoire va finir
J'ai la particularité de toujours savoir comment une histoire va finir
J'ai la particularité de toujours savoir comment une histoire va finir **quand je commence à l'écrire.**

Nom : .... Date : ....

4 Fluidité : lire de manière expressive

Hubert Ben Kemoun, racontez-nous votre métier d'auteur jeunesse

Les groupes de souffle

Lis ce texte au rythme des retours à la ligne. Puis lis le texte original (texte de fluence).

Pourquoi aimez-vous raconter des histoires fantastiques
et qui font peur ?

Certaines de mes histoires s'inscrivent
dans ce genre appelé fantastique
au sens où,
elles commencent dans un univers quotidien
et basculent dans le « mensonge total ».
J'adore ça,
raconter des mensonges.
Pas vous ?
Moi
je crois que vous aimez ces choses-là
comme moi.

Est-ce que vous vous faites peur
quand vous écrivez des histoires
qui font peur ?

Lorsque j'écris,
il faut que l'histoire me procure des émotions,
des peurs,
des plaisirs,
pour que
lorsque vous la lirez
elle vous procure des sentiments semblables.
Si cela ne me fait rien,
le texte va direct à la poubelle !
J'ai la particularité de toujours savoir
comment une histoire va finir
quand je commence à l'écrire.

Défi lecture

Entraîne-toi à lire le texte puis fais-toi chronométrer.

Où trouvez-vous toutes vos idées ?

Je ne sais pas d'où viennent mes idées, sinon de ma curiosité au monde, de mon appétit à apprendre tous les jours. De ma mémoire un peu troublée du garçon timide et zozotant que j'étais lorsque j'avais l'âge de mes personnages. Je ne raconte jamais ma vie dans mes livres, je n'ai jamais vécu ce que je raconte dans mes romans, précisément parce que je n'ai jamais vécu de choses fantastiques dans ma vie, c'est même peut-être pour cela que j'écris.

« Entretien avec Hubert Ben Kemoun »,
réalisé par des élèves d'une classe de CE2, 2003.

Lis ce texte en proposant une relecture expressive.

SCORE de LECTURE
90 mots lus en ... secondes

Le buveur d'encre

Support : *Le buveur d'encre*, Éric Sanvoisin, © Nathan Jeunesse, coll. Premiers romans, 2011.

Genre : Nouvelle fantastique.

Thèmes : Le plaisir de lire, les bibliothèques, le genre fantastique, les vampires.

Spécificité : Ce récit suit les normes du genre fantastique, notamment l'irruption du surnaturel dans le réel qui vient bousculer l'ordre des choses.

Temps : Présent et passé composé.

Vocabulaire : **

Éléments de contexte à faire identifier :

- Faire identifier que le narrateur interne est un enfant, totalement partie prenante du récit.
- Donner des éléments sur les particularités des vampires, généralement lugubres et buveurs de sang, tandis que celui-ci se nourrit du contenu des livres.
- Éventuellement, prendre le temps d'expliciter la belle intention de l'auteur qui invite à comprendre qu'un lecteur se nourrit du contenu littéraire qu'il lit.

Éléments de sens à relever :

- Le narrateur interne utilise à la fois des abréviations (p'tit) ou fait part de réflexions sur ses actions à la manière d'un enfant.
- La dimension fantastique est présente par le biais de ce mystérieux client qui est dans une librairie réelle mais qui commet un acte surnaturel en buvant les mots d'un livre, laissant derrière lui un livre vide de mots, comme le découvre le narrateur.

Résumé :

Le fils du libraire déteste les livres. Son passe-temps favori consiste à guetter les pickpockets, qu'il encourage en pensée à le débarrasser de ces objets encombrants et pleins de feuilles. Un jour, il surprend un curieux voleur qui, muni d'une paille, avale les mots d'un livre entier. Il s'agit d'un vampire qui boit l'encre des livres...

Passage précédant le texte de fluence :

L'enseignant lit ce texte à haute voix et de manière expressive en préalable de la lecture du texte de fluence.

Les grandes vacances viennent de commencer. Je ne sais pas quoi faire. Alors j'aide papa à la librairie. Qu'est-ce que je fais ? Pas grand-chose. Il m'a interdit de ranger et même de toucher quoi que ce soit. [...]

J'ai une cachette, dans le fond de la boutique. Une petite fenêtre se découpe dans un mur de livres. Personne ne peut me voir. Je suis un espion. [...]

Tiens, un nouveau client. Je ne le connais pas celui-là. Jamais vu dans le quartier. Il vient peut-être de déménager. Je lui trouve une drôle de tête. Le teint gris, les sourcils en bataille et un air complètement ahuri. Et puis il se livre à un curieux manège. On dirait qu'il flotte à dix centimètres du sol. Comme un fantôme. Je trouve son comportement bizarre.

Ooooh !

J'ai vu, de mes yeux vu, le client inconnu boire un livre. Non, je n'ai pas la berlue. Pendant cinq minutes, il s'est promené dans les rayonnages. Les yeux fermés, il se déplaçait en silence, les bras tendus droit devant lui. On aurait dit qu'il écoutait le bruit des livres.

Le buveur d'encre, Éric Sanvoisin, © Nathan Jeunesse, coll. Premiers romans, 2011.

Texte de fluence

Le buveur d'encre

1 min

Subitement, il a saisi un p'tit bouquin et tout est devenu 11
encore plus fou. 14
Il ne l'a pas ouvert. Il a seulement écarté les pages du milieu 28
et là, dans la fente ainsi pratiquée, il a planté une paille tout 41
juste sortie de sa poche. Sa bouche s'est mise à aspirer. Sur 54
son visage, il y avait du plaisir comme si le livre contenait 66
du jus d'orange et des glaçons. Il faut dire qu'il faisait très 80
chaud ; un temps à ne pas s'aventurer dans une librairie. 91
J'ai poussé un petit cri de stupéfaction. Je sais, je n'aurais 104
pas dû. 106
Aïe ! Je crois qu'il m'a entendu. Il a remis le livre à sa place, 122
a rangé sa paille et s'est dirigé vers la sortie. 133
Aussitôt, j'ai bondi de ma cachette pour examiner le livre 144
dans lequel la paille s'était plantée. Je n'ai pas eu de mal à 159
le retrouver. Il était moins épais que les autres et avait une 171
consistance caoutchouteuse. En le soulevant, je l'ai trouvé 180
d'une légèreté extraordinaire. S'il y avait eu un coup de vent 193
dans la boutique, il se serait envolé. 200
Mais quand je l'ai ouvert, j'ai failli m'évanouir. Il était vide. 214
Sur les pages, il ne restait pas le plus petit mot. 225
L'étrange client avait bu toute l'encre du livre… 235

Le buveur d'encre, Éric Sanvoisin, © Nathan Jeunesse, coll. Premiers romans, 2011.

SCORE de LECTURE
Nombre de mots lus en 1 min :

N° 1	N° 2	N° 3
Date :	Date :	Date : ....

Nom : .... Date : ....

1 Fluence : lire des mots du texte

Le buveur d'encre

1 La graphie des sons complexes

Dis le nom de chaque dessin. Puis relie-le à la graphie du son qu'il contient.

on •
en •
ette •

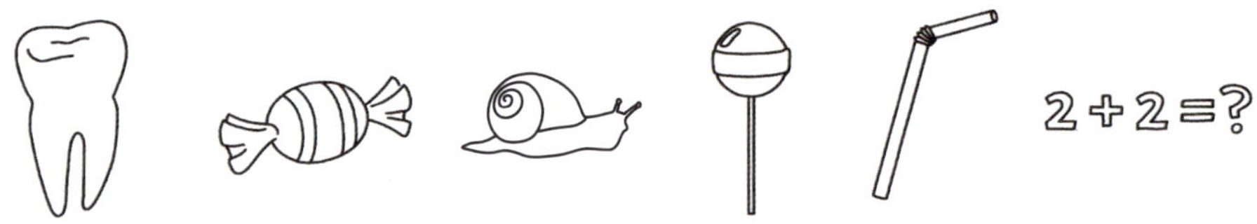

• es
• ail
• tion

Entoure des mots du texte qui contiennent l'une de ces graphies de son.

2 Les syllabes

Lis chaque ligne de syllabes 5 fois.

*	pé	li	o	rie	ca	ge	tu	ti	é	pi	di	re	as	or
**	bou	ran	s'a	rer	ex	nai	chou	ven	que					
***	stu	brai	teuse	fac	out	tra	tran	tion						

3 Des syllabes aux mots

Lis 3 fois ces mots du texte de fluence.

la librairie — la boutique — orange — la stupéfaction — ma cachette
s'aventurer — aspirer — petit — étrange — extraordinaire — caoutchouteuse

Retrouve les différents mots dans le texte et entoure-les.

4 Les mots complexes

Relie chaque mot à son dessin.

bouquin • paille • client •

5 Le carré des mots outils

Lis ces mots 3 fois puis chronomètre-toi.

SCORE de LECTURE

N° 1	N° 2
secondes	secondes

tout	est	seulement	encore		
plus	pas	et	dans	ainsi	s'est
Sur	comme	des	qu'il	très	
vers	Aussitôt	moins	Mais		
quand	toute				

Recopie plusieurs mots outils de ton choix avec puis sans modèle.

Nom : .... Date : ....

2 Fluence : lire des mots et des phrases

Le buveur d'encre

1 Les sons étonnants

Lis et mémorise l'orthographe de ces mots dont les sons sont étonnants.

Aïe (aiy) **fai**sait (e) cl**ien**t (i-ien)

Écris-les 5 fois sur ton cahier avec puis sans modèle.

2 Les mots complexes

Lis les syllabes puis les mots 5 fois et de plus en plus rapidement.

su / bi / te / ment → subi / tement → subitement
as / pi / rer → as / pirer → aspirer
lé / gèr / re / té → lé / gère / té → légèreté
con / sis / tan / ce → con / sis / tance → consistance
stu / pé / fac / tion → stupé / faction → stupéfaction
ex / a / mi / ner → exa / miner → examiner
ex / tra / or / di / naire → extra / or / dinaire → extraordinaire
ca / ou / tchou / teuse → caou / tchou / teuse → caoutchouteuse

Surligne ces mots dans le texte de fluence.

3 Le carré des mots

Lis rapidement ces 50 mots du texte.

SCORE de LECTURE
50 mots lus en ...

N° 1 ...... secondes

N° 2 ...... secondes

Choisis 5 de ces mots et écris-les dans des phrases.

Subitement	saisi	fou	bouquin	crois
seulement	pages	milieu	fente	coup
écarté	paille	juste	poche	bouche
caoutchouteuse	visage	restait	plaisir	
livre	contenait	jus	épais	glaçons
faisait	chaud	temps	s'aventurer	
librairie	moins	stupéfaction	aspirer	
place	sortie	Aussitôt	cachette	
examiner	lequel	orange	retrouver	
consistance	soulevant	légèreté		
extraordinaire	autres	vent	m'évanouir	
ouvert	étrange	client		

4 Les synonymes et les mots de sens proche

Lis ces listes de mots qui ont le même sens ou un sens proche.
Pour chaque série, entoure celui qui est le plus proche du sens du texte.

- un livre – un ouvrage – un roman – un **bouquin**
- immédiatement – rapidement – illico – aussitôt – **tout juste**
- une matière – une substance – une **consistance**
- étonnement – surprise – stupeur – **stupéfaction**
- oser – se risquer – **s'aventurer**
- observer – regarder – inspecter – **examiner**

Nom : .... Date : ....

3 Fluidité : bien lire des phrases et des extraits

Le buveur d'encre

1 Les mots unis

Lis 5 fois d'une seule traite ces groupes de mots du texte.

- un p'tit bouquin
- Il ne l'a pas ouvert
- il y avait du plaisir
- J'ai poussé un petit cri
- Je n'ai pas eu de mal
- encore plus fou
- dans la fente ainsi pratiquée
- Il faut dire
- je n'aurais pas dû
- L'étrange client

Surligne ces groupes de mots dans le texte de fluence.

2 Les verbes

Lis 3 fois ces groupes de mots contenant des verbes.

Actions de l'enfant	Actions du client
J'ai bondi	Il a saisi un p'tit bouquin
J'ai poussé un petit cri	Il a planté une paille
Je l'ai ouvert	Il m'a entendu
Je l'ai trouvé	Il a seulement écarté les pages
J'ai failli m'évanouir	Il a rangé sa paille
Je n'aurais pas dû	Il a remis le livre à sa place
Je n'ai pas eu de mal	Il s'est dirigé vers la sortie
	Il ne l'a pas ouvert

3 Les liaisons

Lis 3 fois ces groupes de mots en étant attentif aux liaisons.

- tout‿est devenu
- Sa bouche s'est mise‿à aspirer
- Je n'ai pas‿eu de mal
- Il était moins‿épais que les‿autres
- Il ne l'a pas‿ouvert
- dans‿une librairie
- il se serait‿envolé

Indique les liaisons par des arcs de cercle dans le texte de fluence.

Nom : .... Date : .... **Module 24**

4 Fluidité : lire de manière expressive

Le buveur d'encre

Les groupes de souffle

Lis ce texte au rythme des retours à la ligne. Puis lis le texte original (texte de fluence).

Subitement,
il a saisi un p'tit bouquin
et tout est devenu encore plus fou.
    Il ne l'a pas ouvert.
Il a seulement écarté les pages du milieu
et là,
dans la fente ainsi pratiquée,
il a planté une paille
tout juste sortie de sa poche.
    Sa bouche s'est mise à aspirer.
Sur son visage,
il y avait du plaisir
comme si le livre contenait du jus d'orange et des glaçons.
    Il faut dire qu'il faisait très chaud ;
    un temps à ne pas s'aventurer dans une librairie.
J'ai poussé un petit cri de stupéfaction.
Je sais,
je n'aurais pas dû.

Défi lecture

Entraîne-toi à lire le texte puis fais-toi chronométrer.

J'ai choisi au hasard un côté du boulevard et je me suis mis à courir. Slalomant entre les passants, j'ai bien parcouru trois cents mètres sans rien voir. Non, non et non ! Je ne voulais pas renoncer. Pour une fois qu'il se passait quelque chose de pas commun dans ma vie…
Je me suis accroché et j'ai fini par apercevoir mon bonhomme. Je l'ai reconnu à son allure particulière. Il avançait vite, sans bouger les jambes. Tout le monde s'écartait avec crainte sur son passage.
Derrière un arbre, j'ai repris ma respiration et je lui ai emboîté le pas.
C'est ainsi que je me suis retrouvé devant la grille du cimetière…

Le buveur d'encre, Éric Sanvoisin,

Lis ce texte en proposant une relecture expressive.

SCORE de LECTURE
119 mots lus en … secondes

Dommage, Flavia ne sait pas lire

Support : *La famille trop d'filles, Flavia*, Susie Morgenstern, coll. Premiers romans, © Nathan, 2016.

Genre : Récit de vie.

Thèmes : L'apprentissage de la lecture, l'amour, la relation fille-garçon.

Spécificité : Il s'agit d'un récit narratif très écrit qui décrit avec précision les états mentaux de la petite fille et explicite ses actions.

Temps : Présent majoritaire.

Vocabulaire : **

Éléments de contexte à faire identifier :

- Expliquer que Flavia est une petite fille qui vit dans une famille nombreuse où elle doit trouver sa place entre cinq sœurs et un frère.
- Comprendre que Flavia est en CP mais qu'elle est amoureuse d'un garçon plus grand, en CE2.
- Expliciter les états mentaux successifs de la fillette qui accepte de lire avec joie pour la première fois.

Éléments de sens à relever :

- Percevoir que Flavia est une petite fille au caractère bien trempé à la fin du texte : « Pour une fois, Flavia est ravie », ce qui suggère que cela est rarement le cas.
- Il peut apparaître étrange qu'elle refuse d'apprendre à lire, alors que par ailleurs, elle semble très douée au piano. Mais pour elle le piano est plus simple que l'apprentissage de la lecture.
- Flavia se trouve face à une difficulté : elle veut absolument lire la lettre de Quentin, mais ne sait pas lire. Et en même temps, comme il s'agit d'une lettre d'amour, elle se refuse à demander qu'on la lui lise.
- On peut observer l'entraide entre sœurs : Anna, la grande, joue un rôle maternel en l'aidant dans son travail scolaire.

Résumé :

Flavia ne veut pas apprendre à lire car elle pense que c'est inutile. Seulement, lorsqu'elle reçoit une lettre d'amour d'un garçon qu'elle aime, la lecture lui devient indispensable. Il faut s'y mettre ! C'est alors que Flavia va découvrir que toute lettre n'est pas forcément un message d'amour...

Passage précédant le texte de fluence :

L'enseignant lit ce texte à haute voix et de manière expressive en préalable de la lecture du texte de fluence.

Dans la vie, en ce moment, Flavia a au moins deux problèmes : la lecture et le piano.

Depuis qu'elle est entrée au CP, Flavia n'aime plus l'école. Apprendre à lire et à écrire, ça ne l'a jamais intéressé vu qu'elle s'est toujours très bien débrouillée sans. Le problème, c'est qu'elle a reçu une lettre. Et que cette lettre vient de Quentin. Quentin, c'est le beau garçon de CE2 dont elle écrase de temps en temps les pieds pour se faire remarquer à la récré. Elle est persuadée que cette technique a enfin réussi et qu'il lui a écrit une lettre d'amour ! Mais elle est bien embêtée : elle n'arrive pas à la déchiffrer... et impossible de demander de l'aide pour une chose aussi personnelle. Alors le courrier de Quentin continue de patienter sous son matelas.

La famille trop d'filles, Flavia, Susie Morgenstern, coll. Premiers romans, © Nathan, 2016.

Nom : ....

Texte de fluence

Dommage, Flavia ne sait pas lire

1 min

– Ah, si seulement la lecture était aussi simple que le piano ! 11
soupire-t-elle. 14
Car Flavia se débrouille beaucoup mieux avec ses partitions 23
qu'avec ses livres d'école. [...] 29
– Pour l'heure, dit Anna, le piano peut attendre [...], tu vas 40
faire un peu de lecture avec moi, Flavia. 48
Ces séances de lecture, sa petite sœur les connaît : il y en a 61
une tous les soirs ! Mais cette fois elle accepte aussitôt, en 73
se disant que ça lui fera un bon entraînement pour déchiffrer 84
la lettre de Quentin. Elle s'applique, mais confond des lettres 95
et trébuche sur chaque mot. [...] Ce soir-là, elle a beaucoup de 106
mal à s'endormir. Surtout que la lettre de Quentin est encore 118
cachée sous son matelas et qu'elle ne sait toujours pas ce 130
qu'il a bien pu lui écrire. 137
Le lendemain [...] il faut vite qu'elle se mette au piano pour 149
travailler sa leçon [...]. 152
– À condition qu'on fasse une demi-heure de lecture avant, 163
précise Bella. 165
Pour une fois, Flavia est ravie. Elle ajoute même un « merci ». 176
Avec un peu de chance elle arrivera bientôt à lire sa lettre 188
d'amour ! 190

La famille trop d'filles, Flavia, Susie Morgenstern, coll. Premiers romans, © Nathan, 2016.

SCORE de LECTURE
Nombre de mots lus en **1 min** :

N° 1	N° 2	N° 3
Date :	Date :	Date : ....

Nom : .... Date : ....

1 Fluence : lire des mots du texte

Dommage, Flavia ne sait pas lire

1 Des sons complexes

Dis le nom de chaque dessin. Puis relie-le à la graphie du son qu'il contient.

ec •
eau •
er •

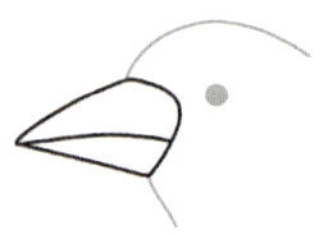

2+2=?
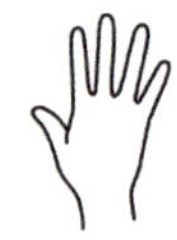

• tion
• ia
• ain

Entoure des mots du texte qui contiennent l'une de ces graphies de son.

2 Les syllabes

Lis chaque ligne de syllabes 5 fois.

*	te	dé	pi	sé	re	ne	ma	de	las	mi
**	sou	an	en	Fla	ces	Quen	mir	ment	dor	tin
***	traî	brouille	heure	via	s'en					

3 Des syllabes aux mots

Lis ces mots du texte de fluence avec précision 3 fois.

son matelas	une demi-heure	ces séances	le piano	un entraînement
la lettre	Bella	Quentin	Flavia	Anna
elle soupire	elle se débrouille	elle accepte	s'endormir	

Retrouve les différents mots dans le texte et entoure-les.

4 Les sons

Lis les mots en prononçant chaque son.

Les différents sons qui se prononcent (è) :

- l'écriture « ai » de « maison » : f**ai**re – m**ai**s – ét**ai**t – s**ai**t
- l'écriture « ê » de « forêt » : m**ê**me
- l'écriture « e » de « bec » : **e**st – **e**lle – l**e**cture – av**e**c – l**e**ttre – m**e**rci – c**e**tte – se m**e**tte

5 Le carré des mots outils

Lis ces mots 3 fois puis chronomètre-toi.

Ah	si	seulement	aussi	que
elle	Car	beaucoup	mieux	
avec	bientôt	Pour	peu	de
moi	les	une	tous	Mais	cette
aussitôt	ça	lui	sur	chaque
à	Surtout	encore	sous	et
qu'elle	toujours	pas	qu'il	
bien	qu'on	avant	même	

SCORE de LECTURE

N° 1	N° 2
secondes	secondes

Recopie plusieurs mots outils de ton choix avec puis sans modèle.

Nom : .... Date : ....

2 Fluence : lire des mots et des phrases

Dommage, Flavia ne sait pas lire

1 Les sons complexes

Lis 5 fois ces mots contenant des écritures qui se ressemblent, mais avec des sons différents.

Tu vois les lettres « ti »		Tu vois les lettres « eu » ou « œu »	
Mots en t qui se prononcent (t)	Mots en t qui se prononcent (s)	Mots qui se prononcent avec un **e fermé** comme « cheveu »	Mots qui se prononcent avec un **e ouvert** comme « fleur »
Quen**t**in ma**t**elas lec**t**ure	condi**t**ion parti**t**ions	p**eu** p**eu**t mi**eu**x	s**eu**lement l'h**eu**re une demi-h**eu**re la s**œu**r

2 Les mots complexes

Lis 5 fois ces mots complexes de plus en plus rapidement.

Prénoms	Objets	Adverbes		Verbes	
Quentin	un piano	mieux	bientôt	trébucher	confondre
Anna	une lettre	beaucoup	avant	soupirer	se débrouiller
Flavia	un matelas	encore	surtout	déchiffrer	accepter
Bella	des partitions	toujours	aussitôt	ajouter	s'appliquer
	des livres			arriver	

3 Les synonymes et les mots de sens proche

Lis ces listes de mots qui ont le même sens ou un sens proche.

- elle mélange – elle embrouille – **elle confond**
- elle réussira à lire – elle parviendra à lire – **elle arrivera à lire**
- lire – décoder – décrypter – traduire – **déchiffrer**
- actuellement – pour le moment – dans le présent – **pour l'heure**

4 Le carré des mots

Lis rapidement ces 50 mots du texte.

SCORE de LECTURE
50 mots lus en ...

N° 1
secondes

N° 2
secondes

Choisis 5 de ces mots et écris-les dans des phrases.

• se débrouille • seulement lecture
simple piano soupire Flavia amour
beaucoup partitions livres • l'heure •
Anna attendre séances sœur connaît
petite soirs accepte aussitôt se disant
entraînement déchiffrer lettre Quentin
• s'applique • cachée confond mieux
trébuche chaque s'endormir Surtout
encore matelas toujours lendemain
travailler leçon condition précise
• demi-heure • Bella ravie ajoute
merci chance arrivera bientôt amour

Nom : .... Date : ....

3 Fluidité : bien lire des phrases et des extraits

Dommage, Flavia ne sait pas lire

1 Les mots unis

Lis 5 fois d'une seule traite ces groupes de mots du texte.

- Ah, si seulement
- beaucoup mieux
- toujours pas
- soupire-t-elle
- Mais cette fois
- Pour une fois
- il y en a une
- Ce soir-là
- Avec un peu de chance

2 Les liaisons

Lis 3 fois ces groupes de mots en étant attentif aux liaisons.

- Si seulement la lecture était aussi simple que le piano.
- Le piano peut attendre.
- La lettre de Quentin est encore cachée.

3 Les pyramides de mots

Lis 3 fois ces groupes de mots qui se rallongent.

Elle sait

Elle **ne** sait **pas**

Elle ne sait **toujours** pas

Elle ne sait toujours pas **ce qu'il a bien pu lui écrire**.

elle arrivera à lire

elle arrivera **bientôt** à lire

elle arrivera bientôt à lire **sa lettre d'amour !**

Avec un peu de chance elle arrivera bientôt à lire sa lettre d'amour !

elle accepte aussitôt

elle accepte aussitôt, **en se disant que ça lui fera un bon entraînement**

elle accepte aussitôt, en se disant que ça lui fera un bon entraînement **pour déchiffrer la lettre de Quentin.**

Mais cette fois elle accepte aussitôt, en se disant que ça lui fera un bon entraînement pour déchiffrer la lettre de Quentin.

4 Les mots retirés

Lis ce texte en replaçant les mots qui ont été retirés.

Procède ainsi 3 fois en regardant de moins en moins les mots placés dans la marge.

Ces séances de ●,	● lecture
sa petite ■ les connaît :	■ sœur
il y en a une tous les ● !	● soirs
Mais cette fois elle accepte ■,	■ aussitôt
en se disant que ça lui fera un bon ●	● entraînement
pour déchiffrer la lettre de ■.	■ Quentin
Elle s'applique, mais confond des ●	● lettres
et trébuche sur chaque ■.	■ mot

Nom : .... Date : ....

Module 25

4 Fluidité : lire de manière expressive

Dommage, Flavia ne sait pas lire

La lecture expressive

Entraîne-toi à lire le texte en utilisant les aides proposées pour moduler ta voix sur les textes en gras.

ton plaintif	**– Ah, si seulement la lecture était aussi simple que le piano !** soupire-t-elle. Car Flavia se débrouille beaucoup mieux avec ses partitions qu'avec ses livres d'école.
avec humour	**– Pour l'heure,** dit Anna, **le piano peut attendre, tu vas faire un peu de lecture avec moi, Flavia.** Ces séances de lecture, sa petite sœur les connaît : il y en a une tous les soirs !
ton neutre	**Mais cette fois elle accepte aussitôt**, en se disant que ça lui fera un bon entraînement pour déchiffrer la lettre de Quentin. Elle s'applique, mais confond des lettres et trébuche sur chaque mot. Ce soir-là, elle a beaucoup de mal à s'endormir.
avec agacement	**Surtout que la lettre de Quentin est encore cachée sous son matelas et qu'elle ne sait toujours pas ce qu'il a bien pu lui écrire.** Le lendemain il faut vite qu'elle se mette au piano pour travailler sa leçon. – À condition qu'on fasse une demi-heure de lecture avant, précise Bella.
ton enjoué	**Pour une fois, Flavia est ravie. Elle ajoute même un « merci ».** Avec un peu de chance elle arrivera bientôt à lire sa lettre d'amour !

DE TEMPS ? Propose d'autres manières de lire pour les autres phrases.

Défi lecture

Entraîne-toi à lire le texte puis fais-toi chronométrer.

Plusieurs jours d'entraînement plus tard…

Avant de se coucher, Flavia attend que ces cinq sœurs et son frère aient fait leurs six pipis. Quand la voie est libre, elle s'enferme dans les toilettes pour avoir un peu d'intimité. Et là, enfin elle reprend la première lettre de Quentin : « Chère Flavia, la maîtresse nous a demandé d'écrire à quelqu'un. »

– Ce n'est pas une lettre d'amour : c'est un devoir de classe ! Enfin, de tous les gens sur terre, c'est quand même moi que Quentin a choisi ! se console Flavia.

Mais la suite de la lettre n'a rien d'agréable : « Je t'écris donc pour te prévenir que si tu continues à me marcher sur les pieds, j'aurais du mal à devenir le grand joueur de foot que je voudrais être. »

La famille trop d'filles, Flavia, Susie Morgenstern, coll. Premiers romans, © Nathan, 2016.

DE TEMPS ? Lis ce texte en proposant une relecture expressive.

SCORE de LECTURE 133 mots lus en … secondes

Hercule au berceau

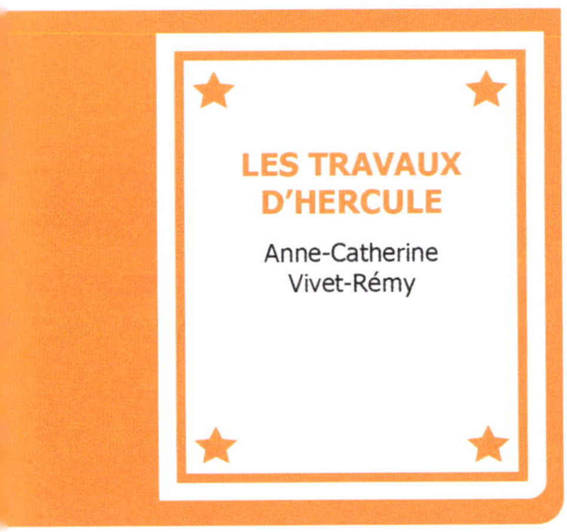

Support : *Les Travaux d'Hercule*, Anne-Catherine Vivet-Rémy, © Retz, 2018.

Genre : Récit mythologique.

Thème : Épopée et héros mythologiques.

Spécificité : Alternant narration et dialogue, ce récit relate la naissance d'Hercule, personnage de la mythologie grecque. À travers lui, est abordée la question du rapport à la divinité et à l'imaginaire, renvoyant à la mythologie grecque.

Temps : Présent majoritairement.

Vocabulaire : ***

Éléments de contexte à faire identifier :

- Identifier les caractéristiques d'un récit mythologique, c'est-à-dire un récit imaginaire, narrant ici la naissance d'un personnage qui présente un caractère divin par la force qu'il possède.
- Expliquer le contexte dans lequel Hercule a été conçu : Zeus, roi des dieux, a séduit Alcmène qui était mariée à Amphitryon. Alcmène donna naissance à deux enfants, Hercule dont le père était le dieu Zeus, et Iphiclès, dont le père était Amphitryon. Jalouse, Héra, la femme de Zeus, chercha à se venger en voulant faire tuer l'enfant.
- Éventuellement, mentionner que le personnage d'Hercule est connu pour avoir effectué les « douze travaux d'Hercule », récit tiré de *L'Illiade*, composé de 24 poèmes qui auraient été écrit par Homère.

Éléments de compréhension à relever :

- Les deux serpents rampent vers Hercule et son frère Iphiclès qui adoptent deux attitudes différentes : Hercule reste assis et semble ignorer la présence des serpents, contrairement à son frère qui alerte du danger. Ensuite, Hercule se saisit des deux serpents et les tue, heureux de son exploit, tandis que son frère, qui a eu très peur sanglote.
- Cet épisode conduit Amphytrion à penser qu'Hercule est le fils d'un dieu, son exploit étant surhumain. Cela souligne le caractère mythologique du texte : par sa force, le héros a réussi à tuer deux serpents alors qu'il n'est qu'un enfant.

Résumé :

Héra découvre que son mari Zeus, le roi des dieux, a eu un fils, nommé Hercule, avec une autre femme qui s'appelle Alcmène. Par ailleurs, Alcmène a aussi un second fils, Iphiclès, du même âge d'Hercule dont le père est Amphitryon. Les deux enfants, encore en bas âge, sont élevés ensemble. Cependant, se sentant trahie, Héra décide de se venger en envoyant deux grands serpents destinés à étouffer Hercule. Celui-ci se montre étonnamment brave pour son jeune âge, révélant ainsi son ascendance divine.

Passage précédant le texte de fluence :

L'enseignant lit ce texte à haute voix et de manière expressive en préalable de la lecture du texte de fluence.

Plus un bruit dans le sombre palais à cette heure tardive. Tous dorment. Personne pour voir ces deux serpents à raies bleues devant lesquels les portes s'ouvrent silencieusement. Personne pour apercevoir la lueur inquiétante de leurs yeux et le poison qui perle déjà à leurs crocs. Tous dorment dans le palais tandis qu'eux glissent, rampent et franchissent le seuil de la chambre de deux petits enfants. [...]

Malgré l'obscurité profonde, les deux serpents ont tôt fait d'atteindre le lit des deux petits. Déjà les têtes des reptiles se coulent dans le berceau… Quand, tout à coup, la nacelle bascule sous leur poids. Ce brusque mouvement réveille Iphiclès, l'un des deux enfants. [...] De sa chambre, leur mère a entendu les cris.

– Réveille-toi vite, Amphitryon ! crie-t-elle à son mari.

À peine debout, le père se saisit de son épée vite, vite, tous deux courent vers la chambre des enfants. [...] parvenu au seuil de la chambre, il découvre un spectacle incroyable.

Les Travaux d'Hercule, Anne-Catherine Vivet-Rémy, © Retz, 2018.

Nom : ....

Texte de fluence

Hercule au berceau

1 min

Hercule est assis, immobile. Étonné, il regarde son frère qui 10
appelle éperdument à l'aide. Il semble ignorer les deux serpents 21
qui progressent dans sa direction. Amphitryon, maintenant tout 29
près du berceau, dresse son épée. Les têtes des deux reptiles 40
sont à portée de la main d'Hercule mais avant que le père 53
n'ait pu faire un geste, Hercule empoigne chacune des têtes 64
dans ces petits poings. Il sert, sert, sert de toutes ses forces 76
malgré les spires mortelles qui se contorsionnent autour de 85
son petit corps. Bientôt les deux serpents ne bougent plus. 95
Éclatant de rire, l'enfant se tourne alors vers son père et 107
lui tend les reptiles dont il vient à l'instant de briser le cou. 121
Alcmène prend dans ses bras l'enfant victorieux. Les yeux vifs, 132
il gazouille, heureux de son exploit. 138
– Chut ! mon bébé. Il faut dormir maintenant. 145
Iphiclès, lui, sanglote encore longtemps. Alcmène le berce pour 154
calmer sa frayeur. Lorsqu'enfin il dort, sans bruit elle part 165
rejoindre Amphitryon qui lui dit en chuchotant : 172
– Hercule n'est pas un enfant comme les autres, Alcmène. Il 183
est le fils d'un dieu, j'en suis sûr. Son destin sera exceptionnel. 197

Les Travaux d'Hercule, Anne-Catherine Vivet-Rémy, © Retz, 2018.

SCORE de LECTURE
Nombre de mots lus en **1 min** :

N° 1	N° 2	N° 3
Date :	Date :	Date : ....

Nom : .... Date : ....

1 Fluence : lire des mots du texte

Hercule au berceau

1 Le labyrinthe des sons

Lis ces mots en suivant chaque chemin de lettres utilisant un même son mais des écritures différentes.

è : s**er**t – s**er**pent – d**es**tin – b**er**ce – b**er**ceau – g**es**te – dr**es**se – H**er**cule – ép**er**dument – progr**es**sent

é : calm**er** – l**es** – bris**er** – d**es** – s**es** – ignor**er** – m**es**

Retrouve les différents mots dans le texte et entoure-les.

2 Les mots complexes

Relie chaque mot à son dessin.

épée – berceau – serpent – corps – poings

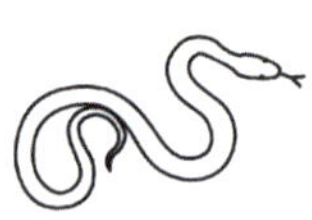

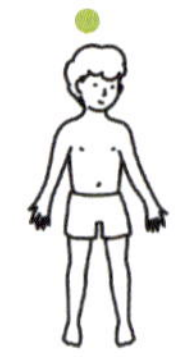

3 Des personnages

Lis ces listes de mots qui désignent les mêmes personnages.

Hercule → l'enfant → l'enfant victorieux → mon bébé → le fils d'un Dieu
Les deux serpents → les deux reptiles → les spires mortelles
Amphytrion → le père
Alcmène → la mère
Iphiclès → le frère d'Hercule

4 Le carré des mots outils

Lis ces mots 3 fois puis chronomètre-toi.

SCORE de LECTURE

N° 1	N° 2
secondes	secondes

qui	dans	tout	mais
que	chacune	ses	toutes
malgré	autour	Bientôt	
alors	avant	près	vers et
dont	maintenant	encore	
longtemps	elle	comme	

Recopie plusieurs mots outils de ton choix avec puis sans modèle.

Nom : .... Date : ....

Module 26

2 Fluence : lire des mots et des phrases

Hercule au berceau

1 Les mots complexes

Lis les syllabes puis les mots 5 fois et de plus en plus rapidement.

con / tor / si / o / nnent → contor / sionnent → **contorsionnent** – contorsionnent
ex / cep / tio / nnel → excep / tionnel → **exceptionnel** – exceptionnel
Am / phi / try / yon → Amphi / tryon → **Amphitryon** – Amphitryon – Amphitryon
Alc / mè / ne → Alc / mène → **Alcmène** – Alcmène – Alcmène – Alcmène
I / phi / clès → Iphi / clès → **Iphiclès** – Iphiclès – Iphiclès – Iphiclès

DE TEMPS ? Surligne ces mots dans le texte de fluence.

2 Les synonymes

Lis ces listes de mots qui ont le même sens ou un sens proche.
Pour chaque série, entoure celui qui est le plus proche du sens du texte.

- des animaux rampants – des serpents – des **reptiles**
- prend – saisi – attrape – **empoigne**
- les courbes – les spirales – les **spires**
- meurtrières – fatales – funestes – **mortelles**
- peur – angoisse – crainte – **frayeur**
- se désarticulent – se tordent – **se contorsionnent**
- follement – à corps perdu – frénétiquement – **éperdument**

3 Le carré des mots

Lis rapidement ces 50 mots du texte.

SCORE de LECTURE
50 mots lus en ...

N° 1 .... secondes

N° 2 .... secondes

DE TEMPS ? Choisis 5 de ces mots et écris-les dans des phrases.

Hercule	immobile	appelle	berceau	
éperdument	serpents	Étonné	semble	
deux	direction	• à portée •	ignorer	
épée	maintenant	têtes	progressent	
• tout près •	reptiles	Éclatant	geste	
Amphytrion	Iphiclès	Alcmène	petits	
empoigne	chacune	sert	• avant que •	
poings	malgré	forces	mortelles	spires
• autour de •	vient	bras	victorieux	
enfant	sanglote	briser	cou	exploit
gazouille	frayeur	• en chuchotant •		
destin	exceptionnel	assis	Dieu	vifs

4 Les mots unis

Lis 5 fois d'une seule traite ces groupes de mots du texte.

- appelle éperdument à l'aide
- tout près du berceau
- de toutes ses forces
- il semble ignorer
- à portée de la main
- comme les autres
- faire un geste
- briser le cou
- sans bruit

Nom : .... Date : ....

3 Fluidité : bien lire des phrases et des extraits

Hercule au berceau

1 Les liaisons

Lis 3 fois ces groupes de mots en étant attentif aux liaisons.

est‿assis	son‿épée	sont‿à portée de la main
mais‿avant	dont‿il vient	son‿exploit
il lui dit‿en chuchotant	n'est pas‿un enfant	comme les‿autres

Marque les liaisons avec des arcs de cercle dans le texte de fluence.

2 Les pyramides de mots

Lis 3 fois ces groupes de mots qui se rallongent.

Les têtes sont à portée de la main d'Hercule

Les têtes **des deux reptiles** sont à portée de la main d'Hercule.

Hercule empoigne chacune des têtes

Hercule empoigne chacune des têtes **dans ses petits poings.**

Les têtes des deux reptiles sont à portée de la main d'Hercule **mais avant que le père n'ait pu faire un geste**, Hercule empoigne chacune des têtes dans ses petits poings.

3 Les groupes de souffle

Lis ce texte au rythme des retours à la ligne. Puis lis le texte original (texte de fluence).

Amphitryon,
maintenant tout près du berceau,
dresse son épée.
    Les têtes des deux reptiles sont à portée de la main d'Hercule
    mais avant que le père n'ait pu faire un geste,
    Hercule empoigne chacune des têtes
    dans ses petits poings.
Il sert,
sert,
sert de toutes ses forces
malgré les spires mortelles qui se contorsionnent
autour de son petit corps.
    Bientôt
    les deux serpents ne bougent plus.
Éclatant de rire,
l'enfant se tourne alors vers son père
et lui tend les reptiles
dont il vient
à l'instant
de briser le cou.

Nom : .... Date : ....

4 Fluidité : lire de manière expressive

Hercule au berceau

Lecture expressive en rythme

Prépare une lecture expressive des phrases en suivant les indications proposées.

ton serein	Hercule est assis, immobile. Étonné, il regarde son frère qui appelle éperdument à l'aide. Il semble ignorer les deux serpents qui progressent dans sa direction.
ton angoissé, de plus en plus rapide	Amphitryon, maintenant tout près du berceau, dresse son épée. Les têtes des deux reptiles sont à portée de la main d'Hercule mais avant que le père n'ait pu faire un geste, Hercule empoigne chacune des têtes dans ses petits poings. Il sert, sert, sert de toutes ses forces malgré les spires mortelles qui se contorsionnent autour de son petit corps.
ton soulagé, lent	Bientôt les deux serpents ne bougent plus.
ton joyeux	Éclatant de rire, l'enfant se tourne alors vers son père et lui tend les reptiles dont il vient à l'instant de briser le cou. Alcmène prend dans ses bras l'enfant victorieux. Les yeux vifs, il gazouille, heureux de son exploit.
ton serein	– Chut ! mon bébé. Il faut dormir maintenant.
ton neutre	Iphiclès, lui, sanglote encore longtemps. Alcmène le berce pour calmer sa frayeur. Lorsqu'enfin il dort, sans bruit elle part rejoindre Amphitryon qui lui dit en chuchotant :
ton sérieux, en chuchotant	– Hercule n'est pas un enfant comme les autres, Alcmène. Il est le fils d'un Dieu, j'en suis sûr. Son destin sera exceptionnel.

Défi lecture

Entraîne-toi à lire le texte puis fais-toi chronométrer.

Alcmène comprend soudain. Seul Zeus possède le pouvoir de se métamorphoser ainsi. Mais oui, c'était lui ! Elle en est sûre à présent. Zeus a pris les traits de son mari. [...] : ce petit Hercule tient sa force prodigieuse et son courage de son père même, le roi des dieux. Mais alors, qui donc a pu envoyer ces deux serpents pour tuer un enfant aussi illustre ? Qui donc peut oser mettre en péril le fils du Dieu suprême ? Les paupières d'Alcmène se ferment sur ces questions.

Les Travaux d'Hercule, Anne-Catherine Vivet-Rémy,
© Retz, 2018.

Lis ce texte en proposant une relecture expressive.

SCORE de LECTURE
86 mots lus en ... secondes

Pinocchio le rusé

Support : Pinocchio le rusé, in *Histoires à la courte paille*, Gianni Rodari, © éditions Livre de Poche Hachette, 2012.

Genre : Conte humoristique et parodique.

Thèmes : Le mensonge, la malice, l'abus de confiance.

Spécificité : Ce texte s'appuie en sous-texte sur le Pinocchio de Collodi.

Temps : Récit au passé, souvent au passé simple ; dialogue majoritairement au présent.

Vocabulaire : * *

Éléments de contexte à faire identifier :

- Rappeler l'histoire originale de Pinocchio, ce pantin de bois, devenu petit garçon dont le nez pousse dès qu'il ment.
- Identifier que le Pinocchio du texte n'est plus un enfant.
- Faire comprendre qu'il utilise son handicap pour produire du bois qu'il transforme en meubles ce qui lui permet de faire des économies de bois.

Éléments de compréhension à relever :

- Faire comprendre la nécessité qu'à Pinocchio à mentir : s'il ne ment pas, il manquera de bois à couper car son nez ne s'allongera pas.
- Se mettre à la place de Monsieur Lelong qui se voit traversé par des émotions contradictoires. Il est emballé par l'idée de ce gain à la loterie. Mais il reste incrédule. Pourtant il ira vérifier qu'il a bien gagné, tout en se rendant compte qu'il n'a pas joué.

Résumé :

Pinocchio manque de bois. Il doit mentir. C'est ainsi qu'il annonce à Robert Lelong qu'il a gagné à la loterie, ce mensonge permettant à Pinocchio de voir son nez s'allonger et donc d'obtenir du bois à bon compte.

Passage précédant le texte de fluence :

L'enseignant lit ce texte à haute voix et de manière expressive en préalable de la lecture du texte de fluence.

Il était une fois Pinocchio. Non pas celui que vous connaissez, mais un autre. Il était en bois, lui aussi, mais ce n'était pas le même. Il n'avait pas été construit par Geppetto, il s'était créé tout seul.

Lui aussi disait des mensonges, comme le célèbre pantin, et chaque fois qu'il mentait, son nez s'allongeait à vue d'oeil et, pourtant, c'était un autre Pinocchio ; tant il est vrai que, lorsque son nez s'allongeait, au lieu de trembler, de pleurer, d'appeler à son secours la Fée Bleue, il prenait un couteau ou une scie et il se coupait un bon bout de nez. Il était en bois, n'est-ce pas ? Aussi ne sentait-il aucune douleur.

Et comme il disait énormément de mensonges, sa maison fut vite remplie de bouts de bois.

« C'est formidable, dit-il, avec tout ce bois, je vais me fabriquer des meubles et j'éviterai ainsi des frais de menuisier. »

Pinocchio le rusé, in *Histoires à la courte paille*, Gianni Rodari, © éditions Livre de Poche Hachette, 2012.

Texte de fluence

1 min

Pinocchio le rusé

Il se mit au travail et construisit un lit, une table, une armoire, des 14
chaises, des étagères pour les livres, un banc. Enfin, il en était à 27
construire un chevalet pour y poser le téléviseur, lorsque le bois 38
vint à lui manquer. 42
« J'ai compris, fit-il, il me faut dire un gros mensonge. » 54
Il se précipita dehors en quête de quelqu'un. [...] 63
« Bonjour. Vous savez que vous avez beaucoup de chance ? 72
– Moi ? Pourquoi donc ? 75
– Vous l'ignorez encore ? Vous avez gagné cent millions à la loterie ; 87
on vient de l'annoncer à la radio. 95
– Ce n'est pas possible ! 100
– Pourquoi cela, pas possible ? ... Excusez-moi, comment vous 108
appelez-vous ? 110
– Robert Lelong ! 112
– Eh bien, oui, justement, on a dit votre nom à la radio ! Robert 125
Lelong ! [...] Je vous félicite vivement... 130
– Merci, merci... » 132
M. Lelong y croyait sans y croire. Mais il était si ému, qu'il dut 147
entrer dans un bar pour boire un verre d'eau. Il prit conscience 160
seulement après avoir bu qu'il n'avait jamais acheté de billet de 173
loterie. [...] 174

Pinocchio le rusé, in *Histoires à la courte paille*, Gianni Rodari,

SCORE de LECTURE
Nombre de mots lus en **1 min** :

N° 1	N° 2	N° 3
Date :	Date :	Date : ....

Nom : .... Date : ....

1 Fluence : lire des mots du texte

Pinocchio le rusé

1 Les mots / les sons

Lis les mots en prononçant chaque son en t'aidant de la bulle de son.

La lettre G :

- le son (g) de « **g**omme » : **g**ros - **g**agné
- le son (g) de « **g**enou » : menson**g**e – éta**g**ère
- le son (gn) de « monta**gn**e » : ga**gn**é – i**gn**orez
- le g muet : Robert Lelon**g**

La lettre C :

- le son (c) de « **c**anard » : **c**onscience – beau**c**oup – **c**onstruire – **c**omment – ex**c**usez – **c**roire
- le son (s) de « **c**erise » : **c**ela – pré**c**ipita – conscien**c**e – féli**c**ite – annon**c**er – **c**ent – mer**c**i
- le son (ch) de « chat » : **ch**ance – a**ch**eté – **ch**aise – **ch**evalet
- le c muet : ban**c**

2 Les mots du texte

Relie chaque mot à son dessin.

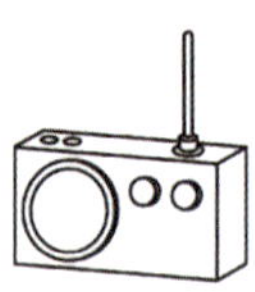
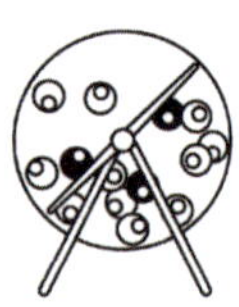

- loterie
- chevalet
- radio
- billet de loto

3 Les mots difficiles

Lis 5 fois ces mots difficiles en t'aidant du découpage des syllabes.

con / scien / ce → conscience
i / gno / rez → ignorez
vi / ve / ment → vivement
té / lé / vi / seur → téléviseur
mil / lions → millions
che / va / let → chevalet

Mémorise leur suite de lettres et écris-les de mémoire.

5 Le carré des mots outils

Lis ces mots 3 fois puis chronomètre-toi.

SCORE de LECTURE

N° 1	N° 2
secondes	secondes

Recopie plusieurs mots outils de ton choix avec puis sans modèle.

Enfin lorsque quelqu'un
beaucoup donc encore
• n'est pas • comment
• Eh bien • sans après
justement jamais

Nom : .... Date : ....

2 Fluence : lire des mots et des phrases

Pinocchio le rusé

1 Les synonymes et les mots de sens proche

Lis ces groupes de mots qui ont le même sens ou un sens proche.

à la recherche de quelqu'un → en quête de quelqu'un
on vient de le dire → on vient de l'annoncer
Je vous félicite fortement... → Je vous félicite vivement...
M. Lelong n'y croyait pas vraiment → M. Lelong y croyait sans y croire.
Il se rendit compte → Il comprit
oui, précisément, on a dit votre nom → oui, justement, on a dit votre nom

2 Les mots unis

Lis 5 fois d'une seule traite ces groupes de mots du texte.

- Il se mit au travail
- on vient de l'annoncer
- Je vous félicite vivement...
- Eh bien, oui, justement
- Vous l'ignorez encore ?
- comment vous appelez-vous ?
- en quête de quelqu'un
- Excusez-moi

3 Les verbes conjugués

Lis l'infinitif, le temps puis la phrase.

se mettre → au passé : Il **se mit** au travail.
devoir → au passé : Il **dut** entrer dans un bar.
venir → au passé : Le bois **vint** à lui manquer.
faire → au passé : J'ai compris, **fit**-il.
prendre → au passé : Il **prit** conscience.

Surligne ces verbes dans le texte de fluence.

4 Le carré des mots

Lis rapidement ces 50 mots du texte.

SCORE de LECTURE
50 mots lus en ...

N° 1 .... secondes

N° 2 .... secondes

Choisis 5 de ces mots et écris-les dans des phrases.

travail	construisit	lit	table	armoire
chaises	étagères	livres	banc	construire
chevalet	poser	téléviseur	bois	cent
manquer	eau	compris	gros	mensonge
• se précipita •	dehors	• en quête •		
Bonjour	savez	avez	chance	Pourquoi
ignorez	ému	gagné	millions	loterie
annoncer	radio	possible	Robert	
• Excusez-moi •	nom	félicite	vivement	
merci	croyait	entrer	boire	verre
conscience	seulement	acheté	billet	

Nom : .... Date : ....

3 Fluidité : bien lire des phrases et des extraits

Pinocchio le rusé

1 Les pyramides de mots

Lis 3 fois ces groupes de mots qui se rallongent.

Vous avez beaucoup de chance.

Vous savez que vous avez beaucoup de chance ?

M. Lelong y croyait.

M. Lelong y croyait **sans y croire**.

Il faut dire un gros mensonge.

Il **me** faut dire un gros mensonge.

Il prit conscience

Il prit conscience **qu'il n'avait jamais acheté de billet de loterie**.

Il prit conscience **seulement après avoir bu** qu'il n'avait jamais acheté de billet de loterie.

Il dut entrer dans un bar

Mais il était si ému, qu'il dut entrer dans un bar

Mais il était si ému, qu'il dut entrer dans un bar **pour boire un verre d'eau.**

2 Les liaisons

Lis 3 fois ces groupes de mots en étant attentif aux liaisons.

Enfin, il en était à construire un chevalet le bois vint à lui manquer

Vous savez que vous avez beaucoup de chance ?

Vous l'ignorez encore ? Vous avez gagné cent millions

comment vous appelez-vous ? on a dit votre nom à la radio !

M. Lelong y croyait sans y croire. Mais il était si ému, qu'il dut entrer dans un bar.

Il prit conscience seulement après avoir bu qu'il n'avait jamais acheté de billet.

Marque les liaisons avec des arcs de cercle dans le texte de fluence.

3 Les personnages du dialogue

Écris le nom de chaque personnage devant chaque réplique.

Pinocchio – M. Lelong

....	« Bonjour. Vous savez que vous avez beaucoup de chance ?
....	– Moi ? Pourquoi donc ?
....	– Vous l'ignorez encore ? Vous avez gagné cent millions à la loterie ; on vient de l'annoncer à la radio.
....	– Ce n'est pas possible !
....	– Pourquoi cela, pas possible ?... Excusez-moi, comment vous appelez-vous ?
....	– Robert Lelong !
....	– Eh bien, oui, justement, on a dit votre nom à la radio ! Robert Lelong ! [...] Je vous félicite vivement...
....	– Merci, merci... »

Nom : .... Date : ....

Module 27

4 Fluidité : lire de manière expressive

Pinocchio le rusé

Lecture expressive

Appuie-toi sur les indices donnés pour chaque personnage pour préparer une lecture expressive.

Pinocchio : très heureux	« J'ai compris, [...],
Pinocchio : malicieux	il me faut dire un gros mensonge. » [...]
Pinocchio : enjoué et rusé	« Bonjour. Vous savez que vous avez beaucoup de chance ?
M. Lelong : étonné, interrogatif	– Moi ? Pourquoi donc ?
Pinocchio : interrogatif et rusé	– Vous l'ignorez encore ?
Pinocchio : exclamatif et enjoué	Vous avez gagné cent millions à la loterie ; on vient de l'annoncer à la radio.
M. Lelong : étonné et heureux	– Ce n'est pas possible !
Pinocchio : faisant mine d'être étonné	– Pourquoi cela, pas possible ?...
Pinocchio : interrogatif et malicieux	Excusez-moi, comment vous appelez-vous ?
M. Lelong : exclamatif	– Robert Lelong !
Pinocchio : exclamatif et enjoué	– Eh bien, oui, justement, on a dit votre nom à la radio ! Robert Lelong ! [...]
Pinocchio : admiratif	Je vous félicite vivement...
M. Lelong : naïf et tout heureux	– Merci, merci... »

Défi lecture

Entraîne-toi à lire le texte puis fais-toi chronométrer.

Pinocchio était retourné chez lui, satisfait. Ce mensonge lui avait allongé le nez, juste assez pour le dernier pied du chevalet. [...]
Quand il eut fini de meubler sa maison, il décida d'ouvrir un commerce.
« Je vendrai du bois et je deviendrai riche. »
En effet, il mentait si effrontément qu'en peu de temps, il devint propriétaire d'un grand magasin qui employait cent ouvriers et douze comptables. Il acheta quatre voitures et deux camions. [...]
Et il mentait, mentait : et son nez poussait, poussait. Pinocchio devenait de plus en plus riche. Il employait, désormais, dans son magasin, trois-mille-cinq-cents ouvriers et quatre-cent-vingt comptables.

Pinocchio le rusé, in *Histoires à la courte paille*, Gianni Rodari,
© éditions Livre de Poche Hachette, 2012.

PLUS DE TEMPS ? Lis ce texte en proposant une relecture expressive.

SCORE de LECTURE
107 mots lus en ... secondes

Le jongleur maladroit

Support : *Le Jongleur le plus maladroit*, Évelyne Brisou-Pellen, © Nathan Jeunesse, 2010.

Genre : Fabliau.

Thèmes : Moyen Âge, ruse, impertinence.

Spécificité : Ce récit prend la forme traditionnelle d'un fabliau visant à moquer les faiblesses humaines des puissants avec une dimension sociale et morale en mettant en scène des personnages ou animaux qui utilisent la ruse pour arriver à leurs fins.

Temps : Imparfait et passé simple.

Vocabulaire : **

Éléments de contexte à faire identifier :

- Identifier l'époque du Moyen Âge et donner si besoin des éléments sur les rapports sociaux féodaux.
- Éventuellement lire d'autres fabliaux, notamment certains issus du *Roman de Renart*.
- Donner la manière de lire le prénom Aymeri, dont le graphème « ay » est rarement usité.
- Saisir les ruses et mensonges d'Aymeri le jongleur.

Éléments de compréhension à relever :

- Aymeri est un personnage rusé : il jongle et fait exprès d'assommer l'intendant avec une de ses boules. Celui-ci malmenait un paysan. Le terme « malencontreusement » souligne l'ironie de cet acte de ruse, pouvant faire passer ce geste pour de la maladresse. Toutefois, la suite du texte montre qu'Aymeri a commis cet acte volontairement.
- Il transporte l'intendant avec l'aide du paysan. À son réveil, il lui fait croire qu'il était inquiet pour lui car il s'était évanoui. La situation est alors comique, Aymeri ayant volontairement assommé l'intendant et jouant l'inquiétude afin d'éloigner tous les soupçons que pourraient avoir ce dernier.

Résumé :

Alors que l'intendant d'un seigneur malmène un paysan dont la pauvreté l'a poussé à cacher une part de sa récolte, un jongleur de rue lui vient en aide. Plutôt que d'affronter directement l'intendant, il utilise une ruse en l'assommant, malencontreusement en apparence, à l'aide d'une boule à jongler. Puis, l'intendant se réveillant, le jongleur lui conseille de consulter un médecin.

Passage précédant le texte de fluence :

L'enseignant lit ce texte à haute voix et de manière expressive en préalable de la lecture du texte de fluence.

Quand Aymeri le jongleur, son grand sac en bandoulière, passa devant la ferme, il entendit des cris. Surpris, il s'approcha à pas de loup et aperçut un homme grand et maigre, vêtu d'une cape noire, qui fouettait un paysan. Le paysan pleurait :

– Arrêtez, messire l'intendant ! Arrêtez ! [...]

L'homme à la cape noire cria :

– Je vais t'apprendre, misérable, à dissimuler du grain dans ta paillasse ! Le grain appartient à ton seigneur, tu dois le lui donner.

– Je veux bien donner au seigneur une part de ma récolte, gémit le paysan, mais si je lui en donne trop, je n'aurai plus assez à manger, et mes enfants non plus !

– Tu pourras toujours manger des glands et des baies de la forêt !

Le Jongleur le plus maladroit, Évelyne Brisou-Pellen, © Nathan Jeunesse, 2010.

Texte de fluence

Le jongleur maladroit

1 min

Il ne savait pas pourquoi, Aymeri détestait voir fouetter les 10
pauvres. Calmement, il sortit de son sac cinq grosses boules 20
et se mit à jongler avec. Et voilà que, malencontreusement, 30
l'une d'elles lui échappa et fila droit vers la tête de l'homme 45
au fouet qui lui tournait le dos. Il y eut un bruit mat. 58
L'intendant tomba face contre terre. Le paysan s'affola : 68
– Mon Dieu ! Qu'avez-vous fait, malheureux ? Vous avez 77
assommé messire l'intendant ! Il va nous faire pendre ! 86
– Ne t'en fais pas pour moi, répond Aymeri, et aide-moi à 99
transporter cet homme jusqu'au village, vite ! 106
Ce n'est qu'un long moment plus tard que l'intendant du 119
château sortit péniblement de son sommeil forcé. Il regarda 128
autour de lui, et ouvrit de grands yeux : que faisait-il ici, sur 141
la place du village, avec la tête si douloureuse ? 150
– Ah ! Messire ! lança gaiement Aymeri, vous voilà revenu à 159
vous ! Quelle chance ! Nous avons craint que vous ne soyez 169
très malade. [...] J'allais me préparer à faire mes tours habituels 180
lorsque je vous ai vu fléchir les genoux et tomber sur le sol. 193
Cela vous arrive-t-il souvent ? C'est inquiétant, vous devriez 203
voir un médecin. 206

Le Jongleur le plus maladroit, Évelyne Brisou-Pellen, © Nathan Jeunesse, 2010.

SCORE de LECTURE
Nombre de mots lus en **1 min** :

N° 1	N° 2	N° 3
Date :	Date :	Date : ....

Nom : .... Date : ....

1 Fluence : lire des mots du texte

Le jongleur maladroit

1 La graphie des sons complexes

Dis le nom de chaque dessin. Puis relie-le à la graphie du son qu'il contient.

on •
ou •
eil •

• an
• in
• eu

Entoure des mots du texte qui contiennent l'une de ces graphies de son.

2 Les syllabes

Lis chaque ligne de syllabes 5 fois.

*	vi	in	me	si	lla	ri	ge	sse	pa	re	
**	châ	Mes	ten	fou	ter	gaie	tant	rer	ment	dant	teau
***	pour	etter	flé	trans	gro	quié	chir	por	quoi	pré	Ay

3 Des syllabes aux mots

Lis 3 fois ces mots du texte de fluence.

Aymeri	du château	au village	mes tours	l'intendant	Messire
pourquoi	long	grosses	gaiement	inquiétant	
fléchir	fouetter	préparer	pendre	transporter	

Retrouve les différents mots dans le texte et entoure-les.

4 Les mots complexes

Relie chaque mot à son dessin.

fouet • paysan • genoux •

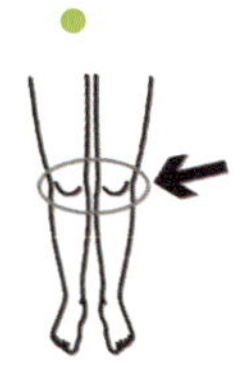

5 Le carré des mots outils

Lis ces mots 3 fois puis chronomètre-toi.

SCORE de LECTURE

N° 1	N° 2
secondes	secondes

Pourquoi	•	plus tard	•
avec	voilà	Cela	C'est
elles	vers	contre	vous
très	nous	pour	lorsque
qu'un	autour	Quelle	

Recopie plusieurs mots outils de ton choix avec puis sans modèle.

Nom : .... Date : ....

2 Fluence : lire des mots et des phrases

Le jongleur maladroit

1 Les verbes

Écris les verbes à l'infinitif au bon endroit. Puis lis les phrases d'une seule traite.

faire – se mettre – voir – devoir

Vous devriez voir un médecin. → .... Il se mit à jongler. → ....

Que faisait-il ici ? → .... Je vous ai vu fléchir. → ....

2 Les mots complexes

Lis 5 fois ces mots complexes de plus en plus rapidement.

Noms	Verbes	Adjectifs	Adverbes
Aymeri	fouetter	douloureuse	malencontreusement
un paysan	ils deviennent	habituels	péniblement
Messire	il envoya	inquiétant	gaiement

3 Le carré des mots

Lis rapidement ces 50 mots du texte.

SCORE de LECTURE
50 mots lus en ...

N° 1
secondes

N° 2
secondes

Choisis 5 de ces mots et écris-les dans des phrases.

pauvres	fouetter	homme	Calmement	
échappa	paysan	droit	fouet	tournait
bruit	cinq	jongler	intendant	tomba
terre	s'affola	Dieu	jusqu'au	malheureux
forcé	Messire	transporter	village	
lança	château	péniblement	sommeil	
détestait	yeux	place	ouvrit	village
douloureuse	chance	soyez	gaiement	
regarda	malade	préparer	habituels	
Quelle	moment	lorsque	fléchir	
genoux	craint	souvent	inquiétant	
devriez	médecin			

4 Les synonymes et les mots de sens proche

Lis ces listes de mots qui ont le même sens ou un sens proche.
Pour chaque série, entoure celui qui est le plus proche du sens du texte.

- le receveur – le régisseur – l'administrateur – l'**intendant**
- maladroitement – accidentellement – malheureusement – **malencontreusement**
- Seigneur – Monseigneur – Majesté – Sire – **Messire**
- avec joie – joyeusement – avec entrain – **gaiement**
- difficilement – avec efforts – à grand-peine – **péniblement**
- idiot – imbécile – incapable – maladroit – **malheureux**

Nom : .... Date : ....

3 Fluidité : bien lire des phrases et des extraits

Le jongleur maladroit

1 Les mots unis

Lis 5 fois d'une seule traite ces groupes de mots du texte.

- Il y eut un bruit mat
- Il ne savait pas pourquoi
- vous voilà revenu à vous !
- Quelle chance !
- un long moment plus tard
- face contre terre
- fila droit
- autour de lui
- C'est inquiétant
- que faisait-il ici ?

+ DE TEMPS ? Surligne ces groupes de mots dans le texte de fluence.

2 Les liaisons

Lis 3 fois ces groupes de mots en étant attentif aux liaisons.

- Il se mit à jongler.
- Il y eut un bruit mat.
- Il ouvrit de grands yeux.
- C'est inquiétant
- Vous avez assommé messire l'intendant !
- aide-moi à transporter cet homme
- Nous avons craint
- Cela vous arrive-t-il souvent ?

+ DE TEMPS ? Indique les liaisons par des arcs de cercle dans le texte de fluence.

3 Le sens du texte

Sans regarder le texte de fluence, relie les morceaux de phrase qui vont ensemble.

Il ne savait pas pourquoi, •	• que vous ne soyez très malade.
Il regarda autour de lui, •	• et ouvrit de grands yeux.
Nous avons craint •	• Aymeri détestait voir fouetter les pauvres.
C'est inquiétant, •	• vous devriez voir un médecin.
Il sortit de son sac •	• cinq grosses boules et se mit à jongler avec.

Nom : .... Date : ....

Module 28

4 Fluidité : lire de manière expressive

Le jongleur maladroit

1 La ponctuation expressive

Lis le texte et écris, au fur et à mesure, les signes de ponctuation qui conviennent : . , ! ?
Puis vérifie avec le texte de fluence.

– Mon Dieu ... Qu'avez-vous fait, malheureux ... Vous avez assommé messire l'intendant ... Il va nous faire pendre ...
– Ne t'en fais pas pour moi ... répond Aymeri ... et aide-moi à transporter cet homme jusqu'au village, vite ...
Ce n'est qu'un long moment plus tard que l'intendant du château sortit péniblement de son sommeil forcé ... Il regarda autour de lui, et ouvrit de grands yeux : que faisait-il ici, sur la place du village, avec la tête si douloureuse ...
– Ah ... Messire ... lança gaiement Aymeri ... vous voilà revenu à vous ... Quelle chance ...

2 Lis de manière expressive

Prépare une lecture expressive des phrases en suivant l'indication proposée.

ton moqueur

– Nous avons craint que vous ne soyez très malade. [...] J'allais me préparer à faire mes tours habituels lorsque je vous ai vu fléchir les genoux et tomber sur le sol. Cela vous arrive-t-il souvent ? C'est inquiétant, vous devriez voir un médecin.

Défi lecture

Entraîne-toi à lire le texte puis fais-toi chronométrer.

L'intendant fronça les sourcils en se frottant la tête, puis il demanda :
– Qu'est-ce que je faisais donc au moment de m'évanouir ?
– Vous veniez d'annoncer que, cette année, les paysans de ce village pourraient garder assez de leurs récoltes pour se nourrir toute l'année.
– J'ai dit ça ?
– Oui, ce qui montre que vous êtes un être très bon.

Le Jongleur le plus maladroit, Évelyne Brisou-Pellen,

DE TEMPS ? Lis ce texte en proposant une relecture expressive.

SCORE de LECTURE
40 mots lus en ... secondes

Les sourcils de Sophie

Support : *Les malheurs de Sophie*, La comtesse de Ségur, 1858.

Genre : Roman patrimonial pour enfants.

Thèmes : Beauté superficielle, bêtises enfantines.

Spécificités : Ce récit intègre des dialogues. La partie narrée présente à la fois du présent et du passé simple, ce qui peut en partie dérouter le lecteur.

Temps : Présent et passé simple.

Vocabulaire : **

Éléments de contexte à faire identifier :

- Introduire le fait que le récit se déroule sous le Second Empire (c'est-à-dire à partir de 1852), dans un château de la campagne française, d'où ses aspects désuets.
- Signaler éventuellement que la comtesse de Ségur fait évoluer le personnage de Sophie dans un milieu moralisateur. La petite fille ayant un désir, fait tout pour l'assouvir, avant d'être punie.

Éléments de sens à relever :

- Sophie poursuit son désir d'épaissir ses sourcils, voulant paraître jolie alors que sa mère reçoit des invités, comme cela est suggéré à la fin du texte de fluence.
- Sophie se rend compte de sa bêtise, le résultat n'étant pas celui attendu. Le narrateur omniscient donne accès à la pensée de Sophie qui a une idée pour ne pas être punie.
- Sophie est punie à la fin du texte une première fois par les rires des personnes qui sont présentes.

Résumé :

Sophie de Réan est une petite fille qui habite dans un château de la campagne française, sous le Second Empire, entourée principalement de sa mère et de son cousin Paul. Espiègle et vivante, elle tente pourtant d'être une petite fille modèle. Pourtant, elle enchaîne les bêtises face à sa mère désireuse de lui donner une bonne éducation.

Passage précédant le texte de fluence :

L'enseignant lit ce texte à haute voix et de manière expressive en préalable de la lecture du texte de fluence.

Une autre chose que Sophie désirait beaucoup, c'était d'avoir des sourcils très épais. On avait dit un jour devant elle que la petite Louise de Berg serait jolie si elle avait des sourcils. Sophie en avait peu et ils étaient blonds, de sorte qu'on ne les voyait pas beaucoup. Elle avait entendu dire aussi que, pour faire épaissir et grandir les cheveux, il fallait les couper souvent.

Les malheurs de Sophie, La comtesse de Ségur, 1858.

Nom : ....

Module 29

Texte de fluence

1 min

Les sourcils de Sophie

Sophie se regarda un jour à la glace, et trouva que ses sourcils 13
étaient trop maigres. 16
« Puisque, dit-elle, les cheveux deviennent plus épais quand 25
on les coupe, les sourcils, qui sont de petits cheveux, doivent 36
faire de même. Je vais donc les couper pour qu'ils repoussent 48
très épais. » 50
Et voilà Sophie qui prend des ciseaux et qui coupe ses sourcils 62
aussi courts que possible. Elle se regarde dans la glace, trouve 73
que cela lui fait une figure toute drôle, et n'ose pas rentrer 86
au salon. 88
« J'attendrai, dit-elle, que le dîner soit servi ; on ne pensera 100
pas à me regarder pendant qu'on se mettra à table. » 111
Mais sa maman, ne la voyant pas venir, envoya le cousin Paul 123
pour la chercher. 126
« Sophie, Sophie, es-tu là ? s'écria Paul en entrant. Que 137
fais-tu ? viens dîner. 141
– Oui, oui, j'y vais », répondit Sophie en marchant à reculons, 152
pour que Paul ne vît pas ses sourcils coupés. 161
Sophie pousse la porte et entre. 167
À peine a-t-elle mis les pieds dans le salon, que tout le monde 182
la regarde et éclate de rire. 188

Les malheurs de Sophie, La comtesse de Ségur, 1858.

SCORE de LECTURE
Nombre de mots lus en **1 min** :

N° 1	N° 2	N° 3
Date :	Date :	Date : ....

Nom : .... Date : ....

1 Fluence : lire des mots du texte

Les sourcils de Sophie

1 Les mots et les sons

Lis 3 fois ces mots en suivant les branches, chaque branche utilisant un même son.

lettre **s**
- s : **S**ophie — **s**alon — **s**oit — **s**ervi — pen**s**era — **s**ourcils — pui**s**que
- s : pou**ss**e — repou**ss**ent — po**ss**ible — au**ss**i
- z : o**s**e — cou**s**in — ci**s**eaux

lettre **c**
- s : **c**ela — gla**c**e
- k : **c**oupe — **c**ourts — re**c**ulons — é**c**late

Retrouve les différents mots dans le texte et entoure-les.

2 Les sons complexes

Prends le temps de bien lire ces mots contenant des sons complexes, étranges, ou des écritures particulières.

sour-sil	si-zo	pi-ié	sé-cri-ia	voi-ian	en-voi-ia
sourcils	ciseaux	pieds	s'écria	voyant	envoya

Retrouve les différents mots dans le texte et entoure-les.

3 Les synonymes et les mots de sens proche

Lis ces listes de mots qui ont le même sens.
Pour chaque série, entoure celui qui est le plus proche du sens du texte de fluence.

- une tête – un minois – une mine – un visage – **une figure**
- bizarre – étonnante – curieuse – étrange – **drôle**
- dans la vitre – dans le miroir – **dans la glace**
- donna pour mission au cousin – demanda au cousin de – **envoya** le cousin

4 Le carré des mots outils

Lis ces mots 3 fois puis chronomètre-toi.

SCORE de LECTURE

N° 1	N° 2
secondes	secondes

et	que	ses	cela	toute	trop
Puisque	plus	les	quand	de	
même	• À peine •	donc	pour		
très	voilà	qui	aussi	dans	
pendant	Mais	tout			

Recopie plusieurs mots outils de ton choix avec puis sans modèle.

Nom : .... Date : ....

2 Fluence : lire des mots et des phrases

Les sourcils de Sophie

1 Le carré des mots

Lis rapidement ces 50 mots du texte.

SCORE de LECTURE
50 mots lus en ...

N° 1 .... secondes

N° 2 .... secondes

Choisis 5 de ces mots et écris-les dans des phrases.

Sophie	trop	faire	maigres	rentrer
glace	plus	sourcils	• se regarda •	
courts	Puisque	cheveux	trouve	
• de même •	ciseaux	ose	salon	
donc	petits	pendant	• se mettra •	
maman	épais	très	envoya	Paul
pousse	table	viens	servi	voilà
• en marchant •	dîner	• pour que •		
entre	aussi	vît	porte	attendrai
coupés	pieds	prend	figure	s'écria
drôle	pensera	• À peine •	monde	
éclate	cousin			

2 Les verbes et leurs temps

Lis ces phrases aux différents temps.

Elle **se regarde** dans la glace.
Elle **se regardait** dans la glace.
Elle **se regarda** dans la glace.

pour que Paul **ne voie pas** ses sourcils
pour que Paul **n'ait pas** à voir ses sourcils
pour que Paul **ne vît pas** ses sourcils

Elle **trouve** que ses sourcils **sont** trop maigres.
Elle **trouvait** que ses sourcils **étaient** trop maigres.
Elle **trouva** que ses sourcils **étaient** trop maigres.

Surligne le bon verbe dans le texte de fluence.

3 Le sens des expressions

Relie ces groupes de mots qui ont le même sens ou un sens proche.

le dîner **soit servi** •	• le dîner **soit prêt à être mangé**
on mettra **la table** •	• tout le monde **rit beaucoup**
faire **de même** •	• faire **pareil**
elle **mit les pieds** dans le salon •	• on mettra **les couverts sur la table**
tout le monde **éclate de rire** •	• elle **entra** dans le salon

4 Les mots unis

Lis 5 fois d'une seule traite ces groupes de mots du texte.

- un jour
- quand on les coupe
- aussi courts que possible
- on ne pensera pas
- tout le monde
- ne la voyant pas venir
- es-tu là ?
- Que fais-tu ?
- À peine
- en entrant

3 Fluidité : bien lire des phrases et des extraits

Les sourcils de Sophie

1 Les pyramides de mots

Lis 3 fois ces groupes de mots qui se rallongent.

sa maman envoya le cousin
sa maman envoya le cousin **Paul**
sa maman envoya le cousin Paul **pour la chercher.**
sa maman, **ne la voyant pas venir**, envoya le cousin Paul pour la chercher.
Mais sa maman, ne la voyant pas venir, envoya le cousin Paul pour la chercher.

---

les cheveux deviennent plus épais
les cheveux deviennent plus épais **quand on les coupe**
les cheveux deviennent plus épais quand on les coupe, **les sourcils doivent faire de même.**
Puisque, les cheveux deviennent plus épais quand on les coupe, les sourcils doivent faire de même.
Puisque, **dit-elle**, les cheveux deviennent plus épais quand on les coupe, les sourcils, **qui sont de petits cheveux**, doivent faire de même.

2 La ponctuation

Lis ce texte en respectant les pauses et les intonations indiquées par la ponctuation mise en gras.
Procède ainsi 3 fois puis lis le texte de fluence en respectant ce rythme.

Sophie se regarda un jour à la glace**,** et trouva que ses sourcils étaient trop maigres**.**
« Puisque**,** dit-elle**,** les cheveux deviennent plus épais quand on les coupe**,** les sourcils**,** qui sont de petits cheveux**,** doivent faire de même**.** Je vais donc les couper pour qu'ils repoussent très épais**.** »
Et voilà Sophie qui prend des ciseaux et qui coupe ses sourcils aussi courts que possible**.** Elle se regarde dans la glace**,** trouve que cela lui fait une figure toute drôle**,** et n'ose pas rentrer au salon**.**
« J'attendrai**,** dit-elle**,** que le dîner soit servi **;** on ne pensera pas à me regarder pendant qu'on se mettra à table**.** »
Mais sa maman**,** ne la voyant pas venir**,** envoya le cousin Paul pour la chercher**.**
« Sophie**,** Sophie**,** es-tu là **?** s'écria Paul en entrant**.** Que fais-tu **?** viens dîner**.**
– Oui**,** oui**,** j'y vais »**,** répondit Sophie en marchant à reculons**,** pour que Paul ne vît pas ses sourcils coupés**.**
Sophie pousse la porte et entre**.**
À peine a-t-elle mis les pieds dans le salon**,** que tout le monde la regarde et éclate de rire**.**

Nom : .... Date : .... Module 29

4 Fluidité : lire de manière expressive

Les sourcils de Sophie

Lecture expressive en rythme

Entraîne-toi à lire le texte en tenant compte de la ponctuation et des indications pour moduler ta voix.

ton pensif	« Puisque,
ton neutre	dit-elle,
ton pensif	les cheveux deviennent plus épais quand on les coupe, les sourcils, qui sont de petits cheveux, doivent faire de même.
ton déterminé	Je vais donc les couper pour qu'ils repoussent très épais. »
ton enthousiaste	Et voilà Sophie qui prend des ciseaux et qui coupe ses sourcils aussi courts que possible. Elle se regarde dans la glace,
ton honteux	trouve que cela lui fait une figure toute drôle, et n'ose pas rentrer au salon.
ton enjoué	« J'attendrai,
ton neutre	dit-elle,
ton enjoué	que le dîner soit servi ; on ne pensera pas à me regarder pendant qu'on se mettra à table. »
ton neutre	Mais sa maman, ne la voyant pas venir, envoya le cousin Paul pour la chercher.
ton interrogatif	« Sophie, Sophie, es-tu là ?
ton neutre	s'écria Paul en entrant.
ton interrogatif	Que fais-tu ?
ton exclamatif	viens dîner.
ton hésitant	– Oui, oui, j'y vais »,
ton lent	répondit Sophie en marchant à reculons, pour que Paul ne vît pas ses sourcils coupés.

Défi lecture

Entraîne-toi à lire le texte puis fais-toi chronométrer.

« Je n'ai jamais vu une plus singulière figure », dit Mme d'Aubert.
Sophie restait les bras pendants, la tête baissée, ne sachant où se cacher. Aussi fut-elle presque contente quand sa maman lui dit :
« Allez-vous-en dans votre chambre, mademoiselle, vous ne faites que des sottises. Sortez, et que je ne vous voie plus de la soirée. »
Sophie s'en alla ; sa bonne se mit à rire à son tour quand elle vit cette grosse figure toute rouge et sans sourcils. Sophie eut beau se fâcher, toutes les personnes qui la voyaient riaient aux éclats et lui conseillaient de dessiner avec du charbon la place de ses sourcils.

Les malheurs de Sophie, La comtesse de Ségur, 1858.

DE TEMPS ? Lis ce texte en proposant une relecture expressive.

SCORE de LECTURE
111 mots lus en ... secondes

Lettre à une dame, ma grand-mère

Support : *Chère Madame, ma grand-mère*, Élisabeth Brami, Nathan Jeunesse, 2008.

Genre : Récit épistolaire.

Thèmes : La filiation, l'écriture.

Spécificité : C'est un récit rédigé sous forme de lettres alternant le langage courant et le langage soutenu.

Temps : Présent, passé composé et imparfait.

Vocabulaire : **

Éléments de contexte à faire identifier :

- Repérer que ce récit est rédigé sous forme de lettres écrites par deux protagonistes : une adolescente et sa grand-mère.
- Distinguer le registre du langage courant employé par l'adolescente et le registre du langage soutenu employé par la grand-mère.

Éléments de sens à relever :

- Remarquer le ton des deux lettres :
  - Olivia est polie, mais très déterminée. Elle veut absolument savoir ce qu'il en est. Son insistance peut être assimilée à une forme d'harcèlement, mais on doit en comprendre la raison : elle veut légitimement lever des secrets de famille qui la concerne en premier lieu.
  - La vieille dame culpabilise Olivia, avançant qu'elle est âgée. On comprend à demi-mot que les questions posées par Olivia risquent de rouvrir de vieilles blessures. On sent également qu'elle n'est pas sincère, voire qu'elle ment pour éviter d'avoir à expliquer une situation familiale complexe.

Résumé :

Olivia est une jeune fille de douze ans et demi, qui vit seule avec sa mère. Elle souhaiterait connaître ses origines et l'histoire de son père. En cherchant dans les affaires de sa mère, elle trouve les coordonnées de sa grand-mère paternelle et commence à lui écrire. Une correspondance s'établit alors entre une jeune fille déterminée et une femme âgée, devenue amère en raison du chagrin qui la ronge.

Passage précédant le texte « fluence » :

La Varenne, le 4 septembre

Madame,

Je m'appelle Olivia et j'ai douze ans et demi.

Vous ne me connaissez pas, mais j'ai décidé de vous écrire quand même. J'ai trouvé votre nom et votre adresse en fouillant dans les papiers de ma mère. Je sais, ce n'est pas bien, mais est-ce que c'est bien de cacher la vérité aux enfants, de leur raconter des mensonges, de garder des secrets ? C'est pour ça que je vous écris.

J'ai bien réfléchi avant de prendre cette feuille : il faut absolument que je sache des choses sur ma naissance et sur mon père, et je crois que vous êtes la seule à pouvoir m'aider.

Quand j'ai vu votre nom, ça m'a rappelé des souvenirs de quand j'étais petite. Mon nom à moi aussi vous rappellera quelque chose puisque c'est le même nom que celui de ma mère.

J'espère que vous allez deviner qui je suis et me répondre, parce que je me sens très seule.

Si jamais je me suis trompée, excusez-moi, et excusez aussi mais faute d'orthographe.

Merci d'avance.

Olivia

Chère Madame ma grand-mère, Élisabeth Brami, © éd. Nathan Jeunesse, 2008.

Nom : ....

Texte de fluence

1 min

Lettre à une dame, ma grand-mère

Marseille, 21 octobre 3
Mademoiselle, 4
Je ne tiens aucunement à entrer dans votre jeu de devinette. 15
Il y a longtemps que j'ai passé l'âge ! Si je consens à vous 30
répondre, c'est pour vous dire que je ne peux en aucun cas vous 44
apporter mon aide. [...] Il doit y avoir erreur sur la personne. 55
Dans votre trop grand empressement à vouloir comprendre des 64
situations d'adultes, vous vous êtes adressée à moi à tort. Vous 76
devriez cesser de fouiller dans les affaires de votre mère et 87
lui poser directement des questions. Elle finira par répondre. 96
Je compte sur vous pour préserver, à l'avenir, la vieille dame 108
que je suis. Vous ne pouvez savoir à quel point votre lettre 120
m'a contrariée et bouleversée. [...] 125
Restons-en-là. [...] 128
Bon courage et adieu, 132
Madame Barrois 134

La Varenne, le 2 décembre 139
Chère Madame, 141
Je m'excuse de vous écrire encore une fois. [...] 150
MAIS 151
si vous voulez bien lire cette dernière lettre (c'est promis) 162
jusqu'au bout, je vais vous expliquer : 169
Votre nom et votre adresse, je les ai pris sur une enveloppe. 181
Ma mère vous a écrit il y a presque dix ans et le courrier est 196
revenu sans avoir été ouvert, avec quelque chose écrit dessus. 206
J'ai trouvé ça bizarre, et sûrement important puisqu'elle l'a 218
toujours gardé. J'ai vu votre nom de famille. Il y a le même 232
au dos d'une photo que ma mère garde toujours dans son 244
portefeuille. [...] Sur la photo, il y a deux personnes sur un 254
bateau. Ma mère et quelqu'un debout, de profil mais dans 265
l'ombre d'une voile. [...] Voilà. Je pense que vous êtes de ma 278
famille. [...] 279
Olivia 280

Chère Madame, ma grand-mère, Élisabeth Brami, © Nathan Jeunesse, 2008.

SCORE de LECTURE
Nombre de mots lus en 1 min :

N° 1	N° 2	N° 3
Date :	Date :	Date : ....

Nom : .... Date : ....

1 Fluence : lire des mots du texte

Lettre à une dame, ma grand-mère

1 Des sons complexes

Dis le nom de chaque dessin. Puis relie-le à la graphie du son qu'il contient.

oi •
ez •
ill •

• eil
• euil
• ouil

+ DE TEMPS ? Entoure des mots du texte qui contiennent l'une de ces graphies de son.

2 Les syllabes

Lis chaque ligne de syllabes 5 fois.

*	de	ré	vi	a	di	fa	bi	re	te			
**	ment	pro	pon	fil	por	con	ter	tra	lez	vou	dre	
***	nette	dre	mille	zar	rec	eille	riée	feuille				

3 Des syllabes aux mots

Lis 3 fois ces mots du texte de fluence.

une devinette	un portefeuille	de profil	l'ombre	la famille
bizarre	bouleversée	vieille	directement	contrariée
répondre	apporter	vous voulez	je consens	expliquer

+ DE TEMPS ? Retrouve les différents mots dans le texte et entoure-les.

4 Les synonymes et les mots de sens proche

Lis ces groupes de mots qui ont le même sens ou un sens proche.

- je veux – j'accepte – je daigne – j'accède à votre demande – **je consens**
- impatience – précipitation – élan – hâte – **empressement**
- arrêter – renoncer – interrompre – **cesser**
- perturbée – touchée – ébranlée – secouée – **bouleversée**

5 Le carré des mots outils

Lis ces mots 3 fois et chronomètre-toi.

aucunement toujours longtemps
• à tort • Chère • à quel point •
• encore une fois • presque
• jusqu'au bout • quelque
• en aucun cas • directement
sûrement quelqu'un puisqu'elle
Voilà bien dessus

SCORE de LECTURE

N° 1	N° 2
secondes	secondes

+ DE TEMPS ? Recopie plusieurs mots outils de ton choix avec puis sans modèle.

Nom : .... Date : ....

Module 30

2 Fluence : lire des mots et des phrases

Lettre à une dame, ma grand-mère

1 Le carré des mots

Lis rapidement ces 50 mots du texte.

SCORE de LECTURE
50 mots lus en ...

N° 1
secondes

N° 2
secondes

Choisis 5 de ces mots et écris-les dans des phrases.

Marseille tiens aucunement adultes
grand Mademoiselle longtemps consens
situations à tort La Varenne répondre
aucun cesser affaires devinette
peux mère directement questions
sûrement apporter • à l'avenir •
finira vieille portefeuille comprendre
aide • m'a contrariée • MAIS fouiller
adieu bon Barrois erreur poser chère
lettre • jusqu'au bout • personnes
dernière expliquer adresse presque
empressement dix important enveloppe
• quelque chose •

2 Le sens des expressions

Lis ces expressions du texte et leur adaptation en langage ordinaire.

« Je ne tiens aucunement » → Je ne veux pas.
« Restons-en là. » → Arrêtons cet échange de lettres.
« Il y a longtemps que j'ai passé l'âge ! » → Il y a longtemps que je suis trop âgée pour cela !
« Je ne peux en aucun cas » → Je ne peux pas du tout
« Vous vous êtes adressée à moi à tort » → Vous m'avez écrit sans raison valable.
« Il doit y avoir erreur sur la personne. » → Vous devez me confondre avec un autre.

3 Les verbes et leurs temps

Lis ces phrases aux différents temps.

Nous en **restons** là. → **Restons**-en là.

Elle **finit** par répondre. → Elle **va finir** par répondre. → Elle **finira** par répondre.

Maintenant, vous **devez** cesser de fouiller dans les affaires de votre mère.

→ Demain, vous **devrez** cesser de fouiller dans les affaires de votre mère.

→ Vous **devriez** cesser de fouiller dans les affaires de votre mère.

Surligne dans le texte de fluence les trois phrases du texte.

4 Les mots unis

Lis 5 fois d'une seule traite ces groupes de mots du texte.

- Il y a longtemps
- il y a presque dix ans
- encore une fois
- Je compte sur vous
- j'ai passé l'âge
- c'est pour vous dire
- quelque chose
- jusqu'au bout
- à quel point
- en aucun cas
- Il doit y avoir erreur
- je les ai pris

3 Fluidité : bien lire des phrases et des extraits

Lettre à une dame, ma grand-mère

1 Le texte simplifié

Lis ce texte simplifié.

Mademoiselle,
Je ne souhaite pas participer à votre jeu de devinette. Je suis trop âgée pour cela !
Si j'ai bien voulu vous répondre, c'est pour vous dire que je ne peux pas du tout vous aider. [...] Vous devez me confondre avec une autre personne. Vous m'avez écrit sans raison car vous avez voulu comprendre trop vite des situations d'adultes. Vous devriez arrêter de fouiller dans les affaires de votre mère et lui poser directement des questions. Elle finira par répondre. À partir de maintenant, je compte sur vous pour faire attention à moi, car je suis âgée.
Votre lettre m'a contrariée et bouleversée. [...]
Arrêtons de nous écrire. [...]

DE TEMPS ? Écris ce texte simplifié en le simplifiant encore plus.

2 Les mots retirés

Lis ce texte en replaçant les mots qui ont été retirés.
Procède ainsi 3 fois en regardant de moins en moins les mots placés dans la marge.

Il y a le même au ● d'une photo que ma mère garde ■
dans son ● .
Sur la ● , il y a deux ■ sur un bateau.
Ma ● et quelqu'un debout, ■
mais dans l' ● d'une ■ .
Voilà. Je ● que vous êtes de ma ■ .

● dos ■ toujours
● portefeuille
● photo ■ personnes
● mère ■ de profil
● ombre ■ voile
● pense ■ famille

3 Les liaisons

Lis 3 fois ces groupes de mots en étant attentif aux liaisons.

Je ne peux en aucun cas vous apporter mon aide
Il doit y avoir
Dans votre trop grand empressement (t)
Vous vous êtes adressée à moi
dans les affaires de votre mère
sans avoir été ouvert

de vous écrire encore une fois
je vais vous expliquer
votre adresse
je les ai pris sur une enveloppe
ma mère vous a écrit
vous êtes de ma famille

Nom : .... Date : ....

4 Fluidité : lire de manière expressive

Lettre à une dame, ma grand-mère

Les émotions et les états mentaux

Prépare ta lecture expressive du texte de fluence en comprenant les états mentaux successifs des personnages.

• **Madame Barrois**, issue d'un milieu très aisé, veuve, a eu beaucoup de chagrin, ce qui l'a rendue très amère. En recevant la lettre d'Olivia, son chagrin est ravivé :

Les états mentaux successifs de Mme Barrois :

Lorsque sont indiqués le lieu et la date → le ton est **neutre**.
Elle n'a pas envie de savoir qui est cette jeune fille → elle est **agacée**.
Elle reproche à Olivia d'avoir fouillé dans les affaires de sa mère → Elle la **sermonne**.
Elle demande à la jeune fille de la laisser tranquille → elle le dit **sèchement**.
À la fin, elle se montre → **bienveillante dans sa salutation**.

• **Olivia** est une jeune fille de douze ans et demi qui vit seule avec sa mère. Elle est déterminée à connaître ses origines et en savoir plus sur son père. En écrivant à nouveau à Madame Barrois, elle insiste pour comprendre son lien avec sa mère :

Les états mentaux successifs d'Olivia :

En commençant sa lettre → le ton est **neutre**.
Elle lui demande de lire sa lettre → elle est polie, mais **déterminée**.
En écrivant son explication → elle est **très émue**.
À la fin, son raisonnement étant logique, → elle est **sereine** et **déterminée**.

Code le texte de fluence avec des couleurs ou des numéros pour te souvenir de ces états successifs pour ta lecture.

Défi lecture

Entraîne-toi à lire le texte puis fais-toi chronométrer.

Marseille, 20 janvier
Chère Mademoiselle,
Je trouve votre lettre du mois de décembre que j'avais laissée de côté ne sachant qu'en faire. Mon premier mouvement avait d'ailleurs été de la déchirer, de la mettre au panier en admettant que vous ne vous trompiez pas et que je sois vraiment la personne qui détient une part de la vérité que vous recherchez [...]. Vous m'en demandez trop sur un fait qui remonte à trop longtemps et qui, sans doute, pour moi n'a été qu'un détail insignifiant. Les années ont passé et j'ai, croyez-moi, bien d'autres soucis. Si ce n'était votre jeune âge, je n'aurais même pas pris la peine de vous répondre. [...]
Tous mes vœux et à Dieu,
Madame Barrois

Chère Madame, ma grand-mère, Élisabeth Brami,
© Nathan Jeunesse, 2008.

Lis ce texte en proposant une relecture expressive.

SCORE de LECTURE
128 mots lus en ... secondes

Course poursuite dans la cité

Support : *Embrouille à minuit*, Malika Ferdjoukh, © Syros, 2021.

Genre : Roman policier.

Thèmes : Suspense, course poursuite.

Spécificité : Ce récit présente un narrateur interne qui relate avec précision les faits vécus, et partage son angoisse à travers le rythme du texte marqué par la ponctuation et les questions qu'il se pose.

Temps : Imparfait, passé composé et conditionnel présent.

Vocabulaire : **

Éléments de contexte à faire identifier :

- Identifier la présence d'un narrateur interne incarné par un jeune homme.
- Souligner les caractéristiques d'un polar : la présence d'un narrateur interne, une ambiance sombre appuyée par des faits angoissants et un rythme saccadé marqué par la ponctuation.

Éléments de compréhension à relever :

- Le narrateur interne indique rapidement qu'il est suivi par un groupe de personnes sans les décrire dans un premier temps. Il les désigne par « ils », puis, vers la fin du texte, par « la cavalcade » et enfin par « cinq blousons à crânes ras », révélant ainsi que cinq personnes le suivent, portant des blousons et ayant le crâne rasé.
- Le narrateur interne fait face à la panique : il est suivi puis poursuivi et cherche à rentrer chez lui. Cette panique se manifeste d'abord par des phrases courtes interrogatives, ce qui induit un rythme saccadé de lecture. Dans la suite du texte, la ponctuation continue de rythmer l'avancée du narrateur interne. Ensuite, il partage à la fois son avancée et ses réflexions sur le meilleur chemin à choisir pour rentrer rapidement chez lui.

Résumé :

Un collégien nommé Jésus est témoin de l'agression de Chun par une bande de lycéens appelée « les Roxy ». Il intervient pour le sauver. La sœur de Chun lui confie alors une boîte qui était convoitée par les agresseurs de son frère. Cette boîte attire alors de gros ennuis à Jésus qui va se retrouver la cible de courses poursuites.

Passage précédant le texte de fluence :

L'enseignant lit ce texte à haute voix et de manière expressive en préalable de la lecture du texte de fluence.

Lydia ne s'est aperçue de rien, même lorsque j'ai soudain tressailli devant la vitrine éteinte d'une cordonnerie. Entre les rangs de souliers et de boîtes à cirage, je venais d'apercevoir les cinq silhouettes, derrière, sur le trottoir opposé ! [...]

Ils marchaient à une cinquantaine de mètres. Pas de doute, ils nous suivaient ! Non. Ils me suivaient, moi. Ils attendaient probablement que je sois seul pour... Pour quoi faire ? [...]

Après un salut, Lydia s'est engouffrée dans le tram qui arrivait, elle m'a souri par la vitre, et je me suis retrouvé seul.

Embrouille à minuit, Malika Ferdjoukh, © Syros, 2021.

Nom : ……………………………………………………

Texte de fluence

Course poursuite dans la cité

1 min

Que faire, maintenant ? Attendre le prochain tram ? Aller chez 9
moi ? Rester là en pleine lumière ? Courir ? Faire semblant de 19
n'avoir rien vu ? J'essayais de réfléchir. Impossible. J'ai pris 31
la direction de l'avenue Gallieni qui menait aux Chaumettes. 41
J'y retrouverais le petit chemin qui tortillonne. 49
Derrière, ils n'approchaient toujours pas, s'arrêtant quand je 59
m'arrêtais, avançant quand j'avançais. Ils jouaient avec mes 69
nerfs. Ça devait les faire rigoler. [...] 75
L'avenue Gallieni était éclairée et pleine de monde, mais par 86
le chemin qui tortillonne, sombre et isolé, le trajet serait trois 97
fois plus court. À ce moment, je n'avais qu'un désir : me 110
réfugier chez moi, m'enfermer, être à l'abri. 119
J'ai calculé qu'en sprintant comme un malade, ça mettrait deux 131
minutes à remonter le chemin. C'est long, deux minutes. Mais 142
moins long que six. [...] 146
La cavalcade, dans mon dos, explosait dans les flaques que je 157
venais tout juste de survoler. À des milliers d'années-lumière, 168
là-bas, j'ai aperçu des fenêtres... [...] Je me suis jeté dans le 181
premier hall. [...] Un homme pénétrait dans l'ascenseur. J'ai 191
foncé à sa suite. Les portes ont coulissé juste au moment où 203
cinq blousons à crânes ras déboulaient dans le hall. 212

Embrouille à minuit, Malika Ferdjoukh, © Syros, 2021.

SCORE de LECTURE
Nombre de mots lus en **1 min** :

N° 1	N° 2	N° 3
Date : ……………	Date : ……………	Date : ……………

Nom : .... Date : ....

1 Fluence : lire des mots du texte

Course poursuite dans la cité

1 Les branches des sons

Lis 3 fois ces mots en suivant les branches, chaque branche utilisant un même son.

è
- rester — direction — Chaumettes — mettrait — nerfs
- être — fenêtres — s'arrêtant
- lumière — derrière
- faire — devait — mettrait — éclairée — pénétrait
- pleine — trajet

s
- six
- impossible — coulissé — essayais
- juste — suite — survoler — sombre
- ce — c'est — cinq — foncé — ascenseur
- aperçu — avançait — avançant

Retrouve les différents mots dans le texte et entoure-les.

2 Les mots importants

Entoure les 4 mots ou groupes de mots qui évoquent le mouvement de la course poursuite.

courir — le tram — j'ai foncé — m'enfermer

l'avenue Gallieni — j'avançais — le chemin — en sprintant

3 Les synonymes et les mots de sens proche

Lis ces listes de mots qui ont le même sens.

Pour chaque série, entoure celui qui est le plus proche du sens du texte de fluence.

- le transport en commun – l'omnibus – le tramway – **le tram**
- je me suis avancé vers – je me suis dirigé vers – **j'ai pris la direction de**
- tourne – est tordu – présente des tournants – **tortillonne**

4 Le carré des mots outils

Lis ces mots 3 fois puis chronomètre-toi.

SCORE de LECTURE

N° 1	N° 2
secondes	secondes

Recopie plusieurs mots outils de ton choix avec puis sans modèle.

• au moment où • chez Que
maintenant derrière toujours
quand là-bas qui mais par
moins • tout juste • comme
• à ce moment •

Nom : .... Date : ....

2 Fluence : lire des mots et des phrases

Course poursuite dans la cité

1 Les verbes et leurs temps

Lis ces phrases aux différents temps.

Maintenant, ça **met** deux minutes.
Hier, ça **mettait** deux minutes.
Demain, ça **mettra** deux minutes.
Peut-être que ça **mettrait** deux minutes.

Maintenant, le trajet **est** trois fois plus court.
Hier, le trajet **était** trois fois plus court.
Demain, le trajet **sera** trois fois plus court.
Peut-être que le trajet **serait** trois fois plus court.

Maintenant, j'y **retrouve** le petit chemin qui tortillonne.
Hier, j'y **retrouvais** le petit chemin qui tortillonne.
Demain, j'y **retrouverai** le petit chemin qui tortillonne.
Peut-être que j'y **retrouverais** le petit chemin qui tortillonne.

DE TEMPS ? Surligne le verbe utilisé dans le texte de fluence.

2 Le carré des mots

Lis rapidement ces 50 mots du texte.

SCORE de LECTURE
50 mots lus en ...

N° 1 .... secondes

N° 2 .... secondes

DE TEMPS ? Choisis 5 de ces mots et écris-les dans des phrases.

faire	maintenant	prochain	calculé	
tram	chez	Attendre	pleine	lumière
Derrière	nerfs	Courir	petit	chemin
rigoler	toujours	essayais	avenue	
survoler	trajet	réfléchir	sombre	
tortillonne	minutes	milliers	isolé	
• années-lumière •	moins	• trois fois •		
retrouverais	court	éclairée	cavalcade	
• tout juste •	jouaient	long	dos	
là-bas	fenêtres	explosait	flaques	
• ai foncé •	ascenseur	portes	six	
pénétrait	homme	• ont coulissé •		
blousons	moment			

3 Le sens des expressions

Lis ces groupes de mots, qui ont le même sens ou un sens proche, 5 fois d'une seule traite.

Ils jouaient avec mes nerfs → Ils me stressaient
en sprintant → en courant très vite
comme un malade → comme un fou
La cavalcade → La course désordonnée et bruyante
explosait dans les flaques → marchait dans les flaques
À des milliers d'années-lumière → Très loin
Je me suis jeté → Je suis entré rapidement
J'ai foncé → Je me suis précipité
cinq blousons → cinq personnes portant des blousons
cinq blousons déboulaient → cinq personnes arrivaient brusquement

3 Fluidité : bien lire des phrases et des extraits

Course poursuite dans la cité

1 Les pyramides de mots

Lis 3 fois ces groupes de mots qui se rallongent.

Le trajet serait plus court.

Mais par le chemin, le trajet serait plus court.

Mais par le chemin **qui tortillonne**, le trajet serait plus court.

Mais par le chemin qui tortillonne, le trajet serait **trois fois** plus court.

Mais par le chemin qui tortillonne, **sombre et isolé**, le trajet serait trois fois plus court.

L'avenue Gallieni était éclairée, mais par le chemin qui tortillonne, sombre et isolé, le trajet serait trois fois plus court.

L'avenue Gallieni était éclairée **et pleine de monde**, mais par le chemin qui tortillonne, sombre et isolé, le trajet serait trois fois plus court.

Les portes ont coulissé

Les portes ont coulissé **au moment où cinq blousons déboulaient.**

Les portes ont coulissé **juste** au moment où cinq blousons déboulaient.

Les portes ont coulissé juste au moment où cinq blousons déboulaient **dans le hall.**

Les portes ont coulissé juste au moment où cinq blousons **à crânes ras** déboulaient dans le hall.

2 La ponctuation

Lis ce texte 3 fois en respectant les pauses et les intonations indiquées par la ponctuation mise en gras. Procède ainsi 3 fois puis lis le texte de fluence en respectant ce rythme.

Que faire**,** maintenant **?** Attendre le prochain tram **?** Aller chez moi **?** Rester là en pleine lumière **?** Courir **?** Faire semblant de n'avoir rien vu **?** J'essayais de réfléchir**.** Impossible**.** J'ai pris la direction de l'avenue Gallieni qui menait aux Chaumettes**.** J'y retrouverais le petit chemin qui tortillonne**.**
Derrière**,** ils n'approchaient toujours pas**,** s'arrêtant quand je m'arrêtais**,** avançant quand j'avançais**.** Ils jouaient avec mes nerfs**.** Ça devait les faire rigoler**.** [...]
L'avenue Gallieni était éclairée et pleine de monde**,** mais par le chemin qui tortillonne**,** sombre et isolé**,** le trajet serait trois fois plus court**.** À ce moment**,** je n'avais qu'un désir **:** me réfugier chez moi**,** m'enfermer**,** être à l'abri**.**
J'ai calculé qu'en sprintant comme un malade**,** ça mettrait deux minutes à remonter le chemin**.** C'est long**,** deux minutes**.** Mais moins long que six**.** [...]
La cavalcade**,** dans mon dos**,** explosait dans les flaques que je venais tout juste de survoler**.** À des milliers d'années-lumière**,** là-bas**,** j'ai aperçu des fenêtres... [...]
Je me suis jeté dans le premier hall**.** [...] Un homme pénétrait dans l'ascenseur**.** J'ai foncé à sa suite**.** Les portes ont coulissé juste au moment où cinq blousons à crânes ras déboulaient dans le hall**.**

Nom : .... Date : ....

4 Fluidité : lire de manière expressive

Course poursuite dans la cité

Lecture expressive en rythme

Entraîne-toi à lire le texte qui retrace une course poursuite en tenant compte de la ponctuation et des indications pour moduler ta voix.

*ton **concentré***	J'essayais de réfléchir.
rapide**, ton **déterminé	Impossible. J'ai pris la direction de l'avenue Gallieni qui menait aux Chaumettes. J'y retrouverais le petit chemin qui tortillonne.
rapide**, ton **angoissé	Derrière, ils n'approchaient toujours pas, s'arrêtant quand je m'arrêtais, avançant quand j'avançais. Ils jouaient avec mes nerfs. Ça devait les faire rigoler. [...]
rapide**, ton **déterminé	L'avenue Gallieni était éclairée et pleine de monde, mais par le chemin qui tortillonne, sombre et isolé, le trajet serait trois fois plus court.
*ton **angoissé***	À ce moment, je n'avais qu'un désir : me réfugier chez moi, m'enfermer, être à l'abri.
rapide**, ton **déterminé	J'ai calculé qu'en sprintant comme un malade, ça mettrait deux minutes à remonter le chemin. C'est long, deux minutes. Mais moins long que six. [...]
*de plus en plus **rapide**, ton **angoissé***	La cavalcade, dans mon dos, explosait dans les flaques que je venais tout juste de survoler.
*en **ralentissant** ton **découragé***	À des milliers d'années-lumière, là-bas, j'ai aperçu des fenêtres... [...]
rapide**, ton **angoissé	Je me suis jeté dans le premier hall. [...] Un homme pénétrait dans l'ascenseur. J'ai foncé à sa suite.
rapide**, ton **paniqué	Les portes ont coulissé juste au moment où cinq blousons à crânes ras déboulaient dans le hall.

Défi lecture

Entraîne-toi à lire le texte puis fais-toi chronométrer.

Après, je n'ai plus rien vu parce que l'ascenseur démarrait et que mes yeux s'étaient fermés. La cabine montait. Je restais plaqué à la paroi, les jambes chancelantes.

– Dans le meilleur des cas, ils t'attendent en bas, a murmuré une voix à côté.

J'ai ouvert les paupières.

– Et dans le pire, ils montent par l'escalier de secours... Mais comme ils ignorent jusqu'à quel étage, je te propose de venir reprendre ton souffle chez moi.

L'homme qui parlait si paisiblement souriait.

L'ascenseur s'est arrêté.

– Décide-toi.

Embrouille à minuit, Malika Ferdjoukh, © Syros, 2021.

DE TEMPS ? Lis ce texte en proposant une relecture expressive.

SCORE de LECTURE
95 mots lus en ... secondes

Une amitié difficile

Support : *Une amitié difficile*, Jean-Côme Noguès, © Rageot, 2000.

Genre : Roman animalier.

Thèmes : L'amitié, les différences, les milieux de vie, l'éducation au développement durable.

Spécificité : L'auteur nous fait adopter les états mentaux de deux animaux différents qui échangent entre eux en propos rapportés.

Temps : Imparfait et passé simple.

Vocabulaire : ***

Éléments de contexte à faire identifier :

- Saisir que ces deux animaux n'ont pas vocation à vivre l'un près de l'autre, leurs milieux naturels étant très différents.
- C'est de leur captivité que naît leur amitié, sans doute à travers une sorte d'entraide mutuelle dans cet espace incommode qu'on les oblige à partager.
- Relever en quoi il peut être malaisant pour un goéland de se retrouver à la montagne et pour un chamois de demeurer près de l'océan.

Éléments de sens à relever :

- Lorsque l'auteur écrit « frères », il veut parler de la grande famille des goélands, pas strictement ceux qui sont de la même lignée. De la même manière, lorsque l'auteur écrit « ses montagnes », cela ne signifie pas que le chamois est revenu là où il vivait avant sa capture : il s'agit en fait de deux milieux naturels, l'océan et la montagne.
- L'auteur fait parler les animaux. Il s'agit d'une fiction, car ces paroles rapportées ne peuvent pas exister dans le réel.
- On observe que le chamois accepte de se retrouver hors de son milieu naturel par amitié. Le goéland a plus de difficultés à s'habituer car suivre le chamois dans la forêt lui est impossible.

Résumé :

Un goéland et un chamois partagent le même enclos où ils ont été enfermés. De leur infortune commune naît une amitié. Un jour, le gardien oublie de refermer la porte. Les deux animaux s'enfuient ensemble. Arrivés en bord d'océan, le goéland s'épanouit, alors que le chamois dépérit. Le goéland propose d'accompagner son ami dans sa montagne. Mais c'est lui, à son tour, qui s'y trouve mal à l'aise.

Passage précédant le texte de fluence :

L'enseignant lit ce texte à haute voix et de manière expressive en préalable de la lecture du texte de fluence.

On avait réuni dans un enclos aussi fermé qu'une cage un goéland et un jeune chamois. [...]

Au fil des jours, au fil des nuits, l'amitié grandit entre les deux bêtes. Malgré la cage, malgré les bruits de la ville et l'ennui des heures trop longues, il leur venait parfois comme un bonheur d'être ensemble. [...] Tous les soirs, le gardien faisait sa tournée pour remplir les auges d'eau fraîche. Un soir, il sortit de la cage en fixant mal le crochet de la porte. Les deux amis profitèrent de l'occasion. Et ils se glissèrent au-dehors, chacun retrouvant la prudence inquiète du temps où il vivait en liberté.

Une amitié difficile, Jean-Côme Noguès, © Rageot, 2000.

Nom : ....

Module 32

Texte de fluence

Une amitié difficile

1 min

Ils allèrent donc au bord de l'océan, l'un volant, l'autre galopant, 14
tant ils avaient d'impatience. 19
Dès leur arrivée, le goéland ne put résister à l'appel du large. Il 33
partit avec ses frères à la rencontre d'un chalutier qui rentrait du 46
port. [...] Pendant ce temps, le petit chamois essayait de s'habituer 57
à son nouvel environnement. 61
– Tu as l'air triste, petit chamois. 68
– Mais non ! Mais non ! Je t'assure ! Je suis content d'être ici. 81
– Je vois bien que ce n'est pas vrai, répondit un soir le goéland. 95
Je vois bien que tu regrettes tes montagnes. Et je t'ai un peu 109
abandonné depuis notre arrivée. Excuse-moi [...] 115
Allons dans tes montagnes, proposa-t-il. Partons tout de suite, sans 127
nous retourner. 129
D'un bond, le petit chamois fut debout, prêt à courir jusqu'aux 142
Alpes. [...] L'oiseau le suivait, les ailes ouvertes, toutes grandes. Il 153
planait au-dessus de la vallée. [...] Quand le chamois entra dans 164
une forêt de mélèzes aux branches enchevêtrées, son ami aux ailes 175
trop longues ne put le suivre. Il alla se poser sur une souche et 189
attendit longtemps, longtemps. [...] 192

Une amitié difficile, Jean-Côme Noguès, © Rageot, 2000.

SCORE de LECTURE
Nombre de mots lus en 1 min :

N° 1	N° 2	N° 3
Date :	Date :	Date : ....

Nom : .... Date : ....

1 Fluence : lire des mots du texte

Une amitié difficile

❶ Des sons complexes

Dis le nom de chaque dessin. Puis relie-le à la graphie du son qu'il contient.

ier •
ien •
ai •

• gn
• qu
• c(e)

Entoure des mots du texte qui contiennent l'une de ces graphies de son.

❷ Les syllabes

Lis chaque ligne de syllabes 5 fois.

*	mé	go	ta	o	lu	é	dit	ré	te	lè
**	land	mon	mois	pon	cé	an	che	cha	en	lon
***	vê	trées	gnes	tris	zes	tier	gues			

❸ Des syllabes aux mots

Lis 3 fois ces mots du texte de fluence.

l'océan	le chamois	un chalutier	l'oiseau	le goéland
Les Alpes	les mélèzes	les montagnes	triste	longues
s'habituer	il répondit	tu regrettes	enchevêtrées	

Retrouve les différents mots dans le texte et entoure-les.

❹ Le carré des mots outils

Lis ces mots 3 fois puis chronomètre-toi.

SCORE de LECTURE

N° 1
.... secondes

N° 2
.... secondes

Ils	donc	l'un	l'autre
tant	Dès	leur	à avec
ses	d'un	qui	Pendant
Mais	non	ici	bien que
peu	depuis	notre	dans
• tout de suite •			sans
nous	jusqu'aux		toutes
au-dessus	Quand		aux
trop	une	et	longtemps

Recopie plusieurs mots outils de ton choix avec puis sans modèle.

Nom : .... Date : ....

2 Fluence : lire des mots et des phrases

Une amitié difficile

1 Les sons complexes

Lis les mots en prononçant chaque son.
Attention, dans la dernière colonne les lettres « en » ne se prononcent pas.

an		en		em	...
le goél**and**	t**an**t	l'impati**en**ce	cont**ent**	t**em**ps	ils allèr**ent**
l'océ**an**	d**an**s	la r**en**contre	**en**chevêtrées	longt**em**ps	ils avai**ent**
galop**ant**	s**an**s	l'**en**vironnem**ent**	il **en**tra		
vol**ant**	pend**ant**	il r**en**trait	il att**en**dit		
ab**an**donnée	qu**and**	**pend**ant			
br**an**ches					

2 Le sens des mots

Relie chaque mot à son synonyme.

un chalutier •	• des arbres qui ressemblent au sapin
les Alpes •	• emmêlées
des mélèzes •	• un bateau de pêche
enchevêtrées •	• un reste de tronc d'arbre coupé
une souche •	• une chaîne de montagnes

3 Les mots unis

Lis 5 fois d'une seule traite ces groupes de mots du texte.

- l'appel du large
- Tu as l'air triste
- ce n'est pas vrai
- Dès leur arrivée
- Je suis content d'être ici
- tout de suite
- Pendant ce temps
- Excuse-moi

DE TEMPS ? Surligne ces groupes de mots dans le texte de fluence.

4 Le carré des mots et les mots de sens proche

Lis rapidement ces 50 mots du texte.

SCORE de LECTURE
50 mots lus en ...

N° 1
secondes

N° 2
secondes

DE TEMPS ? Choisis 5 de ces mots et écris-les dans des phrases.

océan s'habituer toutes goéland allèrent
pendant debout appel Mais résister large
depuis put triste frères bien retourner
prêt chalutier dans suivait enchevêtrées
chamois • tout de suite • répondit
montagnes grandes donc attendit
environnement • au-dessus • regrettes
arrivée longues l'autre Alpes nous parons
oiseau sans ouvertes vallée longtemps fut
souche tant bond alla branches nouvel

Nom : .... Date : ....

3 Fluidité : bien lire des phrases et des extraits

Une amitié difficile

1 Les liaisons

Lis 3 fois ces groupes de mots en étant attentif aux liaisons.

- ils allèrent donc au bord de l'océan
- tant ils avaient d'impatience
- Il partit avec ses frères
- dans une forêt de mélèzes
- son nouvel environnement
- répondit un soir le goéland
- prêt à courir jusqu'aux Alpes
- aux ailes trop longues

2 Le sens des expressions

Lis les explications de chacune de ses expressions, puis lis l'expression utilisée dans le texte de fluence.

L'oiseau se déplace en volant, alors que le chamois galope.
→ **l'un volant, l'autre galopant**

tellement ils étaient pressés → **tant ils avaient d'impatience**

Le goéland ne pouvait pas résister au désir de rejoindre l'océan.
→ **le goéland ne put résister à l'appel du large**

s'habituer à son nouvel espace de vie → **s'habituer à son nouvel environnement**

3 Les verbes et leurs temps

Lis ces phrases aux différents temps.

Le goéland **ne peut pas** résister à l'appel du large.
Le goéland **n'a pas pu** résister à l'appel du large.
Le goéland **ne put** résister à l'appel du large.

D'un bond, le petit chamois **est** debout.
D'un bond, le petit chamois **a été** debout.
D'un bond, le petit chamois **fut** debout.

Son ami aux ailes trop longues **ne peut pas** le suivre.
Son ami aux ailes trop longues **n'a pas pu** le suivre.
Son ami aux ailes trop longues **ne put** le suivre.

Il **va** se poser sur une souche.
Il **est allé** se poser sur une souche.
Il **alla** se poser sur une souche.

4 Les résumés

Coche le résumé qui correspond au sens du texte.

☐ Après avoir fui, les deux animaux se retrouvent à la montagne. Mais le chamois ne s'y plaît pas. Alors, ils partent au bord de l'océan. C'est au tour du goéland de ne pas y être à son aise.

☐ Après avoir fui, les deux animaux se retrouvent au bord de l'océan. Mais le chamois ne s'y plaît pas. Alors, ils partent à la montagne. C'est au tour du goéland de ne pas y être à son aise.

☐ Après s'être fâchés, les deux animaux s'enfuient sans se retourner chacun de leur côté : le goéland au bord de l'océan ; le chamois à la montagne.

Nom : .... Date : ....

4 Fluidité : lire de manière expressive

Une amitié difficile

Les groupes de souffle

Lis ce texte au rythme des retours à la ligne.
Puis le texte original (texte de fluence).

Ils allèrent donc au bord de l'océan,
l'un volant,
l'autre galopant,
tant ils avaient d'impatience.

Dès leur arrivée,
le goéland ne put résister à l'appel du large.

Il partit avec ses frères
à la rencontre d'un chalutier
qui rentrait du port. [...]

D'un bond,
le petit chamois fut debout,
prêt à courir jusqu'aux Alpes. [...]

L'oiseau le suivait,
les ailes ouvertes,
toutes grandes.
Il planait au-dessus de la vallée. [...]

Quand le chamois entra dans une forêt de mélèzes
aux branches enchevêtrées,
son ami aux ailes trop longues
ne put le suivre.

Une amitié difficile, Jean-Côme Noguès, © Rageot, 2000.

Propose une lecture en groupes de souffle pour les dialogues du texte.

Défi lecture

Entraîne-toi à lire le texte puis fais-toi chronométrer.

L'oiseau des mers s'envola. Le chamois regarda longtemps ce point d'argent qui fuyait vers l'ouest, qui s'éloignait de lui et qu'il n'oublierait pas. Quand il baissa la tête, il découvrit sur l'herbe une plume blanche que le vent emportait déjà. Bientôt, il n'y eut pas une plume, mais deux, mais cinq, mais trente, mais trente mille. La montagne, pour mieux se souvenir de son ami envolé, prit en quelques minutes la couleur du goéland. Et tomba la première neige.

Une amitié difficile, Jean-Côme Noguès, © Rageot, 2000.

Lis ce texte en proposant une relecture expressive.

SCORE de LECTURE
88 mots lus en ... secondes

Un air gai !

Support : « L'obsession », *Saynètes et monologues*, Charles Cros, 1881.

Genre : Monologue théâtral.

Thèmes : L'obsession, la chanson, le théâtre.

Spécificité : Il s'agit d'un monologue humoristique du XIXe siècle autour de situations désuettes.

Temps : Présent majoritaire.

Vocabulaire : **

Éléments de contexte à faire identifier :

- Charles Cros écrit ce monologue en 1881 pour être joué par le comédien Coquelin Cadet, véritable star à son époque. Ce genre peut donc être comparé aux « seul en scène » d'aujourd'hui. Cette proximité de genre gagnera à être expliquée aux élèves.
- Nombre d'éléments pourront apparaître désuets aux oreilles de nos jeunes lecteurs. Il sera bon de donner des informations sur l'époque, notamment l'absence de l'électricité ou l'existence de métiers comme celui de portier qui ont presque disparu.
- Bien expliquer l'intention de l'auteur : faire rire en racontant cette scène loufoque teintée d'absurdité.
- On pourra s'appuyer sur l'expérience des élèves : eux aussi ont sans doute fait l'expérience d'avoir en tête une mélodie qui tourne sans fin.
- Si les didascalies aident à la compréhension de la scène, elles ne seront pas lues en lecture fluente.

Éléments de sens à relever :

- Les élèves doivent saisir que les « la, la » et autres « la lère » sont des bribes de mélodies. Lors des lectures, on pourra mieux le faire comprendre en les chantonnant.
- Des données temporelles ponctuent le texte : la sortie du théâtre, le soir. Puis le retour à pied. Le coucher. Le lever le lendemain matin. Puis enfin l'arrivée de la lettre cette matinée-là.
- « Mon Dieu ma pauvre tante » laisse présager un drame. Celui-ci sera dévoilé dans le texte du défi de lecture de la fiche 4.

Résumé :

Un spectateur quitte une pièce de théâtre avec en tête l'air gai de la chanson du spectacle. Cette chanson comme une ritournelle l'obsède au point qu'elle accompagne tout ce qu'il fait. Il rentre chez lui avec cet air, s'endort avec lui, se lève le lendemain en l'ayant toujours en tête. Jusqu'à apprendre la grave maladie de sa tante, sans être capable de refouler cet air obsédant qui devient terriblement agaçant.

Passage précédant le texte de fluence :

L'enseignant lit ce texte à haute voix et de manière expressive en préalable de la lecture du texte de fluence.

Avant-hier j'étais d'un gai ! J'étais au théâtre, aux Délassements. On a joué une petite pièce amusante ! Oh, amusante ! Il y avait une jeune fille (dans la pièce), et puis un jeune homme qui voulait épouser la jeune fille, et puis des gens qui voulaient empêcher le mariage, et puis encore des gens qui étaient pour le mariage, enfin je ne sais plus bien comment ça se passe, mais ils se marient à la fin. C'est là qu'ils sont tous contents et qu'ils chantent un air, oh ! Un air ! Tra la la la, la la, la la lère, etc.

« L'obsession », *Saynètes et monologues*, Charles Cros, 1881.

Nom : ....

Texte de fluence

Un air gai !

1 min

En sortant du théâtre j'étais gai ; une si jolie pièce. Il faisait 13
un froid !... Je relève mon col, je marche vite, la lère, je faisais 26
sonner mes bottes sur le trottoir, la la, la la. Je demeure à 39
une heure du théâtre. J'arrive à ma porte, je sonne, bing, 51
bing, bing, bing, bing. (Même air) 55
Le portier met trois quarts d'heure à m'ouvrir. Enfin ! Je grimpe 68
mon escalier, (je demeure au cinquième) la, la, la, la. J'allume 80
ma bougie, la la ; je me déshabille ; je jette mon paletot sur 92
un meuble, la lère, mon pantalon sur un autre, la la ; je me 105
fourre dans mon lit et je m'endors. (Ronflement sur le même air.) 113
Le matin, je me réveille ; un temps superbe ; j'avais un rayon 125
de soleil dans le nez. 130
Je bondis, tra, la, la, la, la ; je plonge ma tête dans l'eau, 144
flou, flou, flou, flou. (Même air) 148
Je m'essuie, je noue ma cravate, la, lère ; j'étais gai ! On 161
frappe à ma porte, je vais ouvrir, la, la, la, la. Mon concierge ! 174
Ah ! Ah ! C'est vous ? [...] Qu'est-ce que c'est que ça ? Une 187
lettre. Versailles. (Geste de décacheter et de lire.) Ta, la, ta lère. 193
Ah ! Mon Dieu ma pauvre tante... 200

« L'obsession », *Saynètes et monologues*, Charles Cros, 1881.

SCORE de LECTURE
Nombre de mots lus en **1 min** :

N° 1	N° 2	N° 3
Date :	Date :	Date : ....

Nom : .... Date : ....

1 Fluence : lire des mots du texte

Un air gai !

1 Des sons complexes

Dis le nom de chaque dessin. Puis relie-le à la graphie du son qu'il contient.

g(e) •
c(e) •
ier •

• ill
• ail
• eil

Entoure des mots du texte qui contiennent l'une de ces graphies de son.

2 Les syllabes

Lis chaque ligne de syllabes 5 fois.

*	te	pa	va	tot	ré	le	ca	ta	
**	bou	cra	ce	ge	es	lon	gai	por	pan
***	meu	ble	lier	gie	tier	piè	veille	plon	

3 Des syllabes aux mots

Lis 3 fois ces mots du texte de fluence.

ma bougie	la pièce	mon paletot	le nez	mon escalier
ma cravate	un meuble	le portier	le soleil	mon pantalon
je jette	je me réveille	j'allume	je me déshabille	je plonge

4 Les mots difficiles

Lis 5 fois ces mots difficiles en t'aidant du découpage des syllabes et des bulles.

bi / ng → bing
su / per / be (è) → superbe
ver / sailles (è) → Versailles
thé / â / tre → théâtre
ray / yon (ai) → rayon
cin / qui / ème → cinquième

5 Le carré des mots outils

Lis ces mots 3 fois puis chronomètre-toi.

SCORE de LECTURE

N° 1
secondes

N° 2
secondes

En	une	si	Il	un	trois
Je	mes	à	Enfin	sur	
autre	C'est	dans	Ah		
Qu'est-ce	que	c'est	ça		

Recopie plusieurs mots outils de ton choix avec puis sans modèle.

Nom : .... Date : ....

2 Fluence : lire des mots et des phrases

Un air gai !

1 Les lettres muettes

Lis 5 fois rapidement ces mots qui ont tous une lettre muette à la fin.

- un paletot
- le froid
- le temps
- un quart d'heure
- en sortant
- un lit
- un théâtre
- dans
- Versailles
- ma bougie
- trois
- si jolie

2 Les paroles de la mélodie

Entraîne-toi à lire précisément ces paroles de la mélodie du texte, ainsi que les onomatopées.

- la la, la la.
- bing, bing, bing, bing, bing.
- la, la, la, la.
- flou, flou, flou, flou.
- la, la, la, la
- Ah ! Ah !
- tra, la, la, la, la ;
- Ta, la, ta lère.

3 Le sens des mots

Relie chaque mot à son synonyme.

un paletot •	• un spectacle de théâtre
une pièce •	• un manteau
le portier •	• une ville de la banlieue de Paris
Versailles •	• le gardien de l'immeuble

4 Les mots unis

Lis 5 fois d'une seule traite ces groupes de mots du texte.

- une si jolie pièce
- un temps superbe
- Qu'est-ce que (que) c'est que ça ?
- trois quarts d'heure
- un rayon de soleil
- je me déshabille
- Ah ! Mon Dieu
- je noue ma cravate

DE TEMPS ? Surligne ces groupes de mots dans le texte.

5 Le carré des mots

Lis rapidement ces 50 mots du texte.

SCORE de LECTURE
50 mots lus en ...

N° 1
secondes

N° 2
secondes

DE TEMPS ? Choisis 5 de ces mots et écris-les dans des phrases.

sortant je théâtre gai pièce faisait
froid relève col sonner bottes trottoir
demeure heure porte sonne portier jolie
quarts grimpe escalier flou cinquième
bougie • me déshabille • paletot
meuble jette pantalon • me fourre •
matin • me réveille • temps superbe
rayon bondis soleil nez plonge tête
cravate frappe concierge vite lettre
ouvrir Versailles Dieu pauvre tante

3 Fluidité : bien lire des phrases et des extraits

Un air gai !

1 Le sens des expressions

Lis les explications de chacune de ses expressions, puis lis l'expression utilisée dans le texte de fluence.

Il faisait vraiment très froid ! → **Il faisait un froid !**

J'habite à une heure de marche du théâtre.

→ **Je demeure à une heure du théâtre.**

Le gardien de l'immeuble met du temps avant de m'ouvrir la porte.

→ **Le portier met trois quarts d'heure à m'ouvrir.**

J'allume la lumière de mon appartement.

→ **J'allume ma bougie.**

Je me glisse sous les draps de mon lit.

→ **Je me fourre dans mon lit.**

Je me lave le visage.

→ **Je plonge ma tête dans l'eau.**

2 Les groupes de souffle

Lis ce texte au rythme des retours à la ligne. Puis lis le texte original (texte de fluence).

Il faisait un froid !...
Je relève mon col,
je marche vite, la lère,
je faisais sonner mes bottes sur le trottoir, la la, la la.
Je demeure à une heure du théâtre.
J'arrive à ma porte,
je sonne, bing, bing, bing, bing, bing.
Le portier met trois quarts d'heure à m'ouvrir.
Enfin !
Je grimpe mon escalier,
(je demeure au cinquième) la, la, la, la.
J'allume ma bougie, la la ;
je me déshabille ;
je jette mon paletot sur un meuble, la lère,
mon pantalon sur un autre, la la ;
je me fourre dans mon lit et je m'endors.
Le matin, je me réveille ;
un temps superbe ;
j'avais un rayon de soleil dans le nez.
Je bondis, tra, la, la, la, la ;
je plonge ma tête dans l'eau, flou, flou, flou, flou.
Je m'essuie,
je noue ma cravate, la, lère ;
j'étais gai !

4 Fluidité : lire de manière expressive

Un air gai !

Lecture expressive

Dans ce monologue, le personnage s'adresse à un public qui l'écoute.
Entraîne-toi à lire le texte à l'aide des intonations proposées pour une lecture expressive.

ton joyeux	En sortant du théâtre j'étais gai ;
ton enjoué	une si jolie pièce.
ton râleur	Il faisait un froid !...
ton préoccupé (rapide)	Je relève mon col, je marche vite, la lère, je faisais sonner mes bottes sur le trottoir, la la, la la.
ton explicatif	Je demeure à une heure du théâtre.
ton enjoué puis râleur	J'arrive à ma porte, je sonne, bing, bing, bing, bing, bing. Le portier met trois quarts d'heure à m'ouvrir. Enfin !
ton empressé (rapide)	Je grimpe mon escalier, (je demeure au cinquième) la, la, la, la. J'allume ma bougie, la la ; je me déshabille ; je jette mon paletot sur un meuble, la lère, mon pantalon sur un autre, la la ; je me fourre dans mon lit
ton apaisé	et je m'endors.
ton enjoué	Le matin, je me réveille ; un temps superbe ; j'avais un rayon de soleil dans le nez.
ton empressé et joyeux	Je bondis, tra, la, la, la, la ; je plonge ma tête dans l'eau, flou, flou, flou, flou. (Même air) Je m'essuie, je noue ma cravate, la, lère ; j'étais gai !
ton étonné	On frappe à ma porte, je vais ouvrir, la, la, la, la. Mon concierge ! Ah ! Ah ! C'est vous ? [...] Qu'est-ce que c'est que ça ? Une lettre. Versailles. Ta, la, ta lère.
ton affolé	Ah ! Mon Dieu ma pauvre tante...

Prépare cette lecture pour la faire à voix haute devant tes camarades.

Défi lecture

Entraîne-toi à lire le texte puis fais-toi chronométrer.

[...] Mon chapeau pardessus, parapluie ! Je suis en bas ; j'attrape un fiacre : cocher ! Gare Saint-Lazare, cinq francs de pourboire, la, la ; la lère. J'arrive à la gare ; j'oublie mon parapluie dans la voiture, tur, tur, tur, tur. (Même air)
On fermait le guichet, j'avais tout de même mon billet, me voilà dans le train, ouf, ouf, ouf, (Même air) le train qui part, c'est l'express press, press, press, press. (Même air)
[...] Ma pauvre tante ! J'aime bien ma pauvre tante [...] J'arrive ; elle me meurt dans les bras ! Oh c'est désolant, lan, lan, lan, lan. Oh ! Cet air m'ennuie.

« L'obsession », *Saynètes et monologues*, Charles Cros, 1881.

Lis ce texte en proposant une relecture expressive.

SCORE de LECTURE
101 mots lus en ... secondes

Le lion et le rat reconnaissant

Support : « Le lion et le rat reconnaissant », *Fables*, Ésope, traduction Chambry, 1927.

Genre : Fable patrimoniale.

Thèmes : Suspense, course poursuite.

Spécificités : Cette fable en prose servit de base à celle de La Fontaine, plus connue. Ce module passe d'une fable à l'autre, en gardant celle d'Ésope, plus simple, pour le texte de fluence.

Temps : Imparfait et passé simple pour le récit ; passé composé pour les paroles rapportées ; présent pour la morale.

Vocabulaire : ***

Éléments de contexte à faire identifier :

- Définir le genre de la fable : « un récit court, imaginaire et allégorique destiné à illustrer une morale » (Larousse). On pourra délimiter ce qui relève du récit et ce qui relève de la morale.
- Expliquer que la fable d'Ésope est très ancienne, provenant de l'Antiquité grecque (VIe siècle avant J.-C.), ce qui justifie l'usage de termes qui sembleront désuets pour les élèves du XXIe siècle.

Éléments de compréhension à relever :

- Comprendre la raison du rire du lion : la promesse faite par le petit rat de lui venir en aide. Comment une si petite chose pourrait lui être utile ? Et pourtant, la fable montrera qu'effectivement le rat sauvera la vie du lion, d'où la morale que La Fontaine propose en introduction de sa fable : « On a souvent besoin d'un plus petit que soi. »
- Comprendre la magnanimité du lion qui laisse le rat en vie : c'est plus par mépris que par gentillesse qu'il le laisse repartir.
- Saisir le sens des morales : celle d'Ésope : « dans les changements de fortune les gens les plus puissants ont besoin des faibles » ; celle de La Fontaine, présente dans le Défi lecture : « Patience et longueur de temps / Font plus que force ni que rage. »

Résumé :

Un petit rat dérange un lion durant sa sieste. Le lion s'apprête à le manger lorsque le rat lui propose cet accord : si le lion épargne sa vie, alors il l'aidera lorsqu'il aura besoin de lui. Le lion n'y croit pas, mais se montre magnanime. Plus tard, le rat sauvera effectivement le lion en rongeant les cordes d'un filet dans lequel il était pris.

Passage précédant le texte de fluence :

L'enseignant lit ce texte à haute voix et de manière expressive en préalable de la lecture du texte de fluence. Il précise qu'il ne s'agit pas de l'introduction de la fable d'Ésope qui sera lue en fluence, mais de celle de La Fontaine qui relate peu ou prou la même histoire.

Il faut, autant qu'on peut, obliger tout le monde :
On a souvent besoin d'un plus petit que soi.
De cette vérité deux fables feront foi,
Tant la chose en preuves abonde. [...]

« Le lion et le rat », *Fables*, Jean de la Fontaine, 1668.

Nom : ....

Texte de fluence

Le lion et le rat reconnaissant

1 min

Un lion dormait ; un rat s'en vint trottiner sur son corps. Le 13
lion, se réveillant, le saisit, et il allait le manger, quand le 25
rat le pria de le relâcher, promettant, s'il lui laissait la vie, 38
de le payer de retour. Le lion se mit à rire et le laissa aller. 53
Or il arriva que peu de temps après il dut son salut à la 67
reconnaissance du rat. Des chasseurs en effet le prirent et 77
l'attachèrent à un arbre avec une corde. Alors le rat l'entendant 90
gémir accourut, rongea la corde et le délivra. « Naguère, dit-il, 101
tu t'es moqué de moi, parce que tu n'attendais pas de retour 115
de ma part ; sache maintenant que chez les rats aussi on 126
trouve de la reconnaissance. » Cette fable montre que dans 135
les changements de fortune les gens les plus puissants ont 145
besoin des faibles. 148

« Le lion et le rat reconnaissant », *Fables*, Ésope, traduction Chambry, 1927.

SCORE de LECTURE
Nombre de mots lus en **1 min** :

N° 1	N° 2	N° 3
Date :	Date :	Date : ....

Nom : .... Date : ....

1 Fluence : lire des mots du texte

Le lion et le rat reconnaissant

1 Les syllabes

Lis chaque ligne de syllabes 5 fois.

*	re	a	na	co	ce	re	fa	mo
**	ner	pui	tro	rut	tti	qué	man	ble
***	ssants	ccou	ssan	guè	ger	nnai		

2 Des syllabes aux mots

Lis 3 fois ces mots du texte de fluence.

trottiner	manger	promettant	la reconnaissance	il accourut
naguère	tu t'es moqué	puissants	une fable	les gens

Retrouve les différents mots dans le texte et entoure-les.z

3 Les mots de la même famille

Lis 5 fois ces listes de mots de la même famille.

- trottoir – au trot – trotter – trottinette – **trottiner**
- corporel – corpulent – corpulence – incorporer – **corps**
- puissance – puissamment – pouvoir– **puissants**
- faiblesse – faiblement – faiblir – affaiblir – **faible**

Retrouve les mots dans le texte et entoure-les.

4 Les synonymes et les mots de sens proche

Lis ces listes de mots qui ont le même sens.
Pour chaque série, entoure celui qui est le plus proche du sens du texte de fluence.

- gratitude – remerciements – **reconnaissance**
- se lamenter – se plaindre – pleurnicher – geindre – **gémir**
- Autrefois – Il y a longtemps – Jadis – **Naguère**

5 Le carré des mots outils

Lis ces mots 3 fois puis chronomètre-toi.

SCORE de LECTURE

N° 1	N° 2
secondes	secondes

Recopie plusieurs mots outils de ton choix avec puis sans modèle.

Un	s'en	sur	et	il	quand	
s'il	lui	la	le	à	Or	que peu
après	Des	• en effet •	avec			
une	tu	moi	• parce que •			
pas	maintenant	chez	aussi			
les	Cette	dans	plus			

Nom : .... Date : ....

Module 34

2 Fluence : lire des mots et des phrases

Le lion et le rat reconnaissant

1 Les mots contenant le son (r)

Lis ces mots classés selon leurs sons.

pr	tr	br	or	ar	èr
après	trottiner	arbre	corde	part	naguère
pria	trouve		corps	parce que	attachèrent
promettant	montre		dormait		
prirent			fortune		
		vr	**our**	**eur**	**ir**
		délivra	retour	chasseurs	rire
					prirent
					gémir

2 Le carré des mots

Lis rapidement ces 50 mots du texte.

SCORE de LECTURE
50 mots lus en ...

N° 1 .... secondes

N° 2 .... secondes

Choisis 5 de ces mots et écris-les dans des phrases.

lion dormait rat trottiner corps • se réveillant • saisit vie laissait • parce que • arriva reconnaissance payer rire temps salut aller accourut Naguère gémir chasseurs avec prirent part l'attachèrent arbre l'entendant corde délivra retour quand sache maintenant rongea fable montre puissants trouve changements allait fortune pria gens manger faibles relâcher • en effet • besoin promettant chez

3 Le sens des expressions

Lis ces groupes de mots, qui ont le même sens ou un sens proche, 5 fois d'une seule traite.

un rat s'en vint	→	un rat arriva
Le lion le saisit	→	le lion l'attrapa
le rat le pria	→	le rat lui demanda avec insistance
s'il lui laissait la vie	→	s'il ne le tuait pas
de le payer de retour	→	de lui donner autant qu'il avait reçu
Le lion le laissa aller	→	Le lion le libéra
il dut son salut	→	il fut sauvé
Des chasseurs le prirent	→	des chasseurs l'attrapèrent
le rat accourut	→	le rat arriva rapidement
Naguère	→	Autrefois
les changements de fortune	→	les hauts et les bas de la vie

Nom : .... Date : ....

3 Fluidité : bien lire des phrases et des extraits

Le lion et le rat reconnaissant

1 Les liaisons

Lis 3 fois ces groupes de mots en étant attentif aux liaisons.

il allait le manger

Or il arriva

Le lion se mit à rire

l'attachèrent à un arbre

+ DE TEMPS ? Indique les liaisons par des arcs de cercle dans le texte de fluence.

2 Les pyramides de mots

Lis 3 fois ces groupes de mots qui se rallongent.

les gens les plus puissants ont besoin des faibles.

dans les changements de fortune les gens les plus puissants ont besoin des faibles.

Cette fable montre que dans les changements de fortune les gens les plus puissants ont besoin des faibles.

---

tu t'es moqué de moi

tu t'es moqué de moi, **parce que tu n'attendais pas de retour de ma part**

Naguère, dit-il, tu t'es moqué de moi, parce que tu n'attendais pas de retour de ma part

Naguère, dit-il, tu t'es moqué de moi, parce que tu n'attendais pas de retour de ma part ; **sache maintenant que chez les rats aussi on trouve de la reconnaissance.**

3 La lecture rythmée

Lis 5 fois cet extrait en respectant les pauses proposées : ↘ pause courte, ⌒ pause longue.

Un lion dormait ; ⌒ un rat s'en vint trottiner sur son corps. ⌒ Le lion, ↘ se réveillant, ↘ le saisit, ↘ et il allait le manger, ↘ quand le rat le pria de le relâcher, ↘ promettant, ↘ s'il lui laissait la vie, ↘ de le payer de retour. ⌒ Le lion se mit à rire et le laissa aller. ⌒ Or il arriva que ↘ peu de temps après ↘ il dut son salut à la reconnaissance du rat. ⌒ Des chasseurs en effet le prirent et l'attachèrent à un arbre avec une corde. ⌒ Alors le rat l'entendant gémir accourut, ↘ rongea la corde et le délivra. ⌒

+ DE TEMPS ? Relis le texte de fluence en essayant de respecter les pauses.

4 Fluidité : lire de manière expressive

Le lion et le rat reconnaissant

Les groupes de souffle

Lis ce texte au rythme des retours à la ligne.

Un lion dormait ;
un rat s'en vint trottiner sur son corps.
Le lion, se réveillant,
le saisit,
et il allait le manger,
quand le rat le pria de le relâcher,
promettant,
s'il lui laissait la vie,
de le payer de retour.
Le lion se mit à rire
et le laissa aller.
Or il arriva que peu de temps après
il dut son salut à la reconnaissance du rat.
Des chasseurs
en effet
le prirent et l'attachèrent à un arbre avec une corde.
Alors le rat
l'entendant gémir
accourut,
rongea la corde
et le délivra.

Défi lecture

Entraîne-toi à lire le texte puis fais-toi chronométrer.

Entre les pattes d'un Lion,
Un Rat sortit de terre assez à l'étourdie.
Le Roi des animaux, en cette occasion,
Montra ce qu'il était, et lui donna la vie.
Ce bienfait ne fut pas perdu.
Quelqu'un aurait-il jamais cru
Qu'un Lion d'un Rat eût affaire ?
Cependant il avint qu'au sortir des forêts
Le Lion fut pris dans des rets,
Dont ses rugissements ne le purent défaire.
Sire Rat accourut, et fit tant par ses dents
Qu'une maille rongée emporta tout l'ouvrage.
Patience et longueur de temps
Font plus que force ni que rage.

« Le lion et le rat », *Fables*,
Jean de la Fontaine, 1668.

DE TEMPS ? Lis ce texte en proposant une relecture expressive.

SCORE de LECTURE
95 mots lus en ... secondes

Les Restos du Cœur

Support : « Les Restos du Cœur », *Enseignement moral et civique, CE1-CE2. Mes premiers récits*, Benoit Falaize, © Retz, 2021.

Genre : Documentaire.

Thèmes : Éducation morale et civique, solidarité, humanitaire.

Spécificité : Ce documentaire est construit sous forme de récit, relatant la création des « Restos du Cœur ». Une citation et des données numériques sous forme d'écriture chiffrée et d'écriture littérale sont présentes.

Temps : Passé composé et passé simple.

Vocabulaire : *

Éléments de contexte à faire identifier :

- Souligner qu'il s'agit d'un texte documentaire présenté sous forme de récit, comportant notamment une citation de Coluche. Les éléments relatés sont donc très majoritairement factuels.
- Éventuellement débattre de la solidarité, dans le cadre du partage de valeurs et de principes, voire du gaspillage alimentaire, dans le cadre du développement durable. Des données, comme le nombre de repas distribués, peuvent être mentionnées : https://restosducoeur.org/chiffres-cles/

Éléments de compréhension à relever :

- Dans un premier temps, il s'agit d'expliciter ce qui a mené Coluche à lancer l'idée des Restos du Cœur. Le documentaire indique que cette idée naît dans le contexte de l'hiver qui approche, face auquel des personnes ne pouvant manger à leur faim, allaient éprouver de grandes difficultés.
- Dans la deuxième partie du texte de fluence, l'énumération de différents statuts et professions montre la solidarité qui s'est créée autour de cette idée, afin de venir en aide aux plus démunis. Le point d'exclamation de la dernière phrase vient souligner un sentiment d'enthousiasme suscité par cette solidarité.

Résumé :

Touché par les Français ne pouvant se nourrir et nourrir correctement leurs enfants, Michel Colucci, Coluche de son nom de scène, décide de lancer une action pour leur venir en aide. En septembre 1985, lors de son passage sur la radio Europe 1, il lance l'idée d'un appel aux dons pour lutter contre la faim. Cette idée devient alors les « Restos du Cœur » ou « Les Restaurants du Cœur – Les Relais du Cœur ».

Passage précédant le texte de fluence :

L'enseignant lit ce texte à haute voix et de manière expressive en préalable de la lecture du texte de fluence.

Michel Colucci était humoriste et acteur de cinéma. Il passait souvent à la télévision et à la radio et faisait rire les gens. Il était très célèbre. On l'appelait Coluche.

Il ne supportait pas la misère des plus pauvres. Il n'aimait pas non plus les hypocrites, ni les gens qui disaient qu'il fallait s'occuper des pauvres mais ne faisaient rien pour eux. Il était aussi révolté par les gaspillages de nourriture alors que tant de gens avaient du mal à se nourrir et à nourrir leurs enfants.

« Les Restos du Cœur », *Enseignement moral et civique, CE1-CE2, Mes premiers récits*, Benoit Falaize, © Retz, 2021.

Nom : ....

Module 35

Texte de fluence

Les Restos du Cœur

1 min

Alors, un jour, à la fin du mois de septembre 1985, voyant 12
l'hiver arriver, il se mit en colère. À la radio, il s'adressa à 27
ceux qui l'écoutaient : « J'ai une petite idée comme ça ; on 39
va faire un resto pour ceux qui ont faim et qui n'ont rien. » Il 54
demanda à chacun de donner un peu d'argent, même presque 65
rien. Mais tous ces dons réunis devaient permettre d'acheter 75
de quoi préparer au moins deux mille ou trois mille repas. 86
Le succès fut immédiat, au-delà même des espérances de 96
Coluche. Plein de gens ont donné de l'argent à son association 108
qu'il a appelée « Les Restos du Cœur ». 116
Des étudiants, des ouvriers, des conducteurs de camions, 124
des médecins, des responsables de restaurant, des directeurs 132
de supermarchés, des cuisiniers, des agriculteurs, venus de 140
partout en France, ont apporté leurs produits ou ont aidé à 151
distribuer les repas. 154
Cette année-là, ce ne sont pas 3 000 repas que Coluche a 167
réussi à faire distribuer, mais 60 000 ! 174

« Les Restos du Cœur », *Enseignement moral et civique, CE1-CE2, Mes premiers récits*, Benoit Falaize, © Retz, 2021.

SCORE de LECTURE
Nombre de mots lus en **1 min** :

N° 1	N° 2	N° 3
Date :	Date :	Date : ....

Nom : .... Date : ....

1 Fluence : lire des mots du texte

Les Restos du Cœur

1 Les branches des sons

Lis 3 fois ces mots en suivant les branches, chaque branche utilisant un même son.

eu
- l**eu**rs — conduct**eu**rs — agricult**eu**rs — direct**eu**rs — c**œu**r
- p**eu** — d**eu**x — c**eu**x

Retrouve les différents mots dans le texte et entoure-les.

2 Les nombres

Lis ces groupes de mots désignant des nombres.
Relie l'écriture littérale de chaque nombre à son écriture chiffrée.

deux mille	trois mille	soixante mille	mille neuf cent quatre-vingt-cinq
3 000	60 000	2 000	1985

Retrouve les nombres et entoure-les dans le texte de fluence.

3 Les familles de mots

Lis ces mots de la même famille.

marchand	cuire	espérer	agriculture	conduire
marchander	cuisson	**espérances**	**agriculteurs**	conduit
marché	cuisine	espoir	agricole	conduite
supermarchés	cuisiner	désespoir	agroalimentaire	**conducteurs**
	cuisiniers			conductrice

4 Les mots complexes

Lis au moins 3 fois cette liste de mots en t'aidant du découpage des syllabes.

es / pé / ran / ces → des espérances
cui / si / niers → des cuisiniers
con / duc / teurs → des conducteurs
ra / di / o → la radio
dis / tri / bu / er → distribuer
ca / mions → des camions

5 Le carré des mots outils

Lis ces mots 3 fois puis chronomètre-toi.

SCORE de LECTURE

N° 1 ...... secondes
N° 2 ...... secondes

Recopie plusieurs mots outils de ton choix avec puis sans modèle.

Alors que ceux • comme ça •
• pour ceux • qui rien chacun
• un peu • presque même mais
tous • de quoi • au moins •
• deux mille • trois mille • au-delà
• plein de •

2 Fluence : lire des mots et des phrases

Les Restos du Cœur

1 Le labyrinthe des sons

Lis ces mots en suivant chaque chemin de lettres utilisant un même son.

è : **res**taurants – sup**er**marchés – **res**ponsables – **per**mettre – s'adr**ess**a – **es**pérances – **res**tos – hiv**er**

é : achet**er** – **des** – donn**er** – ouvri**er**s – **Des** – **ces** – cuisini**er**s – prépar**er** – arriv**er** – **les**

2 Les verbes et leurs temps

Lis ces phrases aux différents temps.

Il **se met** en colère.
Il **s'est mis** en colère.
Il **se mit** en colère.

Le succès **est** immédiat.
Le succès **a été** immédiat.
Le succès **fut** immédiat.

Il **s'adresse** à ceux qui l'**écoutent.**
Il **s'est adressé** à ceux qui l'**écoutaient.**
Il **s'adressa** à ceux qui l'**écoutaient.**

DE TEMPS ? Surligne le verbe employé dans le texte de fluence.

3 Le carré des mots

Lis rapidement ces 50 mots du texte.

SCORE de LECTURE
50 mots lus en ...

N° 1
secondes

N° 2
secondes

DE TEMPS ? Choisis 5 de ces mots et écris-les dans des phrases.

produits Alors réunis demanda argent
immédiat Coluche jour • comme ça •
radio succès • plein de • septembre
permettre espérances 60 000 faim
1985 gens chacun hiver • un peu •
association distribuer rien France
• de quoi • Restos du Cœur petite
idée • deux mille • colère • au moins •
étudiants venus responsables au-delà
ouvriers • ont apporté • supermarchés
• a réussi • repas • trois mille • dons
cuisiniers conducteurs • a appelée •
directeurs préparer

4 Les mots unis

Lis 5 fois d'une seule traite ces groupes de mots du texte.

- à la fin du mois
- À la radio
- pour ceux qui n'ont rien
- un peu d'argent
- même presque rien
- de quoi préparer
- au moins deux mille
- Les Restos du Cœur
- Plein de gens
- au-delà même
- venus de partout
- Cette année-là

3 Fluidité : bien lire des phrases et des extraits

Les Restos du Cœur

1 Les liaisons

Lis 3 fois ces groupes de mots en étant attentif aux liaisons.

il se mit en colère — des ouvriers — ont aidé — des étudiants
des espérances — des agriculteurs — ont apporté

Marque les liaisons avec des arcs de cercle dans le texte de fluence.

2 La pyramide de mots

Lis 3 fois ces groupes de mots qui se rallongent.

Des étudiants ont apporté leurs produits
- Des étudiants, **des ouvriers** ont apporté leurs produits
- Des étudiants, des ouvriers, **des conducteurs de camions** ont apporté leurs produits
- Des étudiants, des ouvriers, des conducteurs de camions, **des médecins** ont apporté leurs produits
- Des étudiants, des ouvriers, des conducteurs de camions, des médecins, **des responsables de restaurant** ont apporté leurs produits
- Des étudiants, des ouvriers, des conducteurs de camions, des médecins, des responsables de restaurant, **des directeurs de supermarchés** ont apporté leurs produits
- Des étudiants, des ouvriers, des conducteurs de camions, des médecins, des responsables de restaurant, des directeurs de supermarchés, **des cuisiniers** ont apporté leurs produits
- Des étudiants, des ouvriers, des conducteurs de camions, des médecins, des responsables de restaurant, des directeurs de supermarchés, des cuisiniers, **des agriculteurs** ont apporté leurs produits
- Des étudiants, des ouvriers, des conducteurs de camions, des médecins, des responsables de restaurant, des directeurs de supermarchés, des cuisiniers, des agriculteurs, **venus de partout en France**, ont apporté leurs produits.

3 Les mots retirés

Lis ce texte en replaçant les mots qui ont été retirés.

Alors, un jour, à la fin du ● de septembre 1985,
voyant l'hiver arriver, il se mit en ■.
À la radio, il s'adressa à ceux qui l' ● :
« J'ai une petite idée comme ■ ;
on va faire un resto pour ceux qui ont ●. »
Il demanda à chacun de donner un peu d' ■,
même ● rien.
Mais tous ces dons ■ devaient permettre d'acheter
de quoi ● au moins deux-mille ou trois-mille repas.

● mois
■ colère
● écoutaient
■ ça
● faim
■ argent
● presque
■ réunis
● préparer

Nom : .... Date : .... Module 35

4 Fluidité : lire de manière expressive

Les Restos du Cœur

Lecture expressive en rythme

Entraîne-toi à lire à voix haute le texte en choisissant l'un des deux parcours, puis l'autre.
Un texte documentaire doit être lu de manière neutre, mais ici il prend parfois la forme d'un récit.

Parcours 1	Parcours 2	
ton neutre	*ton déterminé*	Alors, un jour, à la fin du mois de septembre 1985, voyant l'hiver arriver, il se mit en colère. À la radio, il s'adressa à ceux qui l'écoutaient :
ton déterminé	*ton exclamatif*	« J'ai une petite idée comme ça ; on va faire un resto pour ceux qui ont faim et qui n'ont rien. »
ton neutre	*ton persuasif*	Il demanda à chacun de donner un peu d'argent, même presque rien. Mais tous ces dons réunis devaient permettre d'acheter de quoi préparer au moins deux mille ou trois mille repas.
ton exclamatif	*ton joyeux*	Le succès fut immédiat, au-delà même des espérances de Coluche. Plein de gens ont donné de l'argent à son association qu'il a appelée « Les Restos du Cœur ».
ton joyeux	*ton admiratif*	Des étudiants, des ouvriers, des conducteurs de camions, des médecins, des responsables de restaurant, des directeurs de supermarchés, des cuisiniers, des agriculteurs, venus de partout en France, ont apporté leurs produits ou ont aidé à distribuer les repas.
ton admiratif	*ton joyeux*	Cette année-là, ce ne sont pas 3 000 repas que Coluche a réussi à faire distribuer, mais 60 000 !

+ DE TEMPS ? Choisis ta propre interprétation de la lecture du texte.

Défi lecture

Entraîne-toi à lire le texte puis fais-toi chronométrer.

Pour mieux faire connaître son association, Coluche est allé voir Jean-Jacques Goldman, un auteur-compositeur très aimé des Français. Il lui a demandé d'inventer une chanson très populaire. Ce fut un triomphe, le disque s'est vendu à plus d'un million d'exemplaires ! « Aujourd'hui, on n'a plus le droit, ni d'avoir faim ni d'avoir froid » commence la chanson. Et tout l'argent de la vente des disques a été donné aux Restos du Cœur pour acheter de la nourriture aux gens qui en avaient besoin.

« Les Restos du Cœur », *Enseignement moral et civique, CE1-CE2, Mes premiers récits*, Benoit Falaize, © Retz, 2021.

+ DE TEMPS ? Lis ce texte en proposant une relecture expressive.

SCORE de LECTURE
91 mots lus en ... secondes

PRÉSENTATION DES RESSOURCES NUMÉRIQUES

Retrouvez les ressources en ligne sur mes-ressources-pedagogiques.editions-retz.com (voir page 2 de couverture).

NAVIGUER

Cliquer sur le domaine souhaité pour accéder aux ressources numériques.

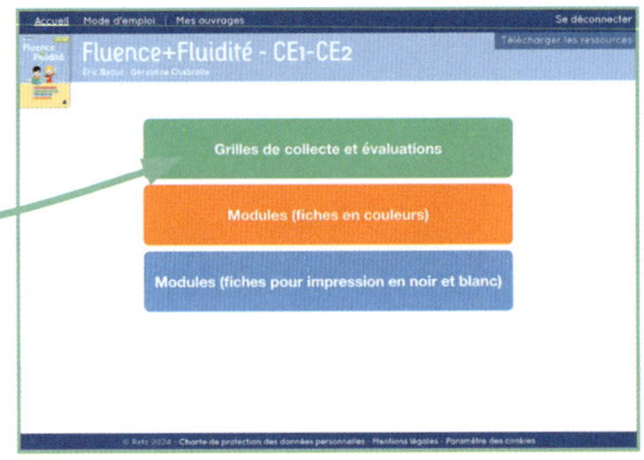

Cliquer sur le bandeau supérieur pour retourner à l'écran d'accueil.

Le nom du domaine sélectionné s'affiche en bleu.

L'ensemble des ressources associé au domaine s'affiche dans la partie droite de l'écran.

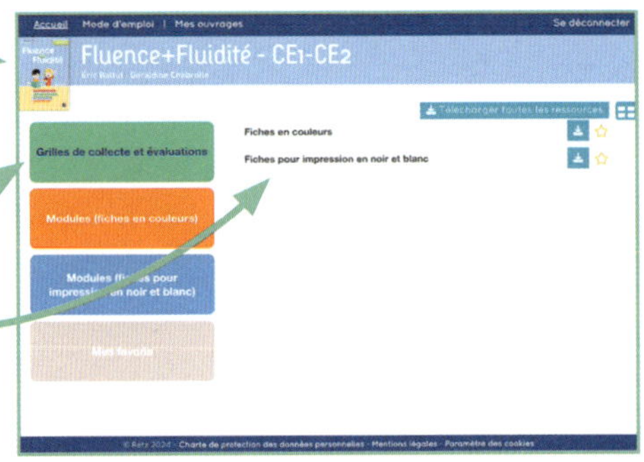

AFFICHER LES FICHIERS PDF

Exemples : Les fiches Fluence et Fluidité proposées par module.

Cliquer sur le nom du document que l'on souhaite visionner, imprimer ou vidéoprojeter...

... le document s'affichera ensuite dans une nouvelle fenêtre et le logiciel automatiquement utilisé pour cet affichage (Adobe Reader, Aperçu, Lecteur...) permet d'agir sur le document : zoom, rotation, impression...

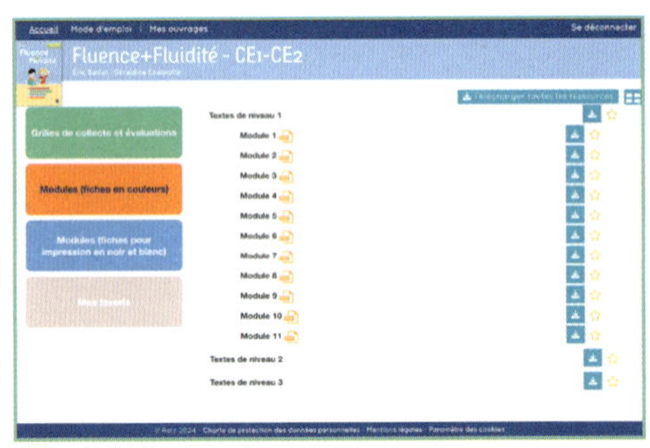

Les évaluations

Les modules

Directrice éditoriale : Céline Lorcher
Édition : Claire Cabaret et Maxime Lafon
Création maquette (couverture et intérieur) : Bertrand Loquet
Adaptation maquette, mise en page et illustration : Nina Bahsoun
Corrections : Bérengère de Rivoire

N° de projet : 10304448
Achevé d'imprimer en octobre 2024
par l'imprimerie Chirat

Ce livre est imprimé sur du papier issu de forêts gérées durablement.